# DAS LAND
## DER BIBEL

Wolfgang Sotill / Shimon Lev

# Das Land der Bibel

## Verheissen und umkämpft

Styria

# INHALT

## DIE MITTELMEERKÜSTE – 8
AKKO 11 – CAESAREA 18 – HAIFA 23
JAFFA UND TEL AVIV 28
*Die Kreuzzüge 14 – Wer ist ein Jude? 26*

## GALILÄA – 30
KAFARNAUM 37 – KANA 42 – NAZARET 46
SEE GENNESARET 49 – TABGHA 55 – TABOR 57
TIBERIAS 58 – ZEFAT 63
*Die Hörner von Hattin 33 – Saladin 35 – Der Kampf um das Wasser 52 – Die hebräische Sprache 61 – Die Drusen 64*

## JERUSALEM – 66
ALTSTADTMAUER 69 – HERODIANISCHER TEMPEL 76
WESTMAUER 84 – GRABESKIRCHE 106 – FELSENDOM 114
*Die Stadt Davids 72 – Die Katastrophe 80 – Antisemitismus 86
Die Stadt der Christen 91 – Die letzten Stunden Jesu 92
Die Stadt des Islam 110*

## DAS JUDÄISCHE BERGLAND – 120
BETLEHEM 124 – EMMAUS 131 – HEBRON 134
HERODEION 140
*Palästinas Mönche 128 – Die israelischen Siedlungen 137*

## DER SÜDEN – 142
BAR KOCHBA-HÖHLEN 145 – JERICHO 151 – MASADA 161
QUMRAN 167 – TOTES MEER 173
*Der jüdische Messianismus 147 – Die Palästinenser 156
Die Beduinen 174*

## DER SINAI – 176
EILAT 179 – KATHARINENKLOSTER 180
*Die Ikone 185*

GLOSSAR 187 – REGISTER 191

*MEINEM SOHN DOMINIK*
*GEWIDMET*

# VORWORT

Israelische Reiseleiter pflegen sich von ihren Gruppen am Ende einer Rundreise mit dem Bonmot zu verabschieden: „Verlassen Sie das Land bitte nicht als potentielle Ministerpräsidenten, die glauben, den Nahostkonflikt in Kürze lösen zu können. Verstehen Sie sich vielmehr als Kundschafter, die die Botschaft hinaustragen, daß das Land schön ist und reich. Reich an Kultur und Geschichte und an Menschen, denen zu begegnen sich lohnt. Berichten Sie aber auch, daß das kleine Land zwischen dem Mittelländischen Meer und dem Jordan, dem Hermon und der Wüste Negev mit Schwierigkeiten beladen ist. Von denen manche nur mit Hilfe internationaler Solidarität gelöst werden können."

Kundschafter zu sein, werden die Besucher gebeten. Das heißt, alles zu berichten. Das Gute darzustellen, aber auch die problematischen Seiten nicht zu verschweigen. Und es heißt auch, unparteiisch zu sein (was nicht mit meinungslos zu verwechseln ist). Tatsächlich gibt es keinen Grund, warum Reisende ausschließlich pro-arabisch oder pro-israelisch sein sollen. Ganz im Gegenteil: Wie können Besucher, die nicht von den täglichen Erschwernissen und Ängsten betroffen sind, erwarten, daß jene, die inmitten des Konflikts stehen, eine distanzierte Haltung einnehmen und vernünftige Lösungen anpeilen, während sie sich selbst leidenschaftlich mitreißen lassen? Polarisierung bringt die Region dem Frieden nicht näher.

Das Land verstehen und es trotz seiner vielfältigen Probleme lieben zu lernen, diesem Ziel fühlt sich das vorliegende Buch verpflichtet. Vom Verstehen aber kommt das Urteil, und dieses vermag das Vorurteil zu überwinden. Von dieser Vorstellung leitet sich der Aufbau des Buches ab. Am Beginn eines jeden Kapitels findet sich eine Einleitung, in der politische oder auch theologische Besonderheiten der Region zusammengefaßt werden. Der größte Teil ist aber der Beschreibung jener Orte gewidmet, die der Reisende tatsächlich besucht. Dabei ist es dem Autor wichtig, über den archäologischen Befund hinaus ein historisches Bild zu zeichnen. Denn die Beschreibung eines Landes darf sich wohl nicht in seiner Bau- und Kunstgeschichte erschöpfen und die Religions- und Geistesgeschichte völlig außer acht lassen. Ein Merkmal ist auch, daß die Wirkungsgeschichte der einzelnen Orte besondere Berücksichtigung findet. Masada ist als Ausgrabung zweifelsohne großartig, ihre Bedeutung hat die Trutzburg am Toten Meer aber erst durch die Verbindung mit dem Holocaust und der jahrzehntelangen Bedrohung durch die arabischen Nachbarn erhalten. „Masada darf nie wieder fallen", beschwören die Israelis.

Das Bild der einzelnen Orte wird durch Originalzitate von Augenzeugen abgerundet. Erst dadurch werden die Brutalität der Kreuzigung, die Grausamkeit der Kreuzfahrer, das Gemetzel bei den Hörnern von Hattin deutlich.

Wollen wir das Land aber nicht nur auf seine Geschichte oder gar auf seinen „christlichen Gehalt" reduzieren, was in jedem Fall eine ungerechtfertigte Verkürzung bedeuten würde, dann muß sich der Reisende mit den aktuellen Fragen der Gegenwart beschäftigen. Dies hat unter anderem zu Essays über den Antisemitismus und über die besetzten Gebiete, über die Palästinenser und die panarabische Idee geführt.

Der Bild-Text-Band wurde, was das Land betrifft, nach den Reiserouten der meisten Gruppen konzipiert. Nur in Jerusalem weicht er davon ab. Hier ging es vordringlich nicht um archäologisch-historische Beschreibungen, sondern vielmehr um die Beantwortung der Frage: Warum ist diese Stadt Juden, Christen und Moslems heilig? Was für das Christentum zu einer in Reisebüchern kaum beschriebenen Darstellung des Prozesses Jesu führte.

Israel zu besuchen heißt, sich auf ein geistiges Abenteuer einzulassen. Und dies nicht nur deswegen, weil man die eigenen religiösen und politischen Vorstellungen mit der dortigen Wirklichkeit zu konfrontieren hat, sondern auch, weil in diesem Land viele Fragen aufgeworfen werden, die keine einfache Antwort finden. Der Besucher muß lernen, einmal gar keine, dann wieder viele Antworten auf eine einzige Frage zu erhalten. In dieser offenen Geisteshaltung, die sich dagegen verwehrt, alles rasch lösen und systematisieren zu wollen, liegt das Abenteuerliche.

Wie sagte mein Lehrer Laurentius Klein, ehemaliger Abt der Dormitio Mariae am Zionsberg in Jerusalem, doch so weise: „Mit jedem Jahr, das ich hier verbringe, erfahre ich mehr und vergrößere mein Wissen. In gleichem Maß werde ich aber immer vorsichtiger, was eine endgültige Beurteilung der Lage anbelangt."

Diese Haltung der geistigen Bescheidenheit sei auch den Besuchern Israels ans Herz gelegt; gleichviel, ob es sich um Studienreisende, Touristen oder Pilger handelt.

Es gilt nun noch Dank zu sagen. Jenen jüdischen, christlichen und moslemischen Institutionen, ohne deren Unterstützung das Buch wohl kaum entstanden wäre. Namentlich möchte ich die Dormitio Mariae für die Benutzung der Bibliothek sowie Notre Dame de France und das griechisch-orthodoxe Patriarchat in Jerusalem erwähnen.

*Wolfgang Sotill*

# Die Mittelmeerküste

Akko – Caesarea – Haifa – Jaffa und Tel Aviv

## DIE KÜSTENREGION – UMKÄMPFTE BRÜCKE ZWISCHEN DEN KONTINENTEN

„Bei denen da unten", so kann man es häufig mit dem Unterton der Abschätzigkeit hören, „wird es nie Ruhe geben."
Bezeichnet sollen mit diesem Urteil wohl jene Menschen werden, die heute das Gebiet zwischen Jordan und Mittelmeer, dem Golan und dem Sinai bewohnen. Ihnen wie ihren Vorfahren attestiert man mit diesem nicht auf Ursachen und Wirkungen, sondern Mystizismen beruhenden Geschichtsbild eine permanente Kriegslüsternheit. Dabei gibt es zwei ganz simple Gründe, warum das Gebiet von Palästina bzw. Israel zu allen Zeiten so umkämpft war: seine geopolitische Exponiertheit und seine geographische Zerrissenheit.
Kein Land ist so zentral gelegen wie die Levante. Ist es also weiter verwunderlich, daß die Großmächte aller Zeiten erbittert um diesen schmalen Streifen gekämpft haben? Es wurde – ohne daß die Bewohner dies je gewollt hätten – Aufmarschgebiet bei Auseinandersetzungen, die einmal nach der West-Ost-Achse (z. B. der Vorstoß Alexanders des Großen gegen das Perserreich 333 v. Chr.), dann wieder entlang der Nord-Süd-Achse (z. B. das Eindringen der Assyrer im 8. Jh. v. Chr. ) geführt wurden.
Aber nicht nur die militärische Bedeutung als Brücke zwischen Afrika und Asien ließ Palästina zur umkämpften Region werden, auch der Handel barg reichlich Konfliktpotential in sich. War es doch außer Ägypten das einzige Land, das Zugang zum Roten Meer und somit nach Südarabien, Afrika und weiter bis nach Indien gewährleistete.
Schon im 13. Jh. v. Chr. kamen die „Seevölker", unter ihnen die Scherden, möglicherweise Sardinier, und die Schekelesch, möglicherweise Sizilianer. Ihnen folgten unzählige Handelsnationen, von den Ägyptern und den Griechen, den Römern und den Philistern bis zu den Kreuzfahrern und den Osmanen, eben alle, die sich aufs Meer wagten. Und sie alle hatten ihre Handelsniederlassungen, mußten diese errichten und später verteidigen. Selbst die Kriege, die Israel gegen Ägypten 1956 und 1967 geführt hat, sind – unter anderem – auch unter dem Aspekt der Freiheit des Handels zu sehen.
Zu Lande hingegen ziehen die Karawanen, aus den innerasiatischen Steppen und aus China kommend, bereits in prähistorischer Zeit durch das Land und nutzen die Halbinsel Sinai als Brücke nach Afrika.
Sie alle – die Kriegsheere, die das Land zerstampfen, wie die Karawanen, die es durchziehen – tun dies vornehmlich über eine Straße: die von Ägypten bis in den Libanon die Küste entlang führende „Via maris" und deren ebenfalls häufig frequentierte Abzweigung durch die Jesrael-Ebene nach Damaskus. Es ist also die für viele so wichtige Küste, die das Land zu einem zerrissenen hat werden lassen.
Wie viele Nationen aus den dargelegten Gründen allein in Jerusalem vertreten waren, zeigt das Pfingstereignis (Apostelgeschichte 2,9–13), das davon berichtet, daß die Apostel nach der Herabkunft des Geistes zu Parthern und Medern, zu Elamitern und Bewohnern von Mesopotamien, Judäa und Kappadozien, von Pontus und der Provinz Asien, von Phrygien und Pamphylien, von Ägypten und dem Gebiet Libyens nach Zyrene hin gesprochen haben und daß sie auch von Römern und Juden, Kretern und Arabern verstanden wurden. Kein moderner Nationalstaat würde solch ein Völkergemisch ertragen.
Zu diesen äußeren Gründen kommen noch die inneren, nämlich die extreme Aufsplitterung des Landes in Kleinstregionen von unterschiedlichstem Charakter: Ist am Hermon soviel Schnee vorhanden, daß es dort heute sogar einen bescheidenen Wintersporttourismus gibt, so sind es in Eilat, dem südlichsten Punkt des heutigen Israel, jährlich nur 25 mm Niederschlag, mit denen die Beduinen das Auslangen finden müssen. Was schon sehr früh zu einem Konflikt zwischen den Kleinviehnomaden und den seßhaften Ackerbauern geführt hat. Der Streit zwischen Kain und Abel (Genesis 4, 1–16) möge als der erste Beweis für diese Theorie des Streites um fruchtbare Böden gelten, der gegenwärtig zwischen Israel und den Palästinensern geführte ums Wasser als der vorläufig letzte.

## AKKO – EIN TRIUMPH, DER KEINER WAR

Herzog Leopold V. zeichnete sich beim Kampf um Akko aus. So lange hatte er niedergemetzelt und massakriert, bis sein weißes Pilgerkleid, das er über dem Harnisch des Kreuzritters trug, gänzlich von feindlichem Blut durchtränkt war.

*VORHERGEHENDE SEITEN*
*Kreuzfahrerbefestigung in Akko:*
*Die Küstenregion war jahrtausendelang ein Aufmarschgebiet von kriegerischen Horden.*

*LINKE SEITE*
*Blick von Jaffa nach Tel Aviv: Die 1909 gegründete Vorstadt „Hügel des Frühlings" ist heute ein pulsierendes Handelszentrum, in das viele Israelis auch kommen, um das Leben Kapriolen schlagen zu lassen.*

Als der Tapfere nach geschlagener Schlacht seinen um die Leibesmitte geschlungenen Gürtel abnahm, sah er sich in Rot-Weiß-Rot. Österreichs Flagge war geboren.

So will es die Legende, nicht aber die Geschichte. Es gab nämlich während des dritten Kreuzzuges gar keinen Kampf um das St.-Jean d'Acre der Kreuzfahrer oder das Akka der Araber. Denn die nach zweijähriger Belagerung völlig zermürbten moslemischen Besatzer der Stadt gaben diese am 12. Juli 1191 freiwillig auf. Wenngleich gegen den Willen ihres Heerführers Sultan Saladin.

Das einzige Blutbad, an dem die Teilnahme des Herzogs aber nicht verbrieft ist, sollte nach Übergabe der Stadt stattfinden. Der häufig als „Haudegen ohnegleichen" beschriebene englische König Richard Löwenherz ließ in einem Wutanfall 3000 Gefangene hinmorden, weil Saladin mit der Zahlung der ersten Lösegeldrate in Verzug geraten war.

Wie Leopolds Heldentat nur ein Mythos ist, so gilt es auch eine andere Geschichte zu korrigieren. Nämlich jene, die davon spricht, Richard Löwenherz habe die Fahne der Babenberger vom „Verfluchten Turm" gerissen, weil er sich in seiner Ehre oder seiner englischen Arroganz verletzt gefühlt hatte. Tatsächlich waren es viel schnödere Gründe: Die beiden Könige, Richard Löwenherz und Philipp II. August von Frankreich, hatten bereits auf dem Weg nach Akko einen Beuteteilungsvertrag geschlossen. Durch das Aufpflanzen seiner Fahne machte nun aber auch Leopold einen Rechtsanspruch geltend, was den beiden Königen wenig gelegen kam. Hätten sie doch das von den Moslems verlangte Lösegeld von 200.000 goldenen Byzantinern dann eben nicht nur durch zwei, sondern durch drei teilen müssen.

Nur zu verständlich ist freilich, daß ein Herzog in seiner Selbstdarstellung lieber der gekränkten Ehre wegen als des entgangenen Mammons willen leiden wollte.

Zu Geld sollte Leopold auf jeden Fall kommen. Denn dem Herzog sollte es gelingen, den verkleidet durch die Donaulande heimwärts ziehenden Richard Löwenherz aufzuspüren und in Dürnstein in der Wachau gefangenzusetzen. Später lieferte er ihn an den deutschen Kaiser Heinrich VI. aus, der ihn 1194 gegen die ungeheure Summe von 150.000 Silbermark freiließ. Und an diesem Lösegeld war der Babenberger beteiligt. Er sollte also zu mythischer Verklärung wie auch zu Geld kommen.

Für Akko folgten nach 1191 jedenfalls ruhmreiche Zeiten: Es wurde – nachdem sich Jerusalem in feindlicher Hand befand – Sitz des lateinischen Patriarchen, und es wurde für exakt 100 Jahre Hauptstadt des mittlerweile klein gewordenen Reiches der Kreuzfahrer. Während des 12. Jh.s hatte sich das Königreich Jerusalem vom Roten Meer bis nach Beirut und vom Mittelländischen Meer bis östlich des Jordans erstreckt. Seit der Schlacht von Hattin und dem Fall Jerusalems in die Hände der Moslems – beides geschah 1187 – sollte sich der Machtbereich der Europäer auf einen schmalen Küstenstreifen beschränken, dessen Hauptstadt eben Akko war.

Ihre Blüte erlebte die Stadt als Zentrum des West-Ost-Handels, der so prächtig gedieh, daß das ursprüngliche Stadtgebiet zu klein wurde und neue Mauern errichtet werden mußten, die das Dreifache der bisherigen Stadtfläche umschlossen. Auf jeden Pilger, so sagte man, kämen zwei Kaufleute.

Wo Geld ist, da ist auch Hader; dies sollte sich auch hier bald zeigen. Selbst als die Stadt 1256 von den ägyptischen Mamelucken bedroht wurde, lieferten sich Venezianer und Genueser in Sichtweite des Hafens eine Seeschlacht. Die 20.000 Toten, die in den Quellen genannt werden, dürften freilich übertrieben sein.

Schon zuvor hatten sich die einzelnen Handelsniederlassungen aber so weit zerstritten, daß sie ihre Viertel mit eigenen Stadtmauern von den benachbarten abgrenzten.

*Arabische Kinder in Akko: Unbeschwertes Leben mit der ruhmreichen Vergangenheit von El-Ashraf Khalil und El-Jezzar.*

*Die Säulenkarawanserei: Von Moslems über einer Kirche der Dominikaner errichtet, um die Erinnerung an diese für immer zu löschen.*

Der unwiderrufliche Niedergang der Kreuzfahrerstadt begann 1290 mit dem Eintreffen einer neuen Rittergeneration aus Europa. Deren erste Tat war es, zahlreiche moslemische Mitbewohner zu ermorden. Was wiederum den Mameluckensultan El-Ashraf Khalil provozierte. Er zog mit 66.000 Reitern und 160.000 Mann Fußvolk sowie 100 Belagerungsmaschinen gegen Akko, das von 800 Rittern und 14.000 einfachen Soldaten verteidigt wurde. Schon nach sechs Wochen Belagerung nahmen die Angreifer im Mai 1291 die Stadt ein.

Wer konnte, rettete sich auf ein Schiff. Da aber viel zu wenige davon im Hafen lagen, spielten sich an den Molen erschütternde Panikszenen ab. Die Angreifer gingen rücksichtslos vor, und man kann sich vorstellen, welches Grauen hinter dem lapidaren Satz steckt, mit dem man allgemein diesen letzten Kampf um Akko charakterisiert: „Gefangene wurden nur wenige gemacht." So berichten Chronisten unter anderem vom Tod zahlreicher Dominikaner, die sich in ihrer Kirche hinrichten ließen, die alte Hymne „Veni Creator Spiritus" auf den Lippen.

Am Abend des 18. Mai war alles vorbei. Was folgte, war ein Dominoeffekt: Tyrus kapitulierte am 19. Mai, Sidon Ende Juni, Beirut folgte Ende Juli, und die Templer räumten ihre letzten Bastionen Anfang August. Damit war das Heilige Land verloren.

Um nur ja sicher zu sein, daß die Europäer nicht mehr zurückkommen würden, gingen die Mamelucken bei ihrem Zerstörungswerk sehr gründlich vor. Zwei Jahre nach dem Fall von Akko, so berichtet ein Pilger, standen von den 40 Kirchen nur mehr zwei.

Über Jahrhunderte dämmerte die einst so mächtig erbaute Stadt als Trümmerhaufen dahin, bis sie der Bosnier Achmed Pascha nach 1775 wieder zu beleben begann. Der wegen seiner Grausamkeit auch als El-Jezzar, „der Schlächter", Bezeichnete verstand es jedenfalls, der Stadt viel Prunk zu verleihen. So stammt ein Großteil der heutigen Stadtmauer von ihm.

Diese hielt sogar Napoleons 60 Tage während Belagerung stand. Der Franzose war auf dem Weg nach Indien 1799 nach Akko gelangt. Und zwar waren es neben strategischen Gründen

wohl historische gewesen, die ihn hierhergebracht hatten. Er wollte, wie sein Vorbild Alexander der Große, Akko und auch Ägypten erobern, um beide als Sprungbrett nach Indien zu nutzen. Sein ursprüngliches Ziel war es eigentlich gewesen, England zu erobern. Aber bereits im Ärmelkanal erkannte er, daß dies doch zu riskant sei. Also versuchte er es über einen Umweg, die Eroberung Ägyptens. Von dort aus hoffte er, die indischen Fürsten gegen die Engländer aufwiegeln zu können. Und exakt rechnete er: Wenn er seine Infanteristen in Ägypten auf Kamele setzt, dann sind sie in 45 Tagen am Euphrat, von wo sie dann „nur noch ein Vierteljahr bis Indien" brauchen.
Die Logik eines Militärs, die sich nicht rechnen sollte. Denn nachdem er Akko nicht nehmen konnte, waren auch die weiteren Pläne verflogen.
Zu bewundern ist heute in Akko die El-Jezzar-Moschee, die „der Schlächter" auf den Fundamenten einer Kreuzfahrerkirche errichten ließ. Sie wurde als einzige im Land im Stil des türkischen Rokoko erbaut, der sich durch die schlanke Minarettbauweise auszeichnet. Ihr Besuch lohnt sich besonders am 27. Tag des Fastenmonats Ramadan, wenn in ihrem Gebetsraum eine ganz besondere Reliquie gezeigt wird: ein Barthaar des Propheten Mohammed.
Ebenfalls von Achmed Pascha stammen die herrliche, durch ihre Harmonie begeisternde Säulenkarawanserei (Khan el-Umdan) und die Zitadelle.
Den zweifellos stärksten Eindruck beim Besucher hinterläßt aber die Kreuzfahrerstadt, die etliche Meter unter dem heutigen Straßenniveau liegt. In dieser weitläufigen Anlage ist es wiederum die „Krypta des hl. Johannes", die besondere Bewunderung hervorruft. Sie diente den Johannitern während des 12. und 13. Jh.s als Refektorium und wahrscheinlich auch als Zeremoniensaal. Beherrscht wird der Raum von drei massiven Pfeilern mit je 3 m Durchmesser, die in das zierliche frühgotische Spitzengewölbe auslaufen.
Von dem Saal, in dem heute Konzerte gegeben werden, gelangt man durch einen unterirdischen Gang bis zu einer ursprünglich fatimidischen Karawanserei, die die Johanniter in ein Spital umgewandelt haben.
Ein historisches Kleinod findet sich in der Nordost- und in der Südostecke der Krypta: ein Lilien-Relief. Es wird heute allgemein als

*RECHTE SEITE*
*Krypta des hl. Johannes: Das Refektorium der Johanniter war zu massiv, als daß es von El-Jezzar, dem „Schlächter", hätte zerstört werden können.*

Herrschaftssymbol der Bourbonen identifiziert; ursprünglich war es aber das Wappenzeichen Saladins. Was als ein kleines Beispiel stellvertretend für die reiche kulturelle Befruchtung gelten mag, die die Kreuzritter auch in der Levante erfahren haben.

## DIE KREUZZÜGE: EIN UNTERNEHMEN IN GOTTES NAMEN

*„Es ist unabweislich, unseren Brüdern im Orient eiligst die so oft versprochene und so dringend notwendige Hilfe zu bringen. Deshalb bitte und ermahne ich euch, und nicht ich, sondern der Herr bittet und ermahnt euch als Herolde Christi, die Armen wie die Reichen, daß ihr euch beeilt, dieses gemeine Gezücht aus den von euren Brüdern bewohnten Gebieten zu verjagen und den Anbetern Christi rasche Hilfe zu bringen. Wenn diejenigen, die dort hinunterziehen, ihr Leben verlieren, auf der Fahrt, zu Lande oder zu Wasser oder in der Schlacht gegen die Heiden, so werden ihnen in jener Stunde ihre Sünden vergeben werden. Das gewähre ich nach der Macht Gottes, die mir verliehen wurde."*
*Mit diesen Worten soll nach dem Augenzeugen Fulcher von Chartres Papst Urban II. am 27. November des Jahres 1095 auf dem Konzil von Clermont-Ferrand bei einer Predigt, die er auf einem großen Platz vor den Toren der Stadt hielt, zum ersten Kreuzzug aufgerufen haben. Worauf das versammelte Volk voll Begeisterung rief: „Dieu le volt!" – „Gott will es!" Die Massenwirksamkeit war von Anfang an beabsichtigt.*
*Von der äußeren Verlaufsgeschichte her betrachtet, waren es vor allem zwei Gründe, die zum Aufruf geführt hatten: die Bitte des byzantinischen Kaisers Komnenos an den Westen, ihm bei der Stabilisierung seines Reiches behilflich zu sein; und der zweite, wohl wesentlichere Grund: die Behinderung der in der zweiten Hälfte des 11. Jh.s sehr populär gewordenen christlichen Jerusalem-Wallfahrten durch die Seldschuken.*
*Darüber hinaus gab es für den Papst aber auch innere Gründe, nämlich den der „Freiheit der Kirche" sowie jenen der Durchsetzung des Vorrangs des Papsttums gegenüber dem Königtum. Was zunächst auch hervorragend funktionierte, stimmte doch die weltliche Gewalt durch die Ausführung der kirchlichen Wünsche dem Prin-*

zip der allem übergeordneten göttlichen Welt- und Heilsordnung zu. Der Traum des ersten Kreuzzuges, an dem geschätzte 80.000 Mann teilnahmen, war es, im Heiligen Land eine ideale Theokratie zu begründen.
Um die Massen zu mobilisieren, war man bei der Argumentation natürlich nicht sehr feinsinnig. Schilderungen von Pilgermißhandlungen wurden mit der Verleumdung des Islam als mindere Religion und der Moslems als unmoralische Menschen verbunden. Zu alldem kamen noch die Berichte über den sagenhaften Reichtum des Orients, an dem man schließlich teilhaben könne. Es muß eine Ekstase entfachende Propaganda gewesen sein, in die sich wohl auch viel Wunderglauben gemischt hat.

*Die Feinde:*
Natürlich waren es zunächst einmal die Moslems, denen es den Besitz der heiligen Stätten zu entreißen galt. Mit ihnen ging man auch keineswegs zimperlich um, wie der Erzbischof von Tyrus, ein Augenzeuge der Einnahme Jerusalems durch die Kreuzfahrer im Jahre 1099, berichtet: „Die Stadt bot ein Schauspiel des Abschlachtens, eine solche Menge Blut floß, daß selbst die Eroberer mit Schrecken und Ekel erfüllt wurden. Nachdem 30.000 Moslems niedergemetzelt worden waren, wuschen sich die Kreuzritter an der Grabeskirche, wechselten ihre blutverschmierten Kleider gegen weiße Roben und warfen sich vor Christi Grab zu Boden."
Ein ganz anderes Bild zeichnet ein Augenzeuge der Belagerung von Akko, die immerhin zwei Jahre gedauert hat. Er berichtet von Kontakten zwischen Christen und Moslems, die so gar nicht ins Bild passen wollen, die aber von mehreren Seiten bezeugt sind. Er schreibt: „Da die Angriffe unaufhörlich von beiden Seiten geführt wurden, hatten sich die Christen und die Moslems schließlich einander dadurch genähert, daß sie sich kennenlernten und miteinander Gespräche führten; wer müde war, legte die Waffen ab und mischte sich unter die anderen, es wurde gesungen und getanzt, man gab sich der Freude hin; kurz, die beiden Parteien wurden Freunde, bis einen Augenblick danach der Krieg wieder begann."
Zur Gleichsetzung zwischen dem fernen islamischen Feind und dem nahen religiösen Gegner, den Juden, war es nur ein kleiner Schritt: „Seht, wir ziehen den weiten Weg, um die Grabstätte

Kirche der hl. Anna in Jerusalem:
Die Kreuzritter errichteten dort massive Bauten, wo sie glaubten, biblische Geschichte lokalisieren zu können.

aufzusuchen und uns an den Ismaeliten zu rächen, und siehe, hier wohnen unter uns die Juden, die Christum unverschuldet umgebracht und gekreuzigt haben! So laßt zuerst an ihnen uns Rache nehmen und sie austilgen unter den Völkern!" So gibt ein Zeitzeuge die Redensarten der Kreuzfahrer wieder.
Die theologische Begründung, daß die Juden sogar die schlimmeren Feinde des Christentums seien, liefert einer der bedeutendsten christlichen Denker dieser Zeit: Peter, Abt von Cluny. Er schreibt: „Wenn die Sarazenen verabscheut

werden müssen, die wie wir bekennen, daß Christus von einer Jungfrau geboren ist, um wieviel mehr müssen die Juden verabscheut und gehaßt werden, die nichts in bezug auf Christus oder den christlichen Glauben annehmen und die die jungfräuliche Geburt und alle Sakramente der Erlösung der Menschheit verwerfen, schmähen, verspotten!"

Der Abt sanktioniert somit im nachhinein, was ungeordnete Scharen von Verarmten, die noch vor dem ersten Kreuzzug losgezogen waren, angerichtet hatten: Pogrome in Speyer (3. Mai 1096: 11 Tote), Worms (5. Mai 1096), Metz (22 Tote), Köln (150 Tote) und in Mainz, wo 1014 Opfer zu beklagen waren. In Worms kamen jene, die sich unter den Schutz des Bischofs gestellt hatten, zunächst ungeschoren davon. Am 18. Mai setzte der Pöbel aber zum Sturm auch auf die Bastionen dieser Juden an, worauf die gesamte Gemeinde – immerhin 800 Personen – Selbstmord beging.

Insgesamt dürften im Jahre 1096 vorsichtigen Schätzungen zufolge zwischen 4000 und 5000 Juden ermordet worden sein; die Zahl der Zwangsgetauften ist unbekannt.

*Der Glaube:*
Was kann Menschen außer den Verlockungen von Abenteuer und Reichtum bewegen, die Heimat zu verlassen, um einer äußerst ungewissen Zukunft entgegenzugehen? Der Glaube. Wie einfach und vorbehaltlos und zugleich wie wunderbesessen dieser gewesen war, zeigt eine Episode, die sich im Juni 1098 in Antiochia ereignet hatte. Damals trat ein ärmlicher Bediensteter eines provenzalischen Kreuzritters ins Zelt des Grafen Raimund von Saint-Gilles, um diesem von einer Vision zu berichten, in welcher er das Versteck jener Lanze erkannt haben wollte, die Jesu Seite durchbohrt hat. Man grub in der angegebenen Kathedrale – allein man wurde nicht fündig. Enttäuscht ging der Graf weg, worauf der Visionär in das Grabungsloch sprang und ein Stück Eisen zutage förderte. Zwar wurde kirchlicherseits das Wunder angezweifelt, es reichte aber aus, um das völlig entmutigte Heer soweit zu motivieren, daß es die Schlacht um Antiochia gewann.

Die Sehnsucht nach Reliquien ist ein Ausdruck menschlicher Frömmigkeit, der es nicht genügt, Gott eben nur „im Geist" nahe zu sein, sondern die auch Zeichen braucht, an denen sie sich zu orientieren vermag.

*Christen im Kampf gegen die „Ungläubigen": Der Islam galt als minderwertige Religion, die Moslems als unmoralische Menschen.*

### DAS SCHLACHTLIED

Von Blut viel' Ströme fließen,
indem wir ohn' Verdrießen
das Volk des Irrtums spießen.
Jerusalem, frohlocke.

Des Tempels Pflastersteine
bedeckt sind von Gebeine
der Toten allgemeine.
Jerusalem, frohlocke.

Stoßt sie in Feuergluten!
Oh, jauchzet auf, ihr Guten,
dieweil die Bösen bluten.
Jerusalem, frohlocke.

Kreuzfahrerlied, gesungen nach der Eroberung Jerusalems 1099

*Franz von Assisi:*
Ein Kämpfer für das Gottesreich, wenn auch einer mit friedlichen Mitteln, wollte Franz von Assisi sein, der 1219 nach Ägypten zog, wo das Heer des fünften Kreuzzuges Damiette belagerte. Sein Ziel war es, den Sultan zu bekehren. Freilich ranken sich viele Legenden um das erfolglose Bemühen; die historische Wahrheit wird aber nie angezweifelt. Eine dieser Erzählungen lautet: Franz beschloß, die feindlichen Linien zu Fuß zu überschreiten, um den Ismaeliten Christus zu verkünden. Als sich daraufhin Wächter auf den Heiligen und seinen Begleiter stürzen, rufen die beiden, so laut sie nur kön-

## CHRONOLOGIE EINES FEHLSCHLAGS

1095: Kreuzzugsaufruf von Papst Urban II.

1096–1099: 1. Kreuzzug, an dem vornehmlich französische Ritter teilnehmen. Unter Gottfried von Bouillon gelingt am 15. Juli 1099 die Eroberung Jerusalems. Nach dem Verlust von Edessa (1144) erläßt Papst Eugen III. einen neuen Aufruf. Für diesen setzt sich Bernhard von Clairvaux besonders ein.

1113: Anfänge des Johanniter- oder Hospitaliterordens.

1147–1149: 2. Kreuzzug, an dem neben dem deutschen König Konrad III. auch der französische König Ludwig VII. teilnimmt. Er endete mit einem Fehlschlag.

1187: Schlacht bei Hattin.

1189–1191: 3. Kreuzzug, der nach der Eroberung Jerusalems (1187) durch Saladin ausgerufen wird. Obwohl gut organisiert, ist auch er ein Mißerfolg. Kaiser Friedrich I. Barbarossa findet dabei in Kleinasien den Tod. Weiters nehmen daran König Richard Löwenherz von England und König Philipp II. August von Frankreich teil.

1191–1192: Nach wechselvollen Kämpfen Waffenstillstand zwischen Saladin und den Kreuzfahrern, denen nur ein schmaler Streifen Landes verbleibt; Jerusalem kann nicht zurückgewonnen werden, Akko wird Hauptstadt.

1193: Saladins Tod.

1198: Gründung des Deutschen Ritterordens. Hauptsitz in Akko.

1202–1204: 4. Kreuzzug. Das direkte Angriffsziel ist Ägypten. Doch unter dem Einfluß Venedigs wendet sich das Heer Konstantinopel zu, das 1204 in die Hände der Lateiner fällt. Dieses Unternehmen führt zu einer irreparablen Schwächung von Byzanz gegenüber den Türken und steigert den Haß gegen die Lateiner.

1212: Kinderkreuzzug, der in Marseille ein grausames Ende findet. Tausende Kinder werden in die Sklaverei verkauft.

1217–1221: 5. Kreuzzug. König Andreas II. von Ungarn und Herzog Leopold VI. von Österreich unternehmen von Akko aus drei erfolglose Expeditionen gegen die Sarazenen.

1228–1229: Kreuzzug, der von Kaiser Friedrich II. geführt wird. Ihm gelingt durch vertragliche Abmachung die Wiederherstellung des Königreichs Jerusalem. 1244 geht die Heilige Stadt erneut und dauernd verloren.

1248–1254: 6. Kreuzzug. König Ludwig IX. von Frankreich erobert Damiette, wird in der Schlacht bei Mansurah geschlagen, gefangen und gegen Lösegeld freigelassen.

1261: Mit der Eroberung von Konstantinopel beendet Byzanz die Existenz des Lateinischen Königreichs, das 1204 errichtet worden war.

1270: 7. Kreuzzug. König Ludwig IX. von Frankreich versucht es noch einmal, kommt nur bis Tunis, wo er den Tod findet.

---

*nen, den Namen des Sultans. Worauf die Soldaten die beiden ins Lager bringen, anstatt sie auf der Stelle zu töten. So gelang es ihnen tatsächlich, dem Sultan Malik el-Kamil vorgeführt zu werden. Um ihren Glauben zu prüfen, ließ dieser einen Teppich mit Kreuzesornamenten auflegen. Sollten die beiden daraufsteigen, so waren sie der Verachtung ihres eigenen Glaubens überführt, sollten sie sich hingegen weigern, diesen zu betreten, so konnte sie der Sultan immer noch wegen nicht erbrachter Ehrerbietung ihm gegenüber anklagen. Franz von Assisi trippelte über den Teppich und gab dem nicht wenig erstaunten Sultan zur Antwort: „Du müßtest wissen, daß es auf dem Kalvarienberg mehrere Kreuze gegeben hat: dasjenige Christi und die der beiden Verbrecher. Was diese anbelangt, haben wir keine Bedenken, darauf herumzustapfen." Worauf der Sultan die beiden Christen wieder ins Lager der Kreuzfahrer zurückbringen ließ.*

# CAESAREA – DIE RIVALIN JERUSALEMS

Auch wenn sich der Bus deutlich aufschaukelt, beinahe immer unterbleibt der Hinweis, daß diese letzte Bodenwelle vor den noch 1,5 km entfernten Ausgrabungen im ehemaligen Stadtzentrum Caesareas nicht eine Düne, sondern die unter Sand begrabene antike Stadtmauer ist. Israelische „Guides" wissen: Die Reisenden, für die Caesarea die letzte Station am Weg zum Flughafen Tel Aviv ist, haben bereits genügend Steine gesehen. Für jene aber, für die die einstige Rivalin Jerusalems den Beginn der Rundreise darstellt, wäre der Hinweis psychologisch keine gute Einführung ins Land.

Deswegen macht auch kein „Guide" auf die Bananenstauden aufmerksam, die unter dem Schutz der 450 m langen Seitenmauer des Hippodroms prächtig gedeihen. Sie wuchern dort, wo einst vor 25.000 Besuchern Wagenrennen, Tierhatzen und Fechtspiele stattgefunden haben. Selbst der prächtige Hafen, der, auf Sand gebaut, längst versunken ist, findet kaum Erwähnung.

Caesarea Maritima ist versandet, untergegangen, überwuchert und nur leidlich ausgegraben. Gemessen an der einstigen Größe ist das, was heute noch zu sehen ist, gering: der Aquädukt, das herodianische Theater, das ab 1959 von italienischen Archäologen freigelegt wurde, sowie eine Straße aus dem 6. Jh. und die Stadt der Kreuzfahrer.

In Israel wird Archäologie nicht selten als ein nationales Hobby angesehen, das der Begründung religiösen und politischen Selbstverständnisses dient. In Caesarea wäre das, was bei Grabungen ans Licht gefördert würde, aber häufig eine Geschichte, die die Qualität einer Niederlage an sich hätte.

Die Stadt, die Herodes der Große von Kaiser Augustus erschmeichelt hatte, sollte ihm ein „Fenster zur griechisch-römischen Welt" sein. Den Juden hatte er durch ein reiches Bauprogramm Jerusalem prächtig gestaltet, sich selbst wollte er Caesarea als Reichsstadt schenken. Die Stadt, die er in Dankbarkeit an seinen Gönner „Kaiserstadt" nannte, sollte Alexandria nicht nachstehen und stets zusammen mit anderen Metropolen des „Orbis Romanorum" genannt werden.

Weltoffenheit sollte hier am Meer herrschen, und zwar mit allen Annehmlichkeiten, die Theater, Hippodrom, Amphitheater, Badehäuser und Forum bieten, religiöse Ruhe hingegen in Jerusalem. Diese hoffte Herodes, der selbst kein Jude war, mit dem Bau des Zweiten Tempels gestiftet zu haben.

In Caesarea konnte Herodes für seine Vorhaben freilich mit dem Beifall der Bevölkerungsmehrheit rechnen, die griechisch-syrischer Herkunft war. Die 20.000 Juden der Stadt waren hingegen bloß eine Minderheit.

Das wohl aufsehenerregendste Bauwerk der Stadt war der Hafen, der nach Josephus Flavius in seiner Mächtigkeit der Anlage von Piräus keineswegs nachstand. Zwar gab es seit dem 4. Jh. v. Chr. bereits einen Ankerplatz namens „Stratonsturm", was aber Herodes errichten ließ, war ungleich gigantischer: 600 m lief die Umfriedungsmauer im Süden ins Meer hinaus, etwa 270 m im Norden. Dies ergab ein geschütztes Hafenbecken von knapp 15 ha – groß genug, um „ganze Flotten" aufzunehmen. Um diese Anlage schaffen zu können, war es notwendig gewesen, Felsblöcke, „die fünfzig Fuß lang, achtzehn Fuß breit und neun Fuß hoch" waren (15,5 x 2,8 x 3,1 m), ins Meer zu versenken. Die weiter vom Ufer entfernten Steine sollten als Wellenbrecher dienen, die näheren wurden über der Wasseroberfläche zu einer 60 m breiten Plattform verbunden, die abgesehen von der Hafeneinfahrt um das gesamte Areal führte. Nach innen hin war dieser Handelsplatz mit Gewölben bebaut, nach außen hin mit mächtigen Türmen bewehrt.

*Steintafel mit Widmungsinschrift des Pontius Pilatus: Außerbiblisches Dokument von hohem Wert.*

Auch wenn es keine literarische Überlieferung über die Ankunft in der Stadt von der Seeseite her gibt – der erste Blick muß dennoch prächtig gewesen sein. Von weitem leuchteten schon die beiden kolossalen Standbilder, die die Einfahrt begrenzten, und näherte man sich der Stadt vom Nordwesten, so sah man zwischen diesen den auf einer künstlich angelegten Akropolis errichteten Tempel des Caesar. Dieser war wiederum zu beiden Seiten von Häusern begrenzt, die „aus dem feinsten geschliffenen Marmor erbaut waren". Zudem muß die Stadt ein Bild beeindruckender Harmonie geboten haben, denn alle Straßen liefen in gleichen Abständen voneinander auf den Hafen zu.

Aber nicht nur Piräus, sondern gar Rom selbst – in allem das prägende Vorbild – galt es nachzueifern. Oder es gar zu übertreffen: wie mit dem Amphitheater, das mit einer Arena von 95 m Länge und 62 m Breite mächtiger war als das Kolosseum (86 x 54 m) in der Ewigen Stadt. In ihm dürfte Titus nach der Eroberung Jerusalems im Jahre 70 n. Chr. seine blutige Siegesfeier abgehalten haben. „Mehr als 2500 betrug die Zahl der gefangenen Juden, die teils in Tiergefechten, teils auf dem Scheiterhaufen, teils in Kämpfen miteinander zugrunde gingen", berichtet Josephus Flavius.

Das in nur zwölfjähriger Bauzeit errichtete Caesarea, das bereits im 1. Jh. n. Chr. vermutlich auf 100.000 Einwohner angewachsen war, konnte natürlich nur durch eine ausreichende Wasserversorgung überleben. Um diese zu gewährleisten, ließ Herodes einen 12 km langen Aquädukt bauen, der von den Ausläufern des Karmel das Trinkwasser in die Stadt brachte.

Eine Stadt, die sich Rom und Alexandria zum Vorbild genommen hat, bedurfte freilich auch einer besonderen Einweihung. Diese fand im Jahre 10 v. Chr. statt und war mit Gladiatorenkämpfen, Nacktspielen, Tierkämpfen, einem Musikerwettstreit und „rauschenden Vergnügungen in der Nacht" von solchen Ausmaßen, daß selbst der Kaiser in Rom kundtat, daß des „Herodes Reich für dessen Prachtliebe viel zu klein" sei.

Kein Wunder also, daß ausgerechnet diese Stadt zum Ausgangspunkt jenes Aufstandes wurde, der im Jahre 70 n. Chr. mit der Zerstörung Jerusalems sein Ende fand und der als der „Jüdische Krieg" bezeichnet wird. Zu groß war die Kluft zwischen dem jüdischen Selbstbewußtsein vom auserwählten Volk mit einer ruhmreichen Zukunft und dem Status einer unterworfenen römischen Provinz geworden. Zu groß war aber auch die Kluft zwischen dem strikten jüdischen Monotheismus und dem hellenistisch-römischen Geist, der der Vielgötterei verpflichtet war und zur Sinnlichkeit anregte.

Vor allem gegen die Statthalter Roms, die seit 6 v. Chr. in der Stadt residierten und die nur an hohen Festtagen nach Jerusalem hinaufzogen, wo sich einige von ihnen am Tempelschatz vergriffen, erwuchs ein Haß, der unter den Juden den Wunsch nach einem befreienden Messias immer stärker werden ließ.

Von den Prokuratoren, die den römischen Kaiser vertraten, ist Pontius Pilatus wohl der bekannteste. Er amtierte von 26 bis 36 n. Chr. und wurde vom jüdischen Philosophen Philo als Mensch von „unbeugsamem und rücksichtslos hartem Charakter" beschrieben.

Es bedarf eines guten „Guides" sowie eines reichen Vorstellungsvermögens, um sich heute in der Stadt noch ein Bild von deren einstiger Größe machen zu können. Ein Ort läßt aber auch ohne lange Erklärungen einen direkten Zugang zur Geschichte zu: die 80 x 60 cm große Tafel, die das bisher einzige epigraphische Dokument für die Statthalterschaft des Pontius Pilatus in Caesarea darstellt. In vier Zeilen steht dort geschrieben: „Pontius Pilatus, Präfekt von Juda, baute und weihte dieses Tiberieum dem göttlichen Augustus."

**Judenchristen – Heidenchristen:**
Jesus – ein jüdischer Sektierer oder der Messias, der die Prophetie des Alten Testaments erfüllt? Dies ist eine Frage des Standpunktes und des Glaubens. Auf jeden Fall aber verstand sich der historische Jesus als ein Jude, der unter Juden wirken wollte. „Ich bin zu den verlorenen Schafen des Hauses Israel gesandt", sagt er im Matthäusevangelium (15,24) zu der Syrophönizierin. Diese Einstellung entsprach auch dem Selbstbewußtsein der ersten Generation der Judenchristen. Sie gingen in die Synagoge und opferten im Tempel. Welch ein Schock, wenn-

*Herodianischer Aquädukt: Es galt, die 100.000 Bewohner Caesareas mit Wasser zu versorgen.*

gleich auch von weltmissionarischer Bedeutung, muß es also gewesen sein, als Petrus um etwa 35 n. Chr. Kornelius, den Hauptmann einer römischen Kohorte, in Caesarea taufte. Die Stadt, die in keinem einzigen Evangelium Erwähnung findet, wird plötzlich Ausgangspunkt für eine Kirche, die sich vom jüdischen Mutterboden löst und sehr bald beginnt, „ökumenisch", den damaligen Weltkreis umspannend, zu sein.

Die Blütezeit aus christlicher Sicht erlebte die Stadt nach der völligen Zerstörung Jerusalems durch Kaiser Hadrian im Jahre 135 n. Chr. Diese muß so verheerend gewesen sein, daß selbst der Kirchenvater Irenäus meinte, Jerusalem – immerhin Ort des Todes und der Auferstehung Jesu – habe als heilige Stätte ausgedient: „Wenn das Stroh sein Korn hergegeben hat, ist es wertlos."

Unterstrichen wurde die Stellung Caesareas auch dadurch, daß der jeweilige Ortsbischof den Vorsitz unter den Amtsbrüdern des Landes innehatte. Auf einer dieser Bischofsversammlungen, der Synode im Jahre 195, nabelte sich die junge Kirche einmal mehr von ihren jüdischen Wurzeln ab. Es wurde nämlich gegen den Willen der Judenchristen der Ostertermin auf einen Sonntag festgelegt.

Aus Alexandria vertrieben, kam 231 der Kirchenvater Origenes in die Stadt, wo er die berühmte Theologenschule begründete, in der er, nach einer strengen Unterscheidung zwischen Glauben und Wissen, die Theologie als Wissenschaft begründete. Sein Verdienst war es aber auch, daß er alle zu dieser Zeit gebräuchlichen Übersetzungen des Alten Testaments nebeneinanderstellte, wodurch eine Bibelausgabe mit hebräischem Text, griechischer Umschrift und vier griechischen Übersetzungen entstand. Dieses Werk, wegen der sechsfachen Nebeneinanderstellung der Texte „Hexapla" genannt, hatte nur zwei Nachteile: Es war so monumental, daß es nur in geringer Stückzahl angefertigt wurde, und es war so schwer, daß es die Kraft eines Mannes beim Transport überstieg.

Ein Schüler des Origenes führte dessen Lebenswerk weiter. Pamphilos erweiterte die Handschriftensammlung und legte so den Grundstein für eine Bibliothek, die um 630 n. Chr. 30.000 Bände umfaßte und die nur von jener in Alexandria übertroffen wurde.

Es waren die von Herodes in die Stadt gebrachten hellenistischen Traditionen, die, noch lange ehe das Christentum toleriert wurde, eine gewisse geistige Freiheit in dieser Stadt gewährten. Erst die Politik Roms, die sich zu Beginn des 4. Jh.s gar weit von dem Ideal der „Pax Romana" entfernt hatte, versuchte die junge blühende Kirche zu vernichten. Caesarea wurde wieder einmal zum Zentrum Palästinas – diesmal für die Christenverfolgung, die Diokletian im Jahre 303 ausgerufen hatte. Per Edikt verordnete er, daß die Kirchen dem Erdboden gleichzumachen und die Heiligen Schriften zu verbrennen seien. Damit sollte auch die Erin-

nerung an den Völkerapostel Paulus getilgt werden, der hier zwei Jahre in Gefangenschaft gewesen war. Beamte, so das Edikt, die im christlichen Bekenntnis verharrten, sollten ihre Würde verlieren, Militärs ihre Freiheit.

Keine Stadt Palästinas sollte so viele Märtyrer sehen wie eben Caesarea Maritima. Sie wurden mit dem Schließen der Beine in den Stock, dem Auspeitschen oder dem Aufreißen der Flanken mit Eisenkrallen bestraft, wenn sie sich weigerten, den römischen Göttern Götzenopfer darzubringen.

Dabei erwiesen sich viele nicht nur als mutig, sondern auch als gewieft. So antwortete ein Lektor namens Prokopios den Römern, die ihn am Stadttor aufhielten und zum Opfertrank zwingen wollten, mit den Worten aus Homers Ilias: „Nicht ist von Segen die Herrschaft von vielen, nur einer soll Herr sein."

So großartig die herodianische Anlage auch war, ihren Zenit sollte die Stadt erst während der byzantinischen Periode erleben, in der sich abermals eine reiche Bautätigkeit entfaltete. So wurden ein zweiter Aquädukt gebaut und riesige freie Plätze angelegt. Mit einer Ausdehnung von 100 ha war sie die bei weitem größte Stadt Palästinas.

Caesarea war aber nicht nur die Hauptstadt des Landes, eine Vormachtstellung gegenüber Jerusalem, die sie über sechs Jahrhunderte halten sollte, sondern sie war auch zum geistig-religiösen Zentrum geworden. So kamen zum Beispiel die berühmten Theologen Gregor von Nazianz (330–390) und Eusebius (265–339) hierher, um zu studieren.

Nachdem das intellektuelle Leben der jungen Kirche durch den Einfall der Perser im Jahre 614 zum Erlöschen gebracht worden war, erlebte Caesarea noch einmal einen Höhepunkt – wenngleich auch nur einen kriegerischen. Unter der Führung von König Balduin I. eroberten die Kreuzfahrer nach kurzer Belagerung die Stadt im Jahre 1101. Es folgte ein furchtbares Massaker, bei dem Tausende Araber hingeschlachtet wurden. Eine sechseckige grüne Schale, die man für den Heiligen Gral hielt, aus dem Jesus beim Letzten Abendmahl getrunken haben soll, gehörte zur Beute der Genueser. Sie befindet sich heute in der Kathedrale von San Lorenzo in Genua.

Zwischen 1187, dem Zeitpunkt der Einnahme der Stadt durch Saladin, und 1291, der weitgehenden Zerstörung durch den Sultan El-Ashraf

*LINKE SEITE*
*Römische und byzantinische Säulen im Hafen von Caesarea: Jeder Eroberer bediente sich, Unbrauchbares wurde verworfen.*

Khalil, wechselten die Besitzverhältnisse zwischen den Kreuzrittern und den Arabern mehrmals.

Die heute mächtig anmutenden Befestigungsanlagen wurden während des sechsten Kreuzzuges in bloß einem Jahr (1251/52) von den Franzosen errichtet. Die schier unglaubliche Bauleistung hatte allerdings einen religiösen Hintergrund. Gewährte doch der päpstliche Legat jedem, der sich eifrig genug als Handwerker daran zu schaffen machte, einen vollkommenen Ablaß.

Mehr als 600 Jahre danach sollte es erneut europäische Geschichte sein, die zur Besiedelung der verlassenen Stadt führte. Nach dem Berliner Kongreß von 1878 marschierte ein Heer der österreichisch-ungarischen Monarchie in Bosnien-Herzegowina ein, woraufhin zahlreiche Moslems flüchteten. Diese befürchteten nämlich Racheakte jener Christen, die sie selbst zuvor äußerst schlecht behandelt hatten. Sultan Abdul Hamid II. bot seinen Glaubensbrüdern Hilfe an, indem er sie in Caesarea ansiedelte. Die Nachkommen dieser Bosniaken leben heute als Palästinenser in der Nähe von Nablus.

## HAIFA – DIE HAUPTSTADT VON ISRAELS VIERTER WELTRELIGION

Theodor Herzl, der Vater des politischen Zionismus, war ein Träumer. Seiner programmatischen Schrift „Der Judenstaat" von 1896 stellte er das Motto voran: „Wenn ihr wollt, ist es kein Märchen." Diese Vision erfüllte sich am 14. Mai 1948 mit der Gründung des Staates Israel.

Und in seinem 1902 verfaßten Zukunftsroman „Altneuland" prophezeite der für die „Neue Freie Presse" arbeitende Wiener Journalist: „Eine herrliche Stadt war an das tiefblaue Meer gelagert. Großartige Steindämme ruhten im Wasser und ließen den weiten Hafen dem Blicke der Fremden sogleich als das erscheinen, was er wirklich war: der bequemste und sicherste Hafen des Mittelländischen Meeres. Schiffe aller Größen, aller Arten, aller Nationen hielten sich in dieser Geborgenheit auf."

So enthusiastisch die Schilderung 1902 gewesen sein mag – so wahr ist sie heute. Haifa ist mit rund 300.000 Einwohnern die drittgrößte Stadt Israels. Von ihren lokalpatriotischen Einwohnern wird sie folgendermaßen charakterisiert: Während man in Jerusalem betet und sich in

*Strand bei Caesarea: Wo im Jahre 66 n. Chr. der Jüdische Krieg ausbrach, suchen heute Israelis Entspannung von der Geschichte.*

Tel Aviv vergnügt, wird in Haifa gearbeitet. High-Tech- sowie petrochemische Industrie und die berühmteste Technische Hochschule des Landes sind der Beweis dafür. Und dennoch blieb Haifa bis heute die „sauberste und grünste Stadt Israels". Wie hatte sie Herzl doch charakterisiert? Als „Stadt der Zukunft".

Was Herzl nicht gerne gesehen hätte: Daß ausgerechnet jene Stadt, von der er die Vision einer äußerst säkularen Handels- und Universitätsmetropole nach preußischem Vorbild hatte, optisch einen religiösen Mittelpunkt erhält: den Bahai-Tempel.

Gegründet wurde die Bahai-Religion als eine mystische Bewegung am 23. Mai 1844 in Shiraz von dem damals erst 25jährigen Wanderprediger Mirza Ali Muhammad el-Bab. Mit seiner Erlösungslehre fand er im Volk so starken Widerhall, daß ihn die Regierung 1850 hinrichten ließ. Doch der neue Glaube war nicht mehr auszulöschen. Ein Schüler des Religionsgründers, der bis heute verehrte Baha'Ullah, von dem die Bahais auch ihren Namen ableiten, predigte weiter. Was dazu führte, daß der Sultan von Konstantinopel und der Schah von Persien, die sich offenbar beide gleichermaßen vor einem Prediger fürchteten, beschlossen, diesen in die entlegenste Gegend des türkischen Reiches zu verbannen. Und dies war eben Akko, wo Baha'Ullah zwei Jahre Festungshaft verbüßte. Begraben, so legte er fest, wolle er aber in Haifa werden.

Die Lehre der Bahais, die keine islamische Sekte, sondern eine unabhängige Weltreligion mit rund vier Millionen Mitgliedern sind, besagt,

*RECHTE SEITE
Der Schrein der Bahais in Haifa: Mittelpunkt einer Religionsgemeinschaft, die lehrt, daß Gott die Menschheit durch eine Reihe von Propheten erzieht.*

daß Gott die Menschheit durch eine Reihe von Propheten erzieht. Zu diesen gehört Mose ebenso wie Zoroaster und auch Buddha, Christus und Mohammed. Die Bahai-Religion, die übrigens keine religiösen Würdenträger oder Priester und auch keine Liturgie kennt, propagiert den Grundsatz der Gleichheit und Ganzheit der gesamten Menschheit und gebietet als oberste Pflicht die unbeschränkte Suche nach Wahrheit. Sie verdammt jede Art von Vorurteil und Aberglauben und betrachtet die Wissenschaft als das bei weitem wichtigste Instrument zum Fortschritt der Menschheit.

Der Schrein, in dem der 1909 aus Persien überführte Leichnam des Religionsgründers bestattet ist, wurde zwischen 1948 und 1953 erbaut. Er vereinigt europäische und orientalische Elemente, die 12.000 Dachziegel sind, wie aus einem Prospekt hervorgeht, nicht aus massivem Gold, sondern wurden in den Niederlanden nur feuervergoldet.

Schon einmal sollte Haifa ein religiöser Mittelpunkt werden. Nämlich im Jahre 1155, als der Mönch Berthold den Karmeliterorden gründete. Die heutige Klosteranlage von „Stella Maris" entstand freilich erst Mitte des 19. Jh.s. In dem Kloster wie auch in einer Höhle am Fuße des Kap Karmel wird der Prophet Elija verehrt, der um die Mitte des 8. Jh.s v. Chr. gelebt hat. Er trat allein gegen 450 Baalspriester in den Wettstreit, in dem es die Frage zu entscheiden galt, wessen Gott wohl der wahre sei. Felix Mendelssohn-Bartholdy hat dieses Gottesurteil in einem beeindruckenden, wenngleich selten aufgeführten Oratorium verewigt, in dem der gewaltige Chor der Baalspriester von dem Solisten Elija aufgefordert wird, noch lauter zu singen, denn ihr Gott Baal könnte beschäftigt oder verreist sein. Oder er könnte, so spottet Elija, auch nur eingeschlafen sein, weswegen sie noch kräftiger schreien sollten, um ihn doch endlich zu wecken.

Der Karmel, was soviel wie „Garten Gottes" bedeutet, ist ein 20 km langer bewaldeter Bergrücken, der auch heute noch leicht erkennen läßt, wofür er schon im Alten Testament gerühmt wurde: seine „Stärke, Schönheit und Fruchtbarkeit". Dort werden diese Charakteristika mit überschwenglichen Attributen wiedergegeben; heutzutage genügen zwei Worte, um den immergrünen Berg oder zumindest seinen herrlichsten Teil zu beschreiben: „Kleine Schweiz".

## BLOSS EIN ISRAELI ODER DOCH AUCH EIN JUDE?

*Scharfsichtige glauben ihrem Blick vertrauen zu können, andere ihrer Nase, wenn sie behaupten, Juden riechen zu können. Der Wiener Bürgermeister Karl Lueger (1844–1910) definierte gar: „Wer a Jud is', das bestimm ich!" Alle scheinen es zu wissen, nur die Juden selbst nicht. Und das macht dem Staat Israel ganz schön zu schaffen.*

Als Daniel Rufeisen, Jude, Ex-SSler und Karmelitenpater, 1959 nach Israel einwanderte, hatte er für sein Volk viel geleistet: 300 der sicheren Vernichtung entrissene Juden sprachen für ihn. Als Dolmetsch zwischen der deutschen Gendarmerie und der weißruthenischen Polizei hatte der 1942 knapp 20jährige in Erfahrung gebracht, daß für den 13. August eine „J-Aktion" geplant sei. Gemeint war damit die Liquidation des von 800 Menschen bewohnten Ghettos in der Stadt Mir.

Durch einen falschen Rapport, der besagte, daß Partisanen die nahen Wälder durchstreiften, gelang es Rufeisen in der Nacht vom 10. auf den 11. August, alle verfügbaren Einsatzkräfte in die eine Richtung zu lotsen, während er den Ghettoinsassen die Flucht in die entgegengesetzte empfahl.

300 Menschen flüchteten tatsächlich, die übrigen blieben im Ghetto und wurden getötet. „Wahrscheinlich", so bemerkte Rufeisen Jahrzehnte später, „hatten sie keine Kraft mehr."

Einer der Zurückgebliebenen aber denunzierte den Informanten, was zu dessen Verhaftung führte. Jetzt erst erfuhr der Gendarmerieoberst, daß sein Untergebener, der ihm im schwarzen Rock des SS-Unteroffiziers gedient hatte, ein polnischer Jude war. Geschickt hatte Rufeisen dies bis dahin zu verheimlichen gewußt.

Obwohl ihm 40 Leute auf der Flucht nachsetzten, konnte er sich in ein Haus retten, in dem vier aus ihrem Konvent vertriebene Nonnen untergebracht waren. Unter dem Eindruck der humanitären Hilfe, die er dort erfahren hatte, wohl aber auch, weil er auf die ihn bewegende Frage „Warum läßt Gott derartiges an seinem Volk Israel zu?" keine Antwort fand, begann er mit der Lektüre des Neuen Testaments und eines Buches über Lourdes. Beide Werke beeindruckten ihn so, daß er die Ordensoberin um die Taufe bat. Diese verwies aber darauf, daß man auf den Empfang des Sakramentes vorbereitet sein müsse. Rufeisen, von der erst zwei Wochen zurückliegenden Flucht noch gezeichnet, entgegnete: „Wir sind im Krieg, und niemand weiß, ob er morgen noch leben wird." Ein Ausspruch, der überzeugte. Die Nonne spendete ihm noch am selben Abend die Nottaufe.

Unmittelbar nach dem Krieg trat der als Oswald geborene Rufeisen in den Orden der Karmeliten ein, wo er in Erinnerung an den Propheten in der Löwengrube den Namen Daniel erhielt. 1952 wurde er zum Priester geweiht, 1959 in das Mutterhaus des Ordens nach Israel entsandt.

Die Einreise wäre auch reibungslos vonstatten gegangen, hätte Pater Daniel, der sich trotz seines Übertritts zum Christentum noch als Angehöriger des jüdischen Volkes fühlte, nicht darauf bestanden, nach dem „Gesetz der Rückkehr" Israeli werden zu dürfen. Diese 1950 erlassene Bestimmung sichert weltweit jedem Juden die israelische Staatsbürgerschaft zu, wenn er diese begehrt.

Das Innenministerium lehnte Rufeisens Antrag allerdings ab und bot ihm statt dessen die Bürgerrechte durch Naturalisation an. Dies wiederum wollte Pater Daniel nicht. Im Gegenzug brachte er 1962 seinen Fall in Form einer Petition vor den Obersten Gerichtshof, der schließlich mit vier Stimmen gegen eine entschied, daß der Antragsteller keinen Anspruch habe, als Jude anerkannt zu werden. Selbst das Argument, daß nach der Halacha (jüdisches Religionsgesetz) auch derjenige Jude bleibt, der dem Judentum abgeschworen hat, konnte den Richtersenat nicht überzeugen.

In seiner Urteilsbegründung betonte Richter Silberberg zwar, daß es in Israel ein Judentum gäbe, das von der extrem orthodoxen Richtung bis zur gänzlich ketzerischen reiche, daß „wir uns aber nicht von unserer geschichtlichen Vergangenheit abschneiden und nicht das Erbe unserer Vorfahren verleugnen" dürfen. Derartiges sei aber durch die Taufe geschehen.

Der israelische Richtersenat mußte wohl auch befürchten, daß missionarisch-evangelikale Kreise die Konversion von Juden, die noch dazu nicht bereit waren, ihre Wurzeln zu verleugnen, als religiöses Lösungsmodell für das belastete Verhältnis von Kirche und Judentum propagieren könnten. Und selbstverständlich schwangen bei den Richtern auch Begriffe wie Zwangstaufe und Identitätsverlust mit und auch das Wissen, daß sich Konvertiten häufig zu militanten Antisemiten entwickelt hatten.

Rufeisen war klar, daß er mit seiner Petition eine Revolution auslösen konnte. Wenn nämlich fünf Richter anhand seines Falles trennten, was jahrtausendelang zusammengehört hatte: Volk und Religion. Seit der Gründung des Staates war es nun erstmals denkbar geworden, daß sich jemand in einem nationalistischen Sinn mit Israel identifiziert, nicht aber mit der jüdischen Religion.

Selbst um den Preis, daß man bis heute keine Verfassung hat, die festlegt, wer ein Jude ist, verzichtet man auf eine neue Definition und begnügt sich mit der seit altersher geltenden, die lautet: „Jude ist, wer als Kind einer jüdischen Mutter geboren wurde oder zum Judentum übergetreten ist." Kinder eines jüdischen Vaters und einer nichtjüdischen Mutter sind demnach keine Juden, was den Hang zum Praktikablen

in der jüdischen Denkweise beweist: denn die Mutter ist allemal leichter festzustellen als der Vater.

Späte Folgen gibt es bei vielen unter den rund 500.000 russischen Juden, die Anfang der neunziger Jahre nach Israel einwanderten. So auch bei Olga und Anatoly: Die beiden weinten Tränen der Freude, als sie sich entschlossen, Rußland den Rücken zu kehren, nach Israel zu emigrieren und dort – gleichsam als Neubeginn – zu heiraten. Olga und Anatoly weinen noch immer – nun in einem Vorort von Tel Aviv und nun Tränen der Enttäuschung.

Das Problem: Während es Anatoly gelang, seine jüdischen Wurzeln nachzuweisen, war dies seiner Verlobten nicht ausreichend möglich. Weswegen das Paar von keinem Rabbiner getraut werden konnte. Und eine Eheschließung vor dem Staat, wie es sie in Europa gibt, ist in Israel unbekannt. Nach dem Gesetz der Rückkehr, bei dem nur eine jüdische Großmutter nachgewiesen werden muß, ist Olga zwar Israelin, sie ist aber, da der Nachweis der jüdischen Mutter fehlt, keine Jüdin. Das heißt: Olga hat alle Rechte und Pflichten. Sie zahlt Steuern, dient als Frau zwei Jahre in der Armee, hat Anspruch auf eine Sozialversicherung. Nur eines darf sie eben nicht: heiraten.

Auch wenn es für Olga und Anatoly kein Trost ist: Sie sind nicht die einzigen in dieser schwierigen Situation. Experten glauben, daß etwa 150.000 Einwanderer – immerhin ein knappes Drittel der Immigranten – vom Standpunkt der Halacha aus als nichtjüdisch eingestuft werden muß.

In dem Wissen, daß keine Regierung in Israel an der unzureichenden Definition dessen, was einen Juden, eine Jüdin ausmacht, etwas zu ändern wagt, fliegen diese Israelis ins Ausland, um sich dort zu vermählen. Mit Trauungsurkunden aus Zypern oder den USA ausgestattet, kehren die jungen Paare dann in die Heimat zurück, um sich dort rechtens zu Mann und Frau erklären zu lassen. Das Wort Hochzeitsreise bekommt dadurch plötzlich eine neue Bedeutung.

Und wer sich eine derartige Reise nicht leisten kann, zahlt eben 500 Dollar für ein in einem südamerikanischen Staat ausgestelltes Zertifikat. Womit zwar die Frage der Eheschließung, aber noch lange nicht jene der Scheidung oder der Adoption eines Kindes gelöst wäre.

Richtet der erste Teil der „Jude-ist"-Definition strenge Anforderungen an die Herkunft, so legt

der zweite Teil nicht minder gestrenge Richtlinien in bezug auf den Übertritt zum Judentum fest. Im Gegensatz zu vielen anderen Religionen hat das Judentum nämlich zu keiner Zeit missionarisch gewirkt. Ganz im Gegenteil: Übertrittswilligen Personen wurde und wird von Rabbinern nicht nur abgeraten, sondern es wird ihnen die Entscheidung durch zahlreiche Hemmnisse noch erschwert. Bis zu sieben Jahre kann solch eine Konversion dauern – eine Zeit, in der sich die wahre Gesinnung eines Menschen überprüfen läßt. Nie sollte jemand in die Gemeinschaft aufgenommen werden, der eines raschen Vorteils wegen die Religion wechselt.

Wenn ein Übertritt vor einem Rabbiner des reformierten oder konservativen Judentums durchgeführt wird, so ist dies den orthodoxen Rabbinern Israels ein Greuel. Denn sie betrachten sich als die Wahrer des jüdischen Glaubens, weswegen sie von ihrer alleinigen Amtsbefugnis auch nicht abrücken wollen.

Zu heftigen Auseinandersetzungen kam es zwischen den verschiedenen Glaubensrichtungen, als die als Nichtjüdin geborene US-Bürgerin Susan Miller nach Israel immigrieren wollte, nachdem sie sich zuvor einem jahrelangen Studium des Judentums unterzogen hatte und vor einem reformierten US-Rabbi konvertiert war. Als die nunmehrige Soshana Miller einen Identitätsausweis mit der Bezeichnung „Jude" einforderte, wurde ihr dieser vom damaligen Innenminister, dem ultraorthodoxen Rabbiner Jitzhak Peretz, verweigert. Nach langen Querelen mußte Peretz schließlich nachgeben. Er verlangte aber, daß hinter dem „Jude" der Zusatz „konvertiert" zu stehen habe. Was wiederum einen aberwitzigen Schulterschluß von liberalen Juden und verschiedenen orthodoxen Rabbinern provozierte. Die einen protestierten gegen das „konvertiert", weil davon auch alle jene Proselyten betroffen gewesen wären, die vor ihnen selbst und nicht vor den „ungläubigen Reformisten" übergetreten waren; die anderen stießen sich an dem Zusatz mit der Frage: „Gibt es denn zwei verschiedene Gruppen von Juden? Gute und weniger gute?"

Die Affäre endete damit, daß Peretz am Tag von Millers Einreise von seinem Amt zurücktrat – unter seiner Ägide sollte die Neojüdin nicht ins Land kommen –, um sich tags darauf erneut als Minister installieren zu lassen.

So unverständlich für Nichtjuden auch so manche der dargestellten Entscheidungen sein

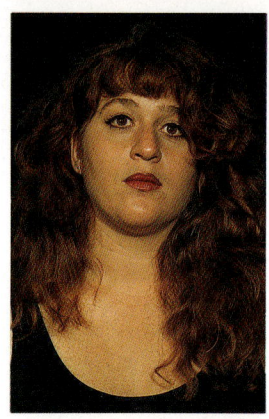

mögen – es handelt sich dabei keineswegs um einen bloßen akademischen Diskurs über talmudische Auslegung, sondern es geht um nichts Geringeres als um die Bewahrung der jüdischen Identität und die Reinheit des ererbten Glaubens.

## JAFFA UND TEL AVIV – HISTORIE KONTRA LEBENSLUST

Läutet man am Haus Simons des Gerbers in der verwinkelten Altstadt von Jaffa, so hört man eine Weile gar nichts. Dann ein langsames Schlurfen, das plötzlich innehält und mit der Frage endet: „Meen?" – „Wer?" Hat man hierauf glaubhaft genug beteuert, daß man dem Anschlag „For believers only" („Nur für Gläubige") durchaus entspricht, öffnet sich das massive Holztor. Und man steht einem betagten und freundlichen Mann gegenüber: Kristosdur Zakarian.

Er lädt in den engen Innenhof, erklärt – ein wenig langatmig vielleicht – die Genese seiner armenisch-orthodoxen Familie, um dann doch noch auf Simon den Gerber zu sprechen zu kommen. Und Kristosdur Z. tut dies mit einer Vertrautheit, als seien der Gerber und auch Petrus, der bei diesem eine Zeitlang gewohnt hat, zwei erst kürzlich verstorbene Verwandte, die er aber noch gekannt habe.

Es ist dies eine Selbstverständlichkeit im Umgang mit der Bibel, die man im Land häufig erlebt. Die aber nicht unbedingt aus dem Glauben kommen muß, sondern auch aus dem Umstand resultieren kann, daß die Bibel hier eben ein Geschichtsbuch ist. Die Geschichte des Landes, in dem die Menschen von heute leben, sowie die Geschichte ihrer Vorfahren.

Dieser unkomplizierte Zugang zu den Heiligen Schriften birgt freilich auch die Gefahr einer fundamentalistischen Lesart in sich, nämlich dann, wenn sie als Grundbuchauszüge verstanden werden, mit denen man ganz massiv Politik betreibt.

Auf dem Dach des Gerberhauses, von wo man einen weiten Blick übers Meer genießt, wurde Petrus in einer Vision ein Gabentisch mit Vierfüßlern und Kriechtieren gedeckt, die nach pharisäischen Reinheitsvorstellungen nicht „koscher", sondern „trefe" gewesen sind. Diese Vision, in der Petrus von Gott gezwungen wird, jüdische Normen zu überwinden, war für den Apostel ein erster Schritt in die römisch-heid-

*Blick vom Haus „Simons des Gerbers": Vertrauter Umgang mit der Bibel, so, als sei Petrus eben noch hier gewesen.*

nische Umwelt gewesen, dem bald darauf ein zweiter folgen sollte: die Taufe des ersten Heidenchristen Kornelius.

Aus dem Text der Apostelgeschichte (10,9–23) freilich abzuleiten, die Speisegesetze des Judentums seien damit ein für allemal überholt, hieße wohl, das Neue Testament allzu exzessiv zu interpretieren.

Für Kristosdur Z. ist es überhaupt keine Frage, daß sein Haus das des biblischen Ereignisses gewesen ist. Wohl deswegen, weil es hier schon in byzantinischer Zeit eine Kirche gegeben hat, die 614 von den Persern zerstört und später von den Kreuzfahrern wiedererrichtet wurde. Die gesamte Kulttradition sei aber, so meint er, nicht so überzeugend wie die Tatsache, daß sich in seinem Hof der einzige Brunnen von ganz Jaffa befindet. Und der Gerber habe schließlich reichlich Wasser benötigt.

Bei solchen Traditionen im eigenen Haus wird es verständlich, wenn der Armenier über das nahe Petruskloster ein wenig mitleidig, wenn auch nicht abschätzig spricht. Stammt es doch „erst" aus dem 17. Jh.

Jaffa, die Hafenstadt, die laut Plinius dem Älteren 40 Jahre nach der Sintflut gegründet wurde, ist heute ein malerischer Vorort von Tel Aviv. 1909 war es genau umgekehrt gewesen. Die jüdischen Bewohner des arabischen Jafo gründeten die Siedlung als Villenvorort und gaben ihr den Namen „Hügel des Frühlings". Dieser sollte nicht nur an das babylonische Exil erinnern, wo die Israeliten in einem Ort desselben Namens gewohnt hatten, sondern auch an den Roman „Altneuland" von Theodor Herzl, der in der hebräischen Übersetzung den Titel „Tel Aviv" erhielt.

Heute eine Kultur- und Wirtschaftsmetropole mit rund 400.000 Einwohnern, ist Tel Aviv auch eine Stadt der Sinnesfreuden. Fernab von allen Problemen des Staates regiert hier die unbeschwerte Leichtigkeit des Seins. Und nicht wenige säkulare Israelis, die glauben, in Jerusalem die permanente Doppelbelastung von zunehmender Religiosität und ständig präsentem Palästinenserkonflikt nicht mehr ertragen zu können, zieht es hierher, um das Leben, wie sie sagen, Kapriolen schlagen zu lassen.

# GALILÄA
### Kafarnaum – Kana – Nazaret – See Gennesaret
### Tabgha – Tabor – Tiberias – Zefat

# ZURÜCK ZUR ERDE – ZURÜCK IN DIE ZEIT

Die Christen haben Jesus, den Juden aus Nazaret, aus dem Boden Israels herausgerissen. Das ist keine Frage. Durch die Jahrhunderte haben sie ihn entjudet, entwurzelt, verfremdet, gräzisiert, europäisiert, ja sogar arisiert.

Heute kommen zahlreiche Pilger nach Israel und sind betroffen, daß sie ihrem Erlöser nicht mehr begegnen. Nicht in den Kirchen, die zum Teil mit Zeichen des Glaubens, oft aber auch nur mit unsäglichem religiösen Kitsch angefüllt sind. Und nicht im freien Land, weil dieses „fünfte Evangelium" nicht in einer Woche erfahren, sondern höchstens in zwei erwandert werden kann.

Selbst bei Andachtsübungen wie der Kreuzwegprozession – für viele Christen der Höhepunkt der Pilgerfahrt – ist es schwer, auf eine Gotteserfahrung, geschweige denn auf ein neues Christusbild zu kommen. Zu störend sind die Zurufe der Händler in der Altstadt von Jerusalem: „Halber Preis für Sie!" und „Woher?" „Oh, deutsch? Gut!" Dann folgt noch, gleichsam als Hommage an die verehrte Kultur, der Name eines großen Fußballers aus dem Nationalteam und häufig leider immer auch noch der des großen braunen Ver-Führers.

Im biblischen Land wird ein Christusbild verkauft, das den Griechen griechisch, den Katholiken katholisch, den Deutschen deutsch und den Amerikanern amerikanisch ist. Und wären demnächst Eskimos zu erwarten, der Markt würde rasch reagieren.

Als Pilger kommt man aber nicht nur ins Land, um den eigenen, von heimatlicher Kultur geprägten Glauben bestätigt zu sehen. Der Pilger und auch der religionsgeschichtlich Interessierte gehen doch der Frage nach: Wer war er, dieser Jesus aus Nazaret? Dieser Mann, der so viele in seinen Bann zieht und den so viele glauben bekämpfen zu müssen. Der kaum jemanden, der sich mit ihm ernsthaft beschäftigt, gleichgültig läßt.

Die Antwort findet man am leichtesten, wenn man es zuläßt, den, nach dem man fragt, in Raum und Zeit dieser Erde zu verpflanzen. In Galiläa kann man noch so manches Bild aus der Bibel nachvollziehen. Zum Beispiel, wenn man am frühen Morgen die Fischerboote auslaufen sieht oder vom Berg der Seligpreisungen über die sanften Hügel zu Fuß nach Tabgha

*VORHERGEHENDE SEITEN Galiläa: Im fruchtbaren Land des Nordens und um den See Gennesaret läßt sich leicht so manches Bild aus der Bibel nachvollziehen.*

oder Kafarnaum wandert, um sich die Berg- und Seepredigt zu vergegenwärtigen.

Die emotionelle Seite allein, jene, die zur Meditation anregt, ist allerdings zuwenig. Erst durch Wissen wird der Glaube lebendig. Ein Beispiel: Die jüdischen Zuhörer werden Jesus eifrig zugenickt haben, als er das Gleichnis von dem Mann erzählte, der ein reiches Gastmahl veranstaltet hat und seine Knechte aussandte, um die Gäste zu laden. Nachdem jeder einzelne aber eine Entschuldigung vorbrachte, um nicht kommen zu müssen, wurde der Hausherr zornig und

*Kirche der Seligpreisungen: Die Kraft der Worte Jesu darf nicht durch die behübschende Architektur der Gegenwart geschwächt werden.*

Lande aufgefangen wurden, sowie viele, von denen es noch nicht einmal feststand, ob sie Freie waren, erhielten hier Wohnungen angewiesen und bekamen mancherlei Vorrechte. Um sie an die Stadt zu fesseln, ließ Herodes ihnen Häuser bauen und Ländereien zuteilen, da es ihm wohlbekannt war, daß ihnen nach jüdischen Vorschriften das Wohnen daselbst nicht gestattet war."

Durch dieses Suchen nach dem ursprünglichen Jesus kann man auch jenen Ideologen entgegenwirken, die ihn für ihre weltanschaulichen Zwecke vereinnahmen wollen. Denen, die den bloßen Humanisten Jesus oder auch den Sozialreformer hervorkehren, oder jenen, die ihn auf die Rolle eines Revolutionärs gegen das Establishment reduzieren. Er ist dies alles auch, aber er ist in jedem Fall mehr als nur jeweils einer dieser Aspekte.

Das Land der Bibel soll erhellen, Hintergründe darlegen und überkommene Vorstellungen korrigieren. Eine Klärung aller Glaubensfragen darf man sich freilich auch von der Methode einer vorsichtigen Entmythologisierung nicht erwarten. Nur allzu leicht gerät nämlich der alles erklärt haben wollende Glaube in Gefahr, die wirklichen Geheimnisse nur mehr auf ungelöste Probleme zu reduzieren.

## DIE HÖRNER VON HATTIN – DER KREUZFAHRER WATERLOO

Zwar konnten sie den nahen, aber rund 500 m tiefer gelegen See Gennesaret nicht sehen, aber sie wußten: Dort unten in dieser Senke, weniger als eine Reitstunde entfernt, dort wäre das Mensch und Tier rettende Wasser. Und nicht nur zum Trinken wäre ausreichend vorhanden – nein, man könnte sich das erfrischende Naß von einem Lakaien aus einem Krug über den Körper gießen lassen oder überhaupt gleich samt der Rüstung in den See springen.

Das Wissen vermag oft fehlende Bilder zu ergänzen und die verwegensten Phantasien zu entfesseln. So wird es auch bei den Kreuzfahrern am 4. Juli des Jahres 1187 gewesen sein, die unter den Hörnern von Hattin Aufstellung zum Kampf gegen Saladin genommen hatten.

Schon der Marsch am Tag zuvor, der von Sepphoris bis zu den beiden nur 4 km westlich von Tiberias gelegenen Vulkankegeln geführt hatte, war eine einzige Tortur gewesen. Über-

sagte zu seinem Knecht: „Geh schnell auf die Straßen und Gassen der Stadt und hol die Armen und die Krüppel, die Blinden und die Lahmen herbei ..." Die Zuhörer Jesu hatten ein ganz klares Bild vor sich. Jenes, das auch Josephus Flavius in seinen „Antiquitates" beschreibt: „Tiberias war übrigens von zusammengelaufenem Volk bewohnt, worunter sich auch viele Galiläer und gezwungene Ankömmlinge befanden, die mit Gewalt dort angesiedelt wurden, obwohl sie zum Teil den besseren Ständen angehörten. Auch die Bettler, die im ganzen

*Die Hörner von Hattin: „Wer die Zahl der Toten sah, glaubte nicht, daß es Gefangene gab, wer die Gefangenen sah, glaubte nicht, daß es Tote gab."*

### DIE NIEDERLAGE

Die Schlacht wurde an einem Samstag geschlagen. Zu Beginn des Kampfes waren die Christen Löwen, und am Ende waren sie nur mehr zersprengte Schafe. Von vielen tausend Menschen rettete sich nur eine kleine Anzahl. Das Schlachtfeld war bedeckt mit Toten und Sterbenden. Ich selber schritt über den Berg Hattin; es bot sich mir ein furchtbares Schauspiel. Ich sah alles, was eine (im Kampf) glückliche Nation einem unglücklichen Volk angetan hatte. Ich sah den Zustand ihrer Führer. Wer könnte den beschreiben? Ich sah abgeschnittene Köpfe, erloschene oder ausgestochene Augen, staubbedeckte Körper, ausgerenkte Glieder, abgetrennte Arme, gespaltene Knochen, durchschnittene Hälse, gebrochene Lenden, Füße, die nicht mehr am Bein hingen, in zwei Teile gehauene Körper, zerrissene Lippen, eingeschlagene Stirnen. Als ich diese zur Erde gekehrten, mit Blut und Wunden bedeckten Gesichter sah, fiel mir das Wort des Koran ein: „Der Ungläubige wird sagen: Warum bin ich nicht aus Staub? Welch süßen Duft strömte dieser schreckliche Sieg aus!"

Der arabische Chronist Emad-eddin über die Schlacht von Hattin

all, wohin man gekommen war, war man nur auf ausgetrocknete Quellen gestoßen: Die 1200 Kreuzritter, die 2000 einheimischen Berittenen und die 10.000 Mann Fußvolk dürsteten. Man kann sich die Not derer vorstellen, die sich über die baumlose Ebene geschleppt und davon phantasiert hatten, daß der nächste Brunnen nicht versiegt sein möge. Der Zugang zum See selbst war dem Kreuzfahrerheer aber durch die dort lagernden Truppen Saladins versperrt.

Tags darauf kam es dann zur Schlacht. Geschwächt durch den Durst – man hatte seit 24 Stunden kein Wasser mehr zu sich genommen – waren die Krieger in einer verzweifelten Lage, die die Moslems auch noch zu verstärken wußten: „Da der Boden, auf dem das christliche Heer kämpfte, mit Heidekraut und trockenem Gras bedeckt war, legten die Moslems Feuer daran und entfachten einen gewaltigen Brand. So vereinigte sich alles gegen die Christen: der Rauch, die Hitze des Feuers, die des Tages und die des Kampfes." Soweit die Schilderungen des arabischen Chronisten Ibn el-Athir.

Der Kampf wogte hin und her, am Ende sollten die Truppen Saladins aber siegreich bleiben. Es muß ein furchtbares Gemetzel gewesen sein, denn el-Athir resümiert: „Wer die Zahl der Toten sah, glaubte nicht, daß es Gefangene gab, wer die Gefangenen sah, glaubte nicht, daß es Tote gab. Niemals seit ihrem Einfall in Palästina hatten die Franken eine derartige Niederlage erlitten."

Zu der Schlacht bei Hattin war es eigentlich nur wegen einer inneren Zwistigkeit zwischen den Kreuzfahrern gekommen: Rainald von Châtillon, Herr über das Ostjordanland, hatte einen mit Saladin auf zwei Jahre vereinbarten Waffenstillstand gebrochen, indem er eine Karawane überfiel. Daß sich unter den Reisenden Saladins Schwester befand, mußte diesen besonders erzürnt haben. Dennoch brach er die Vereinbarung seinerseits nicht und forderte lediglich die Freilassung der Gefangenen sowie Schadenersatz. Rainald lehnte ab, und die ihm übergeordneten Herrscher, wie König Guido, hatten nicht die Macht, sich durchzusetzen. Also kam es zur Schlacht, die das Ende der Kreuzzugsbewegung einleiten sollte. Innerhalb der nächsten beiden Monate ergaben sich strategisch wichtige Städte wie Tiberias, Akko, Nablus, Askalon und Beirut. Im selben Jahr fiel auch noch Jerusalem.

Heute erinnert an den Hörnern von Hattin nichts mehr an Not und Elend der Kreuzfahrer. Bei einem Spaziergang über die dürren Felder, ausgerüstet mit der Lektüre von Augenzeugen, läßt sich hier gut nachvollziehen, was sich an diesem Ort vor 800 Jahren abgespielt hat. Welch tausendfacher Tod im Namen eines christlichen Gottes und im Namen des moslemischen Gottes hier gestorben wurde.

## SALADIN – DIE ALTE SEHNSUCHT NACH DEM STARKEN MANN

*Kräftig streichelt Salimi über ihren Bauch. Von oben nach unten, um ihn dann mit offenen Handflächen zu bedecken. „Saladin" haucht sie. Salimi, Mitte zwanzig, ist wieder einmal voll der Hoffnung. Mittlerweile zum achten Mal. Mit fünf Kindern und ihrem Gatten muß sie den 20 m² großen Raum bereits teilen, für einen Saladin, so bekräftigt sie lächelnd, sei aber allemal noch Platz. Genutzt wird das Zimmer mit dem grünblauen Ölanstrich und den in der Ecke gestapelten Matratzen aber nicht nur zum Schlafen, auch gekocht und gewohnt wird hier. Zwei Kinder seien gestorben, sagt sie. Eines sei ein Bub gewesen. Daß das zweite, von dem sie nicht spricht, ein Mädchen war, versteht sich von selbst. „Saladin", sagt Salimi immer wieder, während sie sich über den Bauch fährt.*

*Wie diese Frau im palästinensischen Flüchtlingslager Deheshe nahe von Betlehem, so hoffen Schwangere in der gesamten arabischen Welt auf die Auszeichnung, einem zweiten Saladin das Leben schenken zu dürfen. Dieser soll dann, wie einst das historische Vorbild aus der Kreuzfahrerzeit, die arabische Nation vereinen und Jerusalem befreien. Und natürlich – im Falle Salimis und ihres Mannes – die Eltern stolz in ein Haus führen, wo man sich nicht in einem Raum drängen muß, wo es nicht nur ein Fenster, sondern viele Fenster gibt und wo an der*

*Saladin, der vom Westen und von den Arabern idealisierte Heerführer: Noch heute hoffen Palästinenserinnen, einem „zweiten Saladin" das Leben schenken zu können.*

Wand nicht ein vergilbtes Plakat von Jugo-Fruit Belgrad klebt, sondern vielleicht eine Darstellung vom Felsendom hängt. Wertvoll umrandet von Perlmutt.

Gottfried von Bouillon und Friedrich Barbarossa sind in jeder Hinsicht tot, und auch Richard Löwenherz tritt uns nur als blasse Gestalt aus den Geschichtsbüchern entgegen. Wer also war dieser Saladin, der ebenfalls seit über 800 Jahren tot ist, daß er dennoch in der Erinnerung der Araber so lebendig geblieben ist?

Für das Abendland war der 1138 im heutigen Irak geborene El-malik en Nasir Salah ed-Din Jussuf, kurz: Saladin, lange Zeit der honorigste aller Moslems. So ehrenwert, daß Dante Alighieri ihm in der „Göttlichen Komödie" zwar doch nur einen Platz in der Hölle zuteilt, aber immerhin einen, der sich als Privileg erweisen sollte. Verkehrten an diesem Ort doch nur reine Seelen – solche, die eigentlich ins Paradies gehört hätten, wären sie zu Lebzeiten eben Christen gewesen. Und die Hölle – das stand nach gesatzter Theologie außer Frage – mußte es selbst für Saladin sein. Denn außerhalb der Kirche sollte es kein Heil und somit auch keinen Himmel geben.

Das Abendland hatte alle Gründe, den Herrscher über Ägypten, Syrien und den Jemen als großzügig zu beschreiben – mag diese Sichtweise auch oft ein wenig idealisierend gewesen sein. Die Eroberung Jerusalems im Oktober des Jahres 1187 bezeugt jedenfalls seinen Charakter. Um diesen recht verstehen zu können, muß man aber wissen, wie die Kreuzfahrer 88 Jahre zuvor nach der Einnahme der Stadt gewütet hatten: „Frauen, die in die befestigten Häuser und Paläste geflohen waren, durchbohrten sie mit dem Schwert. Säuglinge rissen sie an den Füßen von der Brust der Mutter oder aus den Wiegen, warfen sie an die Wand und auf die Türschwellen und brachen ihnen das Genick. Andere töteten sie mit ihren Waffen, noch andere mit Steinen. Kein Alter und kein Geschlecht der Heiden wurde verschont." Dies schrieb nicht etwa ein Moslem, sondern ein christlicher Augenzeuge.

Saladin hingegen hinterläßt kein Blutbad, keine Verwüstungen, keine Plünderungen. Ganz im Gegenteil: Er, der mit seinen Offizieren die Kapitulation des christlichen Jerusalem akzeptiert und den Christen den freien Abzug nach Zahlung eines Tributs zugesichert hatte, erlegte das Lösegeld in Einzelfällen sogar aus der eigenen Tasche. Wofür ihm wiederum Gotthold Ephraim Lessing in seinem „Nathan" ein nachhaltiges Denkmal setzte.

Die Chronisten, die christlichen wie die islamischen, sind sich darin einig, daß sich Saladin oft in überraschender Weise als großmütig und menschlich erwiesen hat. Was aber nicht heißt, daß er nicht auch äußerst brutal und grausam sein konnte. So streckte er nach der Schlacht von Hattin (1187) seinen Intimfeind Rainald von Châtillon eigenhändig mit dem Krummsäbel nieder, und er ließ es auch geschehen, daß von seinen siegestrunkenen Soldaten 200 gefangenen Ordensrittern die Köpfe abgeschlagen wurden.

Die Befreiung Jerusalems von den Ungläubigen – vermutlich schon weniger die Toleranz des Heerführers – ist aber nur ein Aspekt, der Frauen wie Salimi auf einen neuen Saladin hoffen läßt. Der zweite, nicht weniger wichtige ist die Wiederherstellung der arabischen Einheit als Basis für ein neues Selbstwertgefühl. Als Haupthindernis dafür erachten die Araber die von den Engländern und Franzosen Anfang dieses Jahrhunderts gezogenen Grenzen, die man ihrer Auffassung nach dem Motto „Divide et impera" („Teile und herrsche") entsprechend festgelegt hat. Mittels dieser Grenzen werde die arabische Welt zerstückelt, „damit sie sich nicht einen und ihre Fähigkeiten voll entfalten" könne. Die Worte Saddam Husseins, der damit den brutalen Überfall auf Kuwait vom 2. August 1990 zu erklären versuchte, verfehlten ihre Wirkung unter den einfachen Menschen nicht. In der gesamten arabischen Welt gab es Solidaritätskundgebungen zugunsten des irakischen Diktators. Und sie wären noch viel zahlreicher gewesen, wären sie nicht in den meisten Staaten unterdrückt worden. Das Argument, daß sich die arabischen Nationalstaaten sehr wohl – und auch völlig freiwillig – zu eben diesen Grenzen bekannt haben, wurde vom Propagandageschrei aber deutlich übertönt. Wenn auch der Versuch, diese Grenzen zu überwinden, nicht neu ist: Schon 1958 schlossen sich Ägypten und Syrien zur Vereinigten Arabischen Republik zusammen. Was dem ägyptischen Staatschef Abd el-Nasser ebenfalls den Titel „Saladin" einbrachte. Die antiimperialistische Propaganda setzt bei den vielen Arabern von Marokko über den Jemen bis in den Irak die Vorstellung frei, daß man – ist die Einheit erst einmal vollzogen – wieder eine eigene arabische Hochkultur aufbauen

*RECHTE SEITE*
*Der See Gennesaret vermochte die Bewohner Kafarnaums zwar zu ernähren, reich wurden die Juden des Ortes aber nicht. Selbst die Synagoge mußten sie sich von einem Römer finanzieren lassen.*

könne. Daß man sich dann nicht mehr demütigen zu lassen brauche, daß man dann auch das Öl zu Preisen verkaufen könne, die man selbst bestimmt, daß man dann die „Marionetten Amerikas", gemeint sind die reichen Scheichs in den Ölstaaten am Golf, vertreiben könne.

*Diese Phantasien, die stets der Vorstellung entspringen, der Westen wolle nur Böses mit den Arabern, können alle jene nutzen, die es verstehen, in religiöser Hinsicht die Re-Islamisierung oder in politischer Hinsicht die arabische Vereinigung voranzutreiben. Zuletzt war dies Saddam Hussein gelungen. Der Beiname „Saladin" war auch in seinem Fall der Lohn.*

*Freilich hatte der irakische Diktator ein beträchtliches Problem mit dem 1193 verstorbenen Heerführer. Zwar wurden sie beide in der Stadt Takrit geboren – nur: Saladin war Kurde. Was den Nachfolgeanspruch des irakischen Diktators doch wesentlich beeinträchtigt.*

## KAFARNAUM – DIE ERSTE KIRCHE

Die schwarzen, nur grob behauenen Basaltsteine und die roh gestalteten Fenster zeigen es: Kafarnaum, die „Stadt Jesu", war zur Zeitenwende ein armseliges Nest gewesen. Hingekauert über 300 m an das Nordufer des Sees Gennesaret, beherbergte es zwar eine Zollstation, aber reich war man hier trotzdem nicht. Auch der etwas abseits gelegene Militärposten dürfte den Ort nur wenig belebt haben.

Die knapp 1000 jüdischen Einwohner, die sich wohl hauptsächlich vom Fischfang ernährten, mußten sich sogar die Synagoge von einem Nichtjuden errichten lassen: jenem Hauptmann, der Jesus bittet, doch seinen kranken Diener zu heilen, und der als Heide so viel Hochachtung vor dem Judentum hat, daß er Jesus ausrichten läßt: „Ich bin nicht wert, daß du mein Haus betrittst. Sprich nur ein Wort, dann wird mein Diener gesund werden." Tatsächlich war es Juden verboten, das Haus eines Nichtjuden zu betreten.

Kefar Nahum (der Ort des Nahum) muß also wirklich das gewesen sein, was in Anlehnung an das Wort „Kafr" als ein „Kaff" bezeichnet wird: ein armseliges, ziemlich vergessenes Dorf. Nicht einmal befestigt war es gewesen und zudem zu unbedeutend, als daß man es während der beiden Jüdischen Kriege (66–70 und 132–135 n. Chr.) zerstört hätte.

Eine der schönsten Synagogen Galiläas läßt den heutigen Besucher ein wenig die Armseligkeit des Grenzortes hin zur griechischen Dekapolis vergessen. Sie stammt allerdings erst aus dem vierten nachchristlichen Jahrhundert und wird nur von schlechten Touristen-„Guides" als jene dargestellt, in der Jesus seine große Brotrede gehalten hat (Johannes 6, 22–59). Besagtes Bethaus der Zeitenwende liegt jedoch unter dem heute gezeigten und bildet dessen Fundament.

In diesem armseligen Dorf also, bewohnt von wenig feinsinnigen Fischern und einigen verhaßten Zöllnern, predigt Jesus und tut so viele Wunder wie in keiner anderen Stadt des Landes. In der Synagoge heilt er den Besessenen und den Mann mit der verdorrten Hand, hier befiehlt er auch dem Gelähmten: „Steh auf, nimm dein Bett und geh!"

Es ist in Kafarnaum, wo sich der Synagogenvorsteher Jairus Jesus zu Füßen wirft und sagt: „Meine Tochter liegt im Sterben. Komm und leg ihr die Hände auf, damit sie wieder gesund wird und am Leben bleibt!" Als sie aber zum Haus kamen, hörten sie bereits lautes Jammergeschrei, denn das Mädchen war inzwischen gestorben. Jesus „faßte das Kind an der Hand und sagte zu ihm: Mädchen, ich sage dir, steh auf! Sofort stand das Mädchen auf und ging umher. Es war zwölf Jahre alt. Die Leute gerieten außer sich vor Entsetzen."

Dieses Auftreten Jesu war ein Ärgernis: vor allem für die Pharisäer und den priesterlichen Adel der Sadduzäer. Sie, die Gelehrten, die Hüter der Heiligkeit und Reinheit – „Ihr sollt mir ein Königreich von Priestern und ein heiliges Volk werden" (Exodus 19,6) –, sollten jemanden anerkennen, der in einem kleinen Kaff irgendwo im Norden des Landes irgendwelchen namenlosen Fischern predigte? Nein, das ging zu weit.

In Jerusalem stand der Tempel. Hier wurde geopfert und gebetet, theologisch disputiert und die Ergebnisse in Gesetze gefaßt. Und in Galiläa? Da oben, drei Tagereisen entfernt im Norden, da wurde zwar auch gebetet, aber das mußte in den Augen der Jerusalemer von jener Qualität gewesen sein, die in dem Wort „Neubekehrte" mitschwingt. Am Zion Jerusalems hatte Gott seine Wohnung genommen, dort war der Urvater Abraham bereit gewesen, seinen Sohn zu opfern, und dort hatte Salomo den Tempel erbaut. Gottes und des Menschen Geist waren in Jerusalem zu Hause.

*RECHTE SEITE*
*Griechisch-orthodoxe Kirche in Kafarnaum: Optischer Kontrapunkt zu dem von den Franziskanern errichteten Gotteshaus, das viele als UFO bezeichnen.*

Galiläa war hingegen nach der Deportation der Bevölkerung nach Assur (733 v. Chr.) nur mehr schwach jüdisch besiedelt und somit ein „Heidenland" gewesen. Jesaja (8,23b) sagt sogar: „Einst hat er das Land Sebulon und das Land Naftali verachtet ..." Doch in die Zukunft schauend, sieht der Prophet für „das Volk, das im Dunkel lebt, ein neues Licht" (9,1).

Um 140 v. Chr. sollte es unter den wenigen Juden Galiläas zu einem Pogrom kommen, was die Makkabäer des Südens veranlaßte, ihre Brüder im Norden zu schützen. Und zwar, indem sie jüdische Großfamilien aus Judäa in den Norden umsiedelten. Dazu kommt im ausgehenden 2. Jh. v. Chr. noch eine Landnahme durch späte Heimkehrer aus dem babylonischen Exil. Unter diesen hat sich vermutlich auch die davidische Nazoräersippe befunden, die sich in einem kleinen Ort im Herzen Galiläas niedergelassen hat, dem sie den Namen Nazaret gab.

Zugleich kommt es zu einer in der Geschichte Israels ganz seltenen Erscheinung, nämlich einer Zwangsjudaisierung. Der Hasmonäer Hyrkanus und sein Nachfolger Aristobolus stellen die Bewohner im Norden vor die Wahl, entweder die Beschneidung anzunehmen oder das Land zu verlassen.

Die langen jüdischen Traditionen Jerusalems und Judäas stehen also gegen die noch recht seichten Galiläas. Zieht man dies in Betracht, dann kann man sich vorstellen, daß sich auch die Schriftgelehrten, gleich wie der Jünger Natanael, die Frage gestellt haben: „Aus Nazaret? Kann von dort etwas Gutes kommen?"

Den Franziskanern ist die Rettung Kafarnaums zu verdanken. Denn sie erwarben 1894 das Grundstück und gestatteten der Deutschen Orient-Gesellschaft die ersten Grabungen. Wodurch es erstmals gelungen ist, eine von den Evangelien genannte Ortschaft in Galiläa freizulegen. Den Franziskanern, so meinen viele Besucher, sei es aber auch zu verdanken, daß Kafarnaum entstellt wurde. Und zwar mittels eines Bauwerks, das von Besuchern einmal als „Spinne", dann wieder als „Ufo" bezeichnet wird. Auch Ausdrücke wie „Bahnhof" oder „Milchhalle" sollen schon gefallen sein. Selbst Mönche der franziskanischen Custodia Terra Santa geben zu, daß man mit der 1990 eingeweihten Kirche, die eigentlich ein Schiff darstellen sollte, nicht glücklich sei. Unbestritten ist aber, daß es galt, die darunter liegenden Ausgrabungen zu konservieren.

Kritische Stimmen hinterfragen aber nicht nur den Stil des Gebäudes, sondern auch die Tatsache, ob man zur Konservierung tatsächlich eine Kirche habe bauen müssen. Sie bekommt durch das Fehlen einer Ortsgemeinde einen musealen Charakter. Ein Eindruck, der auch dadurch verstärkt wird, daß das Gotteshaus für den Einzelreisenden geschlossen ist und von Gruppen vorher gebucht werden muß.

Die Franziskaner hatten bereits zur Zeit des Grundstückskaufs im ausgehenden 19. Jh. eine von der Allgemeinheit nicht geteilte Auffassung von Altertumsschutz: Sie bedeckten die Ruinen Kafarnaums nämlich mit Erdreich und legten darüber einen Obstgarten an. Und dies, obwohl der berühmte britische Archäologe Charles Wilson die aus der Erde ragenden Baureste zuvor eindeutig mit dem neutestamentlichen Ort identifiziert hatte.

Gleichviel – durch den neuzeitlichen Bau wird ein wahrlich eindrucksvoller Ort geschützt: die erste Hauskirche der Christenheit. Wenn Pilger so oft der Frage nachgehen: Wo war dies oder jenes? – dann kann man hier das Markusevangelium (1,29–31) lesen: „Sie verließen die Synagoge und gingen zusammen mit Jakobus und Johannes gleich in das Haus des Simon und Andreas. Die Schwiegermutter des Simon lag mit Fieber im Bett. Sie sprachen mit Jesus über sie, und er ging zu ihr, faßte sie an der Hand und richtete sie auf. Da wich das Fieber von ihr, und sie sorgte für sie."

Selten haben sich Grabungsergebnisse mit einem literarischen Befund derart harmonisch ergänzt wie gerade hier. Der Besucher steht also wirklich vor dem Haus des Petrus. Auch wenn der Ort durch eine mehrfache Bebauung nicht ganz leicht auszumachen ist, ein klarer Plan nahe der Kirche gibt dem Besucher einen Überblick über die vier Entwicklungsstufen: Die älteste Substanz – eben das Haus des Petrus – stammt etwa aus dem 2. Jh. v. Chr. Am Ende des ersten nachchristlichen Jahrhunderts wurde es in eine „domus ecclesia", eine Hauskirche, verwandelt. Im 4. Jh. folgte eine Vergrößerung, in der zweiten Hälfte des 5. Jh.s die Errichtung einer Oktogonalkirche, die bis ins 7. Jh. benutzt wurde. Dann begann der Ort langsam zu verfallen, bis er Mitte des 19. Jh.s wiederentdeckt wurde.

Nach der Heilung der Schwiegermutter des Petrus, „am Abend, als die Sonne untergegangen war", so heißt es bei Markus, „brachte man alle Kranken und Besessenen zu Jesus. Die

*Die Synagoge Kafarnaums: Ist es vorstellbar, daß Juden nahe der byzantinischen Kirche ein derartig prächtiges Gebetshaus errichten durften?*

ganze Stadt war vor der Haustür versammelt." Auch den Platz für größere Menschenansammlungen belegt die Archäologie vor dem Haus. Es war nämlich an der breiten, von Norden nach Süden führenden Hauptstraße des Dorfes gelegen. Zusätzlich gab es noch freien Platz, da das Haus von der Straße zurückversetzt war.

Von einer frühen Verehrung durch Judenchristen zeugen mehrere hundert Graffiti: Auf farbigem Putz sind Worte wie „Petrus" und „O Herr Christus", „Kyrie eleison", „Amen", ein Fischerboot oder auch liturgische Texte eingeritzt. Da letztere in Aramäisch, Griechisch, Syrisch und Latein abgefaßt sind, vermutet man, daß nicht nur Christen aus dem Ort, sondern auch solche aus der weiteren Umgebung zur Verehrung Jesu und seiner Apostel hierhergekommen waren. Die Datierung von Inschrif-

ten gestaltet sich meist sehr schwierig – vorsichtig geschätzt kann man bei den vorliegenden einen Zeitraum zwischen dem frühen 3. und dem frühen 5. Jh. annehmen.

Waren die ersten beiden Hauskirchen von Judenchristen benutzt und gestaltet worden, so trägt der in der zweiten Hälfte des 5. Jh.s errichtete achteckige Bau eindeutig die Handschrift einer heidenchristlichen Gemeinde. Mit diesem Bau, übrigens dem ersten achteckigen in Palästina, wollte sie offenbar die Überlegenheit der römischen Kultur gegenüber den lokalen Judenchristen zum Ausdruck bringen. Daß die „Kirche aus den Völkern" der ursprünglicheren „Kirche aus der Beschneidung" nicht gerade freundlich gegenüberstand, ist bekannt. Letztere hatte zudem auch noch unter dem Druck des orthodoxen Judentums zu leiden.

Die Kirche besteht aus drei konzentrischen Oktogonen, von denen das innerste von einem Mosaik geschmückt war, das einen Pfau mit gespreiztem Federnrad, ein Symbol der Unsterblichkeit, zeigte.

Die Zeit der Armseligkeit dürfte nach der Niederschlagung des Bar-Kochba-Aufstandes im Jahre 135 ihr Ende gefunden haben. Durch kaiserlichen Erlaß war es den Juden nämlich verboten worden, Jerusalem zu betreten. Was diese zwang, irgendwo im Land Wohnung zu nehmen. Und einige der Exilierten dürften sich auch am Nordufer des Kinneret, wie der See hebräisch heißt, niedergelassen haben.

Diese Juden bzw. deren Nachkommen waren es möglicherweise dann auch, die die Synagoge errichten ließen. Sie war zweistöckig, hob sich mit dem blendend weißen Kalkstein deutlich von den schwarzen Basaltbauten der Umgebung ab, und sie war außerdem auf einer kleinen Anhöhe errichtet. Eine über 3 m breite 13stufige Freitreppe führte zu einer 25 m breiten Terrasse, die dem Bau im Süden vorgelagert war. Sie muß mit 24,4 m Länge und 18,6 m Breite imposant gewesen sein und das Bild des Ortes deutlich geprägt haben. Nicht zufällig führt sie auch die Liste der schönsten jüdischen Sakralbauten Palästinas an.

Die Pracht des Bauwerks zeigt sich auch in einem üppigen ornamentalen und figürlichen Schmuck, der beweist, daß das Bilderverbot (Exodus 20,4) oft sehr weit ausgelegt wurde. In den Friesen eingemeißelt finden sich Granatäpfel als Symbole der Fruchtbarkeit, Weintrauben sowie Penta- und Hexagramme, aber auch ein Baum, der wohl dem Besucher des Bethauses den ersten Psalm in Erinnerung rufen sollte, in dem es heißt: „Selig der Mann, der Freude hat am Gesetz Jahwes. Wie ein Baum ist er, an Wasserbächen gepflanzt, der seine Frucht bringt zur rechten Zeit und dessen Blätter nicht welken."

Dieses prächtige, vermutlich im späten 4. Jh. errichtete Gotteshaus wirft eine ganze Menge Fragen auf. Nur unbefriedigend zu klären ist, wer es überhaupt erbaut hat. Ist es denn wirklich vorstellbar, daß Juden in unmittelbarer Nähe der prächtigen byzantinischen Oktogonalkirche ein derart großes Gotteshaus errichten durften?

Offen ist auch, wie der Text des Bischofs von Salamis zu verstehen ist, der im Jahre 374 schrieb: „In den Städten und Dörfern der Juden ... war

ist auch die Synagoge ... der Weg hinein führt über viele Stufen, und sie ist aus behauenem Stein." Kein Zeichen der Konfrontation also.
Ohne theologisch übereilige Schlüsse zu ziehen – eines ist am Christentum, der zahlenmäßig stärksten monotheistischen Glaubensgemeinschaft, doch interessant: Andere weltumspannende Ideen nahmen stets von urbanen Zentren ihren Ausgang. Das Christentum breitete sich von armseligen Dörfern wie Betlehem oder eben Kafarnaum aus.

## KANA – WO DAS WUNDER NICHT STATTFAND

Das Leben im Orient ist karg, und das Lebensnotwendige wird der Natur hart genug abgerungen. Da will man, gibt es etwas zu feiern, dies auch tun. Und zwar im ganz großen Stil.
In Notre-Dame, dem vatikanischen Hospiz in Jerusalem, kann man sie an späten Samstag- und Sonntagnachmittagen sehen: die arabischen Christen, die es als stolze Eltern von Braut und Bräutigam verstehen, großartige Hochzeiten zu inszenieren. 200 Gäste sind unter dem Durchschnitt, 500 die Regel und bis zu 1000 keine Seltenheit. Gefeiert wird seit dem Ausbruch der Intifada – dies bedauern viele – nur mehr an einem Tag. Früher waren es Festivitäten, die oft tagelang gedauert haben. Vier Tage vor der eigentlichen Hochzeit gab es eine Party im Haus der Braut, bei der sie ihre ganze Aussteuer präsentierte, zwei Tage danach wurde erneut gefeiert, und am Wochenende kam es zur kirchlichen Eheschließung und dem großen Nachmittagsfest. Spesen um die 15.000 Dollar und mehr waren dabei keine Seltenheit.
Zur unabdingbaren Notwendigkeit solch einer Zeremonie – auch der heute verkleinerten Form – gehört ein Video-Team, das für die Brautleute jeden einzelnen Gast festhält, dem sie an diesem ereignisreichen Tag die Hand geschüttelt haben. Mehrere Stunden bekommt man dann auch die Videokassetten vorgeführt, sollte man das Glück haben, in den ersten Monaten nach einer Vermählung Gast eines solchen glücklichen Paares zu sein.
Ganz wichtig ist an so einem Tag auch das Auto des Brautpaars. Es wird eine Karosse geleast, wenn auch nur für wenige Stunden. Für einen ganzen Tag einen riesigen Cadillac zu haben – wer wollte dafür schon Geld verschwenden?

es unmöglich, Kirchen zu errichten, da niemand unter ihnen wohnen durfte, der Hellene oder Samaritaner oder Christ war. Besonders war das so in Tiberias, in Diocaesarea, auch Sepphoris genannt, in Nazaret und in Kafarnaum. Man wachte streng darüber, daß sich unter ihnen niemand niederließ, der einer anderen Nation zugehörte." Dem scheinen die Reiseaufzeichnungen der frommen Pilgerin Egeria entgegenzustehen, die nur zehn Jahre später schreibt: „In Capernaum hat man aus dem Haus des Ersten der Apostel eine Kirche gemacht und ließ die ursprünglichen Mauern stehen ... Da

*Tief wurzelt das Christentum im Land um den See Gennesaret.*

*Die Kirche von Kana: Eine gelungene Mischung von franziskanisch-italienischer und arabischer Frömmigkeit.*

Für die wenigen Stunden lohnt es sich dann auch gar nicht, das Pickerl der Leihfirma von der Heckscheibe zu nehmen. Es weiß ohnehin jeder, daß dies alles nur inszeniert wird, damit der Vater des Bräutigams beweisen kann, daß er ein „zalame", ein richtiger Mann im Sinne eines großzügigen Gastgebers und Ernährers ist. Er tut alles, damit sich seine Schwiegertochter wenigstens an einem Tag in ihrem Leben als Prinzessin fühlen kann.

Bei moslemischen Familien auf dem Land wird nicht weniger großartig gefeiert. Zwanzig oder auch mehr geschlachtete Lämmer sollen den gesellschaftlichen Stellenwert des Festes bezeugen.

Bei solch einer Feier, die zur Zeit Jesu bei einer jungfräulichen Braut sieben Tage, bei einer Witwe immerhin noch drei Tage gedauert hat, geht – nach Johannes 2,1–12 – der Wein aus. Dies war der Hintergrund für Jesu erstes Wunder, bei dem er erstmals „seine Herrlichkeit offenbarte".

Theologisch will der Evangelist Johannes mit diesem Wunderbericht sagen, daß Jesus der wahre Weinstock und der Wein des Lebens ist, weil er sein Blut zum Zeichen des ewigen

Lebens opfert. Diese messiasbezogene Interpretation jesuanischen Handelns findet sich bei Johannes häufig: Jesus erweckt den Lazarus von den Toten, weil Jesus das Leben ist. Jesus gibt einem Blinden die Sehkraft, weil er das Licht des Lebens ist. Oder er speist die Menschen, weil er das Brot des Lebens ist.

Israelische Touristen-„Guides" (nur politisch Unbedarfte geben dies mit „Führer" wieder) wissen: Je öfter, je eindringlicher die eine Frage nach der Authentizität eines biblischen Ortes gestellt wird, desto größer ist die Verunsicherung des Fragenden. „War es hier oder doch vielleicht ein paar Meter weiter links?" Nur wirkliche Gläubige können sich von der kleinlichen heiligen Geographie freimachen, die in Millimetern mißt. Für diese wahrhaft Glücklichen ist die Verehrung biblischer Stätten im Heiligen Land ganz und gar unabhängig von deren Historizität. Ob nun ein Ereignis hier stattgefunden hat oder nicht, ist für sie völlig belanglos. Der Beweis: Kana. Sie werden in einer der beiden Kirchen, der franziskanischen oder der orthodoxen, des ersten Wunders Jesu gedenken und dies, obwohl es sich hier überhaupt nicht ereignet hat. Das biblische Kana, der heutige Ruinenhügel Khirbet Kana, der Ort des ersten Weinwunders, lag etwa 14 km nördlich von Nazaret. In der byzantinischen Zeit und auch im Mittelalter pilgerte man dorthin. Der Wechsel der heiligen Stätte vollzog sich – übrigens völlig problemlos – im 16. Jh., als griechisch-orthodoxe Mönche im heutige Kafr Kana (7 km nordöstlich von Nazaret) eine Kirche erbauten, von der sie annahmen, sie stünde am authentischen Ort. Weil die Franziskaner merkten, daß ihre Pilgerstätte plötzlich an Attraktivität verlor, entschlossen sie sich 1641, nahe der griechischen Kirche ebenfalls ein Grundstück zu erstehen. Nach langen Querelen durften sie dort 1879 mit dem Bau einer Kirche beginnen, deren Außenfassade übrigens dem Dom von Salzburg nachgebildet ist. Im Inneren der Kirche, die stilistisch eine durchaus gelungene Mischung von italienischer und arabischer Frömmigkeit darstellt, wird ein Steinkrug gezeigt, der an das Wunder erinnern soll.

Am Beispiel von Kana sieht man deutlich: Es gibt Orte, und zu denen gehören auch der Berg Tabor, der Berg der Seligpreisungen und sogar die Via Dolorosa, die überhaupt erst durch die Frömmigkeit und Verehrung der Betenden geheiligt werden.

# NAZARET – EIN WORT LÄSST SICH NICHT IN BETON GIESSEN

Das Judentum heiligt die Zeit. Es hat sich der Verehrung des Sabbats verschrieben. Im Christentum hingegen genießt der Raum eine besondere Wertschätzung. Der Ort, der abgegrenzte, der mit Zeichen der Anbetung geschmückte, soll dem Menschen helfen, einen Zugang zu den biblischen Ereignissen zu finden.

Dabei ist es offenbar unabwendbar, daß die Signifikanz biblischer Ereignisse in direkter Relation zu der Mächtigkeit des Bauwerkes steht: Je wichtiger das neutestamentliche Geschehen, desto wuchtiger die Kirche.

„Hic verbum factum est" – „Hier ist das Wort Fleisch geworden": So prangt es von der franziskanischen Verkündigungskirche in Nazaret, zu deren Ausgestaltung Künstler aus der ganzen Welt – auch aus Österreich und Deutschland – geladen wurden.

Unter soviel monumentaler Architektur und Kunst geht beinahe die Botschaft des schlichten Wortes verloren, die lautet: Gott bedient sich eines Menschen, um sich seinen Geschöpfen zuzuneigen. Er erwählt sich ein Mädchen namens Mirjam. Diese vielleicht 16jährige hat sich vermutlich durch nichts von ihren Altersgenossinnen unterschieden. Sie wird auch ihre Pläne und Wünsche gehabt haben, und sie wird darüber mit ihren Freundinnen getuschelt haben, wenn sie sich täglich zweimal am Dorfbrunnen trafen, um von dort Wasser zu holen.

Plötzlich tritt etwas ganz Unvorhergesehenes in ihr Leben. Der Engel Gabriel erscheint ihr und sagt: „Sei gegrüßt, du Begnadete, der Herr ist mit dir. Du wirst ein Kind empfangen, einen Sohn wirst du gebären: dem sollst du den Namen Jesus geben."

Zahlreiche Propheten des Alten Testaments, die der Anruf Gottes unvorbereitet getroffen hat, haben sich gewehrt. Jesaja hat gar gemeint, er müsse deswegen sterben: „Weh mir, ich bin verloren!" Und Jona wollte nach seiner Berufung gar „nach Tarschisch fliehen, weit weg vom Herrn". Diese junge Frau aber ist mutig. Mutiger als die großen Gestalten des Alten Testaments. Sie läßt sich – ohne zu zaudern – ihre Lebenspläne durchkreuzen, indem sie dem Engel antwortet: „Ich bin die Magd des Herrn, mir geschehe, wie du es gesagt hast."

Mirjam wußte genau, auf was sie sich in der gestrengen Gesellschaft ihrer Zeit einließ. Schwanger zu werden, ohne einen „Mann zu erkennen", hieß, sich als leichtes Mädchen, wenn nicht gar als eine Prostituierte auszugeben. Zur Illustration: Noch heute gibt es in der arabisch-muslimischen Gesellschaft Israels die Blutrache, wenn ein junges Mädchen schwanger wird, ohne vorher verehelicht worden zu sein. Es ist die Aufgabe eines Bruders, seine Schwester zu töten, um so von der Familie die Schande zu nehmen und deren Ehre wiederherzustellen.

„Hic verbum factum est" – die Botschaft ist zu großartig, um sie allein in Beton einzuschließen. Auch wenn es in der bislang größten Kirche des Nahen Ostens ist.

Die Basilika, die der Reisende besucht, wurde in den Jahren 1960 bis 1969 nach den Plänen des italienischen Architekten Giovanni Muzio errichtet. Vor der Kirche breitet sich – rechts vom Eingang – ein Vorhof aus, der mit sehr farbenfrohen Mosaiken geschmückt ist. Sie wurden u. a. von Christen aus China und Schottland, der ehemaligen Tschechoslowakei und Thailand, Kolumbien und den Philippinen gestiftet. Durch den geringen Abstand der verschiedensten Kunstwerke voneinander ergibt sich ein äußerst buntes Bild.

Vom Hof aus sieht man an der Südfassade auch das „Salve Regina", das vermutlich Bischof Aimar von Le Puy im 11. Jh. verfaßt haben dürfte: „Sei gegrüßt, o Königin, Mutter der Barmherzigkeit; unser Leben, unsere Wonne und unsere Hoffnung, sei gegrüßt! Zu dir rufen wir verbannte Kinder Evas; zu dir seufzen wir trauernd und weinend in diesem Tal der Tränen. Wohlan denn, unsere Fürsprecherin, wende

*VORHERGEHENDE SEITEN*
*Nazaret mit der Verkündigungskirche: Wohnort einer gewissen Mirjam, die sich, ohne zu zaudern, ihre Lebenspläne durchkreuzen ließ.*

*Basarstraße in Nazaret: Die lange Zeit christliche Stadt hat heute bereits eine moslemische Mehrheit.*

deine barmherzigen Augen uns zu, und nach diesem Elend zeige uns Jesus, die gebenedeite Frucht deines Leibes. O gütige, o milde, o süße Jungfrau Maria!"

Das Hauptportal und die beiden Seitentore zur Unterkirche wurden von dem Münchener Bildhauer Roland Friedrichsen aus Bronze hergestellt. Sie zeigen Szenen aus dem Leben Jesu (Mitte) und haben den Sündenfall (linkes Seitentor) sowie die Erlösungsprophetie zum Gegenstand (rechts).

Daß die riesige Unterkirche den Glanz von Intimität und Wärme erhalten hat, ist der Österreicherin Lydia Roppolt und der Glasfabrik des Klosters Schlierbach zu verdanken. Mit abstrakt gestalteten Fenstern, die dem Tageslicht des Orients die Blendkraft nehmen, verstand es Roppolt, aus dem flüchtigen Raum doch noch einen Ort der Besinnung zu gestalten.

Von einer auf Eingangsniveau befindlichen mit dunklem Marmor ausgelegten Fläche steigt man zur Verkündigungsgrotte hinab. Hier könnte das Haus der Maria, angebaut an eine Höhle, gestanden haben. Bewohnt war das verzweigte Höhlensystem um die Zeitenwende auf jeden Fall, denn es finden sich ein Weinkeller, Ölpressen, Zisternen, ein Getreidesilo und auch noch ein Backofen aus der fraglichen Periode. Ob die Anlagen zum Elternhaus Marias gehörten, ist archäologisch nicht feststellbar. Tatsache aber ist, daß an dieser Stelle sehr früh eine judenchristliche Verehrung – vielleicht durch Verwandte Jesu? – einsetzt. Sgraffiti – Kreuze, Schiffe, Pflanzen – belegen bereits für das 2. Jh. eine erste Kultstätte.

Der erste Kirchenbau, eine Synagogenkirche, läßt sich ins 2./3. Jh. datieren. In ihr findet sich die älteste inschriftliche Erwähnung des Namens der Mutter Jesu: „Chaire Maria" („Sei gegrüßt, Maria").

Auch wenn das Mosaik sicher erst aus dem 5. Jh. und somit aus der byzantinischen Kirche stammt, so läßt die griechische Inschrift doch die Erinnerung an die Christenverfolgung um 250 zu. Der Text lautet: „Pr (Prosphora = Geschenk) des Konon, Diakon aus Jerusalem". Es ist nur eine unbewiesene Theorie, aber es könnte durchaus sein, daß der Jerusalemer Diakon mit dieser Votivtafel eines Namensvetters gedenken wollte, der unter Decius in Magydas in Kleinasien den Märtyrertod erlitten hat. Dieser hatte beim Verhör dem römischen Richter gesagt: „Ich bin aus der Stadt Nazaret in

*Das Jerusalem-Kreuz: Die Franziskaner sehen darin die fünf Wundmale Jesu.*

Galiläa, ein Verwandter Christi, dem ich von meinen Vorfahren her diene."

Wie Untersuchungen ergaben, haben die Judenchristen im 2./3. Jh. die Höhle, in die später das Inschriftenmosaik gelegt wurde, tatsächlich als Märtyrerkapelle genutzt. Ein Gemälde des Paradieses und die „Mensa Martyrum", die der Feier der Eucharistie und der Agape diente, weisen darauf hin. Bei der Darstellung des Paradieses hielten sich die Judenchristen noch an das Bilderverbot der Tora und verzichteten auf die Abbildung lebender Geschöpfe. Unter den beschränkten Ausdrucksmitteln mußte sich der Maler damit begnügen, „den Himmel auf Erden" mit einer Krone, ein paar langen grünen Zweigen und einigen roten Blüten zu charakterisieren. Daneben findet sich eines der großartigsten Zeugnisse frühchristlicher Jesusverehrung, die uns überliefert sind. Nämlich ein Text, der in den frischen Verputz eingeritzt worden war: „Jesus Christus, Sohn Gottes, komm Genos und Elpisos zu Hilfe. Stärke die Knechte Jesu und gedenke ..." Darauf folgen verschiedene Namen, jeder als eigene Unterschrift erkennbar.

Es war ein Erlaß des Kaisers Theodosius aus dem Jahre 427, der eine exakte Datierung der byzantinischen Basilika zuläßt. In diesem heißt es nämlich, daß es verboten sei, Kreuzesmosaike in Fußböden einzulassen. In der Kirche von Nazaret aber findet sich ein solches, weswegen wir sicher sein können, daß sie aus der Zeit davor stammt. Erhalten ist von dieser Kirche an Bausubstanz nicht mehr viel. Zerstört wurde sie im Jahre 614, als die Perser einfielen und mit Hilfe der Juden alle Kirchen des Landes – Betlehem ausgenommen – niederbrannten.

Für die Perser war dies ein Eroberungsfeldzug gewesen, für die Juden die Befreiung vom Joch der Byzantiner, die ihnen die Bürgerrechte verweigert hatten. Und für das Land bedeutete diese Invasion gleich den Abschluß mehrerer Epochen: Die seit dem Jahre 324 währende Herrschaft der Christen fand ebenso wie die Herrschaft der Römer (seit 63 v. Chr.) ein Ende. Und schließlich war es auch das Aus für die griechische Kultur in Palästina, deren Ursprünge tausend Jahre, auf Alexander den Großen, zurückreichen.

Bei diesem Eroberungsfeldzug wurde die zweite Verkündigungskirche zerstört. Die dritte wurde dann rund 400 Jahre danach von den Kreuzfahrern erbaut. Deren letzte Überreste, nämlich fünf Kapitelle, finden sich heute im Museum der Franziskaner, das an den Kirchenbau anschließt. Die herrlichen Beispiele burgundischer Romanik waren von dem unbekannten Künstler noch rechtzeitig vor dem herannahenden Saladin (1187) vergraben worden. 1908 wurden sie unbeschädigt entdeckt.

Die vierte Kirche war ein 1730 errichteter Notbau, der durch die heutige Verkündigungskirche ersetzt wurde. Von deren Unterkirche gelangt der Besucher über eine Wendeltreppe in die Oberkirche, die vor allem der arabischen Ortsbevölkerung als Pfarrkirche dient. Der erste Eindruck dieses 61 m langen und 25 m breiten Bauwerkes: Anspannung. Es ist erneut stilistische Vielfalt, die den Blick des Besuchers nicht zur Ruhe kommen läßt. Neben einer mandeläugi-

*Eingangsportal der katholischen Verkündigungskirche: Ein schlichtes Wort findet sich in einer breit angelegten Kirche wieder.*

gen Muttergottesdarstellung aus Fernost drängt sich ein Marienbild im Stil schwarzafrikanischer Volkskunst ins Blickfeld: mit wulstigen Lippen und buschigen Augenbrauen.

Die Vielfalt christlicher Kulturen verkommt ein wenig zum unruhigen Wettstreit, vor allem wenn es sich um 20 monumentale Darstellungen mit verschiedensten Stilmitteln und Ausdrucksweisen handelt, die auf engem Raum zusammengewürfelt sind. Den Eindruck optischer Rastlosigkeit verstärkt noch das 150 m² große Apsismosaik, das eine Interpretation von „Lumen Gentium", der Dogmatischen Konstitution des II. Vatikanums, darstellt.

Die Oberkirche überragt eine 40 m hohe Kuppelkonstruktion aus Beton, die eine nach unten geöffnete Lilie symbolisiert. Die Blume der Reinheit, ein Sinnbild für Maria, hat 16 Blütenblätter, von denen jedes aus zwei Flächen besteht, was die Gesamtzahl 32 ergibt. 32 ist aber nach jüdischer Tradition die Anzahl der Weis-

> **WUNDERBAR**
>
> Wir reisten weiter zu der Stadt Nazaret, wo viele Wunder geschehen. In der Synagoge bewahrt man das Buch, wo der Herr sein Abc hineinschrieb, und in dieser Synagoge ist die Bank, auf der er mit anderen Kindern saß. Christen können die Bank aufheben und herumtragen, aber Juden sind völlig unfähig, sie zu bewegen oder hinauszutragen. Das Haus der hl. Maria ist jetzt eine Basilika, und ihre Kleider wirken viele Wunder. Die Jüdinnen in der Stadt sehen besser aus als alle Jüdinnen im ganzen Land. Sie erklären, das sei eine Gabe der hl. Maria, und sie sagen auch, sie sei eine Verwandte von ihnen gewesen.
>
> Schilderung des anonymen Pilgers von Piacenza (um 570 n. Chr.)

heitswege zu Gott. Sie sind aus zwei Komponenten zusammengesetzt: dem hebräischen Alphabet, das 22 Buchstaben hat, und den zehn Buchstaben, die den zehn Befehlen Gottes bei der Erschaffung der Welt entsprechen. Die Zahl 32, die somit Gott selbst repräsentiert, ist aber auch die Umkehrung der Zahl 23. Und exakt 23mal erscheint auf jedem Blütenblatt der Buchstabe M, der für Maria, die Mutter des Messias, steht.

Das Protoevangelium des Jakobus spricht von einer zweistufigen Verkündigung. Zunächst soll der Erzengel Gabriel Maria am Brunnen erschienen sein, dann in ihrem Haus. Es ist dies eine Tradition, die heute noch ganz stark in der griechisch-orthodoxen Kirche verankert ist.

Nachdem es in Nazaret nur eine Quelle gibt, war der Platz leicht auszumachen. Er liegt etwa einen Kilometer östlich der lateinischen Verkündigungskirche. Das heutige Gebäude, das auf einem Bau aus dem 7. Jh. ruht, stammt aus der Zeit um 1750; aus derselben Periode stammt auch noch die Ikonostase.

Die Kirche mit ihrer reichen ikonographischen Ausgestaltung wird von Pilgern – und nicht nur von ostkirchlichen – gerne besucht. Es ist die Ursprünglichkeit, die sie hier schätzen: denn über 18 Stufen gelangt man in eine kleine Grotte, wo sich heute noch vorzügliches Trinkwasser schöpfen läßt. Aus demselben Brunnen, der schon zur Zeitenwende sprudelte.

## SEE GENNESARET – FISCHER UND MENSCHENFISCHER

„Boot Jesu am See Gennesaret gefunden." So lautete die Nachricht, die am Sonntag, dem 9. Februar 1986, in israelischen Tageszeitungen für Schlagzeilen sorgte. Worauf die Beamten des Tourismusministeriums sofort anfingen nachzugrübeln, wie sich die Entdeckung wohl am besten vermarkten ließe. Denn Israel ist finanziell in einem hohen Maß vom Fremdenverkehr abhängig, und jede Sensation ist willkommen, die das Geschäft ankurbelt.

Wieder einmal spaltete eine Zeitungsnachricht die Bevölkerung. Während die Fremdenverkehrsmanager jubilierten, protestierten die orthodoxen Juden von Tiberias. Sie befürchteten, daß der Fund verstärkt christliche Aktivitäten nach sich ziehen könnte. Ihre Aufregung sollte sich als unbegründet erweisen. Denn jener Journalist, dem die „story" um die Entdeckung am Westufer des Sees als erstem zugespielt worden war, hatte aus der Nachricht erst die Sensation gemacht. Aus dem „antiken Schiff" der Archäologen machte er einfach das „Boot Jesu". Wissenschaftlichen Untersuchungen zufolge datiert der Fund zwar aus der Zeit zwischen 120 v. und 40 n. Chr., eine Sicherheit, daß gerade dieses Boot von Jesus benützt worden ist, gibt es natürlich nicht. Es ist aber durchaus legitim zu sagen: Ein Boot dieser Bauart dürfte von Jesus und seinen Jüngern verwendet worden sein. Ein Indiz dafür: Bei Matthäus (13,47) vergleicht Jesus das Himmelreich mit einem Netz. Im griechischen Originaltext steht für Netz der Ausdruck „sagene". Ein derartiges Zugnetz ist bis zu 250 m lang und 5 m breit, wird von zwei Schiffen gezogen, die eine große Heckfläche haben müssen. Eine solche hatte das 8,2 m lange und 2,5 m breite Boot aber aufzuweisen, das nördlich von Tiberias zu besichtigen ist.

Die Bauweise des Bootes läßt auch erahnen, wie

es beim Sturm auf dem See zugegangen sein muß: Nach dem Bericht des Evangelisten Markus lag Jesus „hinten im Boot auf einem Kissen". Die „Kissen" waren nichts anderes als Sandsäcke, die sich unter der Verplankung des Hecks befunden haben und die zum Trimmen des Bootes gedacht waren. Sie wurden aber auch von der Mannschaft als Pölster benutzt. Als die erfahrenen Fischer es dann doch mit der Angst zu tun bekamen, weil der Sturm stärker wurde und sich das Boot „mit Wasser zu füllen begann", weckten sie Jesus: „Meister, kümmert es dich nicht, daß wir zugrunde gehen?" – „Da stand er auf, drohte dem Wind und sagte zum See: Schweig, sei still! Und der Wind legte sich und es trat völlige Stille ein ... Da ergriff sie große Furcht, und sie sagten zueinander: Was ist das für ein Mensch, daß ihm sogar der Wind und der See gehorchen."

Auch wenn den Evangelisten wenig daran gelegen ist, geographische Details wiederzugeben, so stimmt der Bericht vom Sturm auf dem See doch überraschend genau mit den tatsächlichen Verhältnissen überein. Wie wir nämlich aus Markus 5,1 erfahren, ging die stürmische Fahrt von Kafarnaum nach Gerasa am Ostufer des Sees. Dort peitschen im Spätwinter gefürchtete Winde das Wasser am unbändigsten auf; im Westen (nahe Tiberias) bieten hingegen die umliegenden Berge Schutz. Diese „Scharkije", wie die Winde im Arabischen genannt werden, entstehen durch einen Ausgleich zwischen den hohen Temperaturen am See Gennesaret (215 m unter dem Meeresspiegel) und den kalten Strömungen, die von den Golanhöhen mit dem 2814 m hohen Berg Hermon herabfallen.

Johannes der Täufer begann mit seinem öffentlichen Auftreten im Jahre 26, und er muß dabei großen Erfolg gehabt haben, wie auch Josephus Flavius berichtet. Die Zeit war von ihm, von den Qumran-Essenern und von der allgemeinen Grundstimmung her messianisch „geladen". Man kann sich vorstellen, daß der Aufruf Jesu „Kehrt um! Denn das Himmelreich ist nahe" bei dem Brüderpaar Simon Petrus und Andreas im Jahre 29 auf solche Begeisterung stieß, daß

*Skandal am See: Jesus erwählte sich einfache Fischer zu seinen Nachfolgern. Heute kommen viele Christen an den Jordan, um sich hier symbolisch wiedertaufen zu lassen.*

*Stimmung am See: Die Zeit Jesu war von Johannes dem Täufer messianisch „geladen" worden.*

sie alles liegen- und stehenließen und Jesus nachfolgten. Um so leichter dürfte ihnen das gefallen sein, als ihnen dieser Jesus versprochen hatte: „Ich werde euch zu Menschenfischern machen." Jesus war den Menschen am Nordufer des Sees freilich kein Unbekannter mehr. Er dürfte diese Gegend schon einige Zeit zuvor zu seiner Wahlheimat erkoren haben, denn es war ihm klar geworden, daß „kein Prophet in seiner Heimat anerkannt wird".

Wenn Jesus auch schon taufte und predigte, als Johannes der Täufer noch nicht ins Gefängnis geworfen worden war, so beginnt er seine eigene Mission in und um Kafarnaum aber erst mit der Festnahme des Täufers (vermutlich im November des Jahres 28). Vor allem nach dessen Enthauptung (im März 29) mußte auch Jesus sehr vorsichtig sein, denn Herodes Antipas hegte den Verdacht, daß er der wiederauferstandene Johannes sein könnte: „Er sagte zu seinem Gefolge: Das ist Johannes der Täufer. Er ist von den Toten auferstanden; deshalb wirken solche Kräfte in ihm" (Matthäus 14,1f).

Jesus mußte sich also schützen, wollte er nicht auch der Willkür des Herodes zum Opfer fallen. Vor allem eine Sache war es, die er befürchten mußte: nämlich von dem Vierfürsten mit den radikalen Nationalisten im nahen Gamla in Verbindung gebracht zu werden. Menschenmassen und eine radikale Ideologie waren schon immer eine explosive Mischung gewesen. Um so mehr, als Herodes selbst bei seinen Untertanen nicht gerade beliebt war und um seine Regentschaft fürchten mußte. Herodes konnte also leicht auf die Idee verfallen, den Prediger aus Kafarnaum aus dem Weg zu räumen, ehe es zu spät war. Vielleicht ist vor diesem politischen Hintergrund das Verbot Jesu zu verstehen, mit niemandem darüber zu sprechen, daß er der Messias sei.

Von Jesus ist bekannt, daß er mit der zelotischen Bewegung, die in Gamla ihren Ausgang genommen hatte, Kontakt gehabt hat. Immerhin wurde einer seiner Jünger „Simon der Zelot" genannt. Es findet sich in den Evangelien aber kein Beleg dafür, daß Jesus die mächtig auf einem Berg thronende Stadt jemals besucht hätte.

In Gamla wurde von dem Schriftgelehrten Jehuda von Gamla eine entschiedene Theokratie gelehrt: Gott allein soll der Herr über Israel sein und nicht der römische Kaiser. Deshalb solle man an diesen auch keine Steuern abführen. Die Frage spielt auch im Markusevangelium (12,13–17) eine entscheidende Rolle, wenn „einige Anhänger des Herodes" Jesus mit der Frage in die Falle zu locken versuchen: „Ist es erlaubt, dem Kaiser Steuer zu zahlen oder nicht?" Damit wollte man zweifelsohne die politische Einstellung des Mannes aus Nazaret ausloten, um ihn allenfalls belangen zu können. Jesus aber durchschaut die List und antwortet: „So gebt dem Kaiser, was dem Kaiser gehört, und Gott, was Gott gehört."

Die radikalen Zeloten fanden zwar großen Anhang unter dem Volk, militärisch konnten sie sich aber nicht durchsetzen. Zwei der Söhne des zelotischen Chefideologen Jehuda wurden gekreuzigt, ein dritter, namens Josef, verkraftete offenbar seinen Erfolg nicht. Er hatte es nämlich zu Beginn des Jüdischen Krieges (66–70 n. Chr.) geschafft, Masada zu überfallen und von dort Waffen in größerem Ausmaß zu stehlen. Daraufhin zog er in Jerusalem ein, als ob er der „Messiaskönig" sei, und riß die Macht über die Aufständischen an sich. Was wiederum Rivalen auf den Plan rief, die ihn ermordeten.

Das Ende der zelotischen Bewegung kommt in Etappen. Zunächst mit dem Fall Gamlas, später mit der Erstürmung Masadas.

Die Ereignisse um Gamla zeigen deutlich: Die Zeitgeschichte hat Jesus und auch seine Lehre geprägt. Was ihn aber von seinen Zeitgenossen unterscheidet, ist sein universelles Denken, das sich nicht auf eine innerjüdische Messiasbewegung reduzieren läßt.

## WASSER: WENN DER KRIEG ZU TEUER IST

*Wenn sich der Wasserspiegel des Sees Gennesaret bedenklich der imaginären roten Marke nähert und der Jordan zu einem Rinnsal zu verkommen droht, dann tauchen sie auf: die ganzseitigen Inserate der staatlichen Wasserbehörde „Mekorot". Sie werden in allen israelischen Zeitungen geschaltet, und sie finden sich sinnigerweise selbst in Publikationen, die für den Überseemarkt bestimmt sind.*

*In diesen Anzeigen wird mit guten Tips nicht gegeizt: Sie reichen vom Abdichten der Wasserhähne bis zum sparsamen Benutzen der „Niagara"-Toiletten, wie die Wasserspülungen im Volksmund belustigt genannt werden.*

*Der gelernte Israeli weiß: Diese Anweisungen sind die erste Stufe. Nach einer Wiederholung in eindringlicherem Ton folgt Alarmstufe drei: das Verbot, Vorgärten zu bewässern, Kinderplanschbecken zu füllen, das Auto mit dem Gartenschlauch abzuspritzen ...*

*Israel ist dafür berühmt, daß es die Wüste in blühende Gärten verwandelt hat. Was Ausländer als bewundernswerte Leistung betrachten, bereitet dem Staat hingegen zunehmend Kopfzerbrechen. Das Wunder beruht nämlich auf einer Wasserpolitik, die zu irreparablen Schäden geführt hat: zu einem gefährlichen Absinken des Grundwasserspiegels, zu Qualitätseinbußen und Versalzungen und auch zu einem politischen Konflikt, den es mit dem anbrechenden Frieden zu lösen gilt. Denn viel von dem lebensspendenden Naß, das Israel verbraucht, gehört ihm nicht.*

### GAMLA – DAS MASADA DES NORDENS

Schon aber war Titus zugegen, und er war sehr erbost über die Niederlage, die die Römer in seiner Abwesenheit hatten hinnehmen müssen; so zog er selbst mit zweihundert Reitern und einigen Abteilungen zu Fuß ohne viel Aufhebens in die Stadt ein ... Teils packten sie [die jüdischen Männer] ihre Kinder und Frauen und zogen sie mit sich und flüchteten unter Wehklagen und Geschrei nach dem oberen Teil der Stadt; andere wieder stellten sich dem Titus und kamen der Reihe nach um. Jene aber, die nicht nach oben laufen konnten, fielen, ohne daß ihnen jemand helfen konnte, den römischen Wachen zum Opfer. Allenthalben hörte man das entsetzliche Jammern der mit dem Tode Ringenden; das Blut rann den Berg hinunter und ergoß sich über die ganze Stadt. Gegen die Juden aber, die sich nach oben geflüchtet hatten, setzte Vespasian sein gesamtes Heer ein. Der Gipfel aber war allseits felsig, und man konnte nur schwer auf ihn gelangen, so ungeheuerlich türmte er sich in die Höhe. Überall gähnten nur tiefe Schluchten, deren Ränder steile Hänge bildeten.

So erklommen die Römer die Höhe und umringten mit ungeheurer Behendigkeit die Juden, von denen die einen sich verteidigten, während andere die Hände erhoben und um Mitleid flehten. Aber das Gedenken an jene, die beim ersten Einbruch ihr Leben eingebüßt hatten, ließ die Römer nur noch wütender unterschiedslos gegen alle in Raserei geraten. Allseits eingeschlossen, sahen die meisten Männer keine Möglichkeit mehr, sich zu retten, und stürzten ihre Kinder und Frauen und darauf sich selbst in die Schlucht hinab, die sich vom Gipfel aus besonders tief nach unten senkt.

Die Römer töteten 4000, während von jenen, die sich in die Tiefe gestürzt hatten, 5000 gefunden wurden.

Josephus Flavius: Der jüdische Krieg IV 1,10

*Streitpunkt Wasser: Eine verfehlte Wasserpolitik führt zu irreparablen Schäden in der Natur und zu massiven Konflikten zwischen Palästinensern und Israelis.*

*Die Hauptquelle für das besetzte Westjordanland ist der sogenannte Aquifer in den Bergen, der ein grenzüberschreitendes Wasserreservoir für Israel und die Westbank darstellt. Wobei knapp 80 Prozent dieser Quelle auf palästinensischem und nur 20 Prozent auf israelischem Territorium liegen. Dennoch pumpt Israel von der dort vorhandenen, jährlich regenerierbaren Gesamtmenge etwa zwei Drittel in sein Gebiet, was wiederum ein Viertel des gesamten israelischen Wasserhaushalts ausmacht.*

*Teilt man den Aquifer der Wasserqualität nach auf, nämlich zwischen Trink- und Brackwasser, dann ist das Mißverhältnis noch weit krasser. Israel entnimmt gut zwei Drittel der ersten Qualität; rechnet man dann auch noch die Siedler in den besetzten Gebieten hinzu, dann kommt man auf knapp 80 Prozent. Den Palästinensern bleibt der Rest.*

*Das gefüllte Kinderplanschbecken der Siedler, der stets besprengte grüne Rasen, der sich wohltuend vom Braun und Weiß des Sandsteins der Wüste Juda abhebt – das sind in den Augen der arabischen Bewohner der Westbank ungeheuerliche Provokationen. Bei ihnen ist es hingegen nicht selten so, daß Früchte auf dem Feld nicht bewässert werden können. Und oft bricht das überalterte Leitungsnetz zusammen, und es gibt überhaupt kein Wasser. Auch nicht zum Trinken und Waschen. Das Graben von Tiefbrunnen ist den Palästinensern aber strengstens untersagt, nachdem Wasser nach einer Militärbestimmung aus dem Jahre 1967 zum Staatseigentum erklärt wurde.*

*Zu der ungenügenden und unsicheren Versorgungslage kommt auch noch der Preis: Araber müssen den Normaltarif bezahlen, der bis zu dreimal so hoch ist wie jener der massiv subventionierten Siedler.*

*Noch ist der Verbrauch der Palästinenser relativ gering: Während ein Israeli etwa 100 m³ konsumiert, begnügt sich der Araber im statistischen Durchschnitt noch mit 31 m³. Diese Zahl wird aber mit einer erhöhten Prosperität und einer erweiterten landwirtschaftlichen Bodennutzung rapid steigen. Bis zum Beginn des Jahrtausends wird sich, so meinen Statistiker, der arabische Pro-Kopf-Verbrauch mehr als verdoppelt haben.*

Dabei ist es ein Irrtum zu glauben, die Palästinenser könnten mit mehr Wasser ihrer wirtschaftlichen Krise endgültig entfliehen. Ganz im Gegenteil, alle finanzschwachen Staaten Nordafrikas und des Nahen Ostens beweisen: Die Krise besteht, weil die einzelnen Regierungen nicht fähig sind, ausreichend in die Industrialisierung zu investieren. Deswegen setzen sie auf die Landwirtschaft, die einen geringen Kapitaleinsatz, dafür aber ein hohes Wasservolumen benötigt.

Der zionistische Wunsch, das Land Israel urbar zu machen, sich dort „geerdet" zu fühlen, hatte zweifelsohne etwas Mythisches an sich. Das erste Mal seit Jahrtausenden konnten Juden Land erwerben, es bebauen und sich an den Früchten der Erde erfreuen. Die Zeiten haben sich geändert: Heute ist Israel zu 90 Prozent eine urbane Gesellschaft, und die Landwirtschaft steuert nur weniger als 3 Prozent zum Volkseinkommen bei. Der Prozentsatz der im Agrarbereich beschäftigten Israelis ist durch einen hohen Grad an Mechanisierung und palästinensische Hilfskräfte ähnlich niedrig. Was allerdings blieb, ist die Wasserpolitik der frühstaatlichen Periode. Noch immer ist die Wasserbehörde „Mekorot" dem Landwirtschaftsministerium unterstellt, was soviel bedeutet, wie den Bock zum Gärtner zu machen. Denn leichter konnte es für die Lobby der Kibbuzniks gar nicht sein, Preis und Menge des Wassers mitzubeeinflussen. Das eine konnte man entsprechend niedrig (unter dem Gestehungspreis), das andere dementsprechend hoch (mehr als 50 Prozent des staatlichen Gesamtwasserverbrauchs) halten. Unter diesen Voraussetzungen war es auch kein Wunder, daß man Früchte produzierte, die mittlerweile als „geschmackvoll verpackte Wassersackerl" bezeichnet werden können: die Orangen. Nicht weniger bewässerungsintensiv sind Grapefruits und Gurken, Bananen, Baumwolle und Getreide.

Lange Zeit wurden die Pflanzen aus mobilen Beregnungsrohren von oben besprüht, was zu einer Verdunstung von etwa der Hälfte des Wassers geführt hat. Die wesentlich ressourcenschonendere Tropfenbewässerung nahe der Wurzel wird zwar versucht, das ganze Land darauf umzustellen würde aber enorme Mittel verschlingen. Auch wenn es Schwachpunkte gibt: Israels Farmer haben es immerhin verstanden, mit demselben Wasserquantum die Ernteerträge innerhalb der letzten 20 Jahre zu verdoppeln. Dafür verantwortlich: intelligente Bewässerungssysteme und eine kluge Produktpolitik.

*Lebenselixier Wasser: Eine Entmystifizierung ist dringend angebracht.*

Dennoch kann kein Zweifel bestehen: Israel entnimmt – was völkerrechtlich strengstens untersagt ist – nicht nur Wasser aus den besetzten Gebieten, sondern es verbraucht auch deutlich mehr, als die Natur nachzuliefern vermag. Und diese beginnt sich mittlerweile auch dafür zu rächen. Der Grundwasserspiegel ist um ungefähr eine Jahresration des Staates abgesunken, dafür aber dringt zunehmend Salzwasser ein. Dies alles sind aber noch Bereiche, die die Bevölkerung wenig kümmern – man schiebt, wie überall auf der Welt, die Verantwortung gerne auf die Regierung, die schließlich dafür zu sorgen habe, daß genügend Wasser bereitsteht. Die Dringlichkeit des Problems wurde den Israelis klar, als es Mitte der achtziger Jahre hieß, daß sie allesamt gegen Polio geimpft werden müßten, nachdem einige Krankheitsfälle durch verunreinigtes Wasser aufgetaucht waren. Als dann im Westen Galiläas 8000 Bewohner an Ruhr erkrankten, war jedem klar, daß man das Problem nicht dadurch löst, indem man es der Regierung zuschiebt.

Wasser ist Leben. Kein Wasser ist Krieg. Daß diese Logik durchbrochen werden kann, zeigen israelische Ökonomen, die für eine gerechte Verteilung unter den Anrainerstaaten des Jordan nur eine Voraussetzung nennen: die Entmystifizierung des Wassers. Ist dies einmal geschehen und spricht man wenig anmutig vom Wasser als Rohstoff und Nahrungsmittel und von einem Menschenrecht und gibt man gleichzeitig eine beinahe religiöse Bezeichnungsweise auf, dann ist der Weg für weitere klare Überlegungen offen, die da lauten: Verzichtet Israel auf das Wasser aus der besetzten Westbank, so könnte es sein, daß jeder Kubikmeter den Endverbraucher einen US-Dollar kostet. Zu diesem Preis gelangen die Wirtschaftsforscher nach komplexen mathematischen Berechnungen, welche die Energiekosten für die Meeresentsalzung genauso beinhalten wie die Energiekosten, die derzeit für den Wassertransport aufzuwenden sind. Denn man darf nicht vergessen, daß Wasser, welches vom See Gennesaret nach Tel Aviv gepumpt wird, erst einmal eine Höhendifferenz von über 200 m bewältigen muß. Bei Jerusalem sind es gar 1000 Höhenmeter. Denn der See liegt 215 m unter dem Meeresspiegel. Nicht umsonst sind zwei Drittel der Kosten, die ein Liter Wasser im Negev kostet, Energiekosten.

Verzichtet Israel also gänzlich auf Wasser aus den besetzten Gebieten und gewinnt es dieses aus Meeresentsalzung, dann würde dies das Bruttonationalprodukt (basierend auf den Zahlen von 1993) um nicht einmal ein Prozent stärker belasten. Ganz provokant fragt Gershon Baskin, Mitbegründer des „Israel-Palestine Center for Research and Information": „Gibt es eine Nation, die wegen so einer winzigen Summe einen Krieg anfangen würde?"

*Byzantinisches Fußbodenmosaik in Tabgha: Allegorie auf die reiche Fürsorge Gottes.*

> **DIE SELIGPREISUNGEN – REVOLUTION IN ACHT SÄTZEN**
>
> Selig, die arm sind vor Gott; denn ihnen gehört das Himmelreich.
> Selig die Trauernden; denn sie werden getröstet werden.
> Selig, die keine Gewalt anwenden; denn sie werden das Land erben.
> Selig, die hungern und dürsten nach der Gerechtigkeit; denn sie werden satt werden.
> Selig die Barmherzigen; denn sie werden Erbarmen finden.
> Selig, die ein reines Herz haben; denn sie werden Gott schauen.
> Selig, die Frieden stiften; denn sie werden Söhne Gottes genannt werden.
> Selig, die um der Gerechtigkeit willen verfolgt werden; denn ihnen gehört das Himmelreich.
> Matthäus 5,3–10

## TABGHA – MIT SCHÖNHEIT GEGEN ÜBERTRIEBENE FÜRSORGE

Entenpaare nisten in riesigen Lotosblüten, eine gierige Ringelgans frißt ihr Futter, und ein Höckerschwan tummelt sich zwischen Papyrusstauden, während ein Flamingo sich mit einer Schlange abkämpft. Zwei Kormorane lüften im Schilf ihre Flügel in der Hitze des Tages, und nebenan stolziert ein Pfau. In einer beinahe humorvollen Szene mühen sich zwei Rebhühner um eine Blumengirlande, während ein Laufvogel einen kleinen Hund angreift, dessen Bewegungsfreiheit durch eine Leine eingeschränkt ist.
Das Fußbodenmosaik in der Brotvermehrungskirche von Tabgha weckt die Erinnerung an einen Bibelvers: „Seht euch die Vögel des Himmels an: Sie säen nicht, sie ernten nicht und sammeln keine Vorräte in Scheunen; euer himmlischer Vater ernährt sie" (Matthäus 6,26). Tatsächlich sollen diese Darstellungen aus dem 5. Jh. eine Allegorie auf die reiche Fürsorge Gottes sein, die in der jesuanischen Rede von der falschen und rechten Sorge noch weitergeführt wird: „Seid ihr nicht viel mehr wert als sie? ... Macht euch also keine Sorgen und fragt nicht: Was sollen wir essen? Was sollen wir trinken? ... Euer himmlischer Vater weiß, daß ihr das alles braucht."
Die farbenfrohen Darstellungen der Vögel sind aber alle nur auf ein einziges Mosaik hin ausgerichtet: auf jenes, das zwei Fische und vier Brote, die höchste Form göttlicher Brotvermehrung, zeigt: „Ich bin das Brot des Lebens."
Die beiden Fische und die vier Brote – das fünfte, das bei Johannes (6,9) erwähnt wird, liegt auf dem Altar – sollen an die Speisung der fünftausend Menschen erinnern, die Jesus gefolgt waren.
Schon früh, um das Jahr 350, wurde der wunderbaren Speisung mit einer Kirche gedacht. Der Bau war einschiffig, etwa 18 m lang und 9,5 m breit und auf jenen „heiligen Stein" hin konzipiert, auf den Jesus die Brote gelegt haben soll. Der 1 m lange und 57 cm breite Kalksteinfindling diente den Judenchristen als Altar.
Vermutlich kennen wir auch den Erbauer der Kirche: Josepos, Graf von Tiberias, der im Auftrag des Kaisers Konstantin arbeitete. Und das kam so: Josepos, dem Sohn einer angesehenen jüdischen Familie aus Tiberias, kamen zufällig die Evangelien in die Hand, die in dem gelehr-

*Tabgha – Altarmosaik: Das fünfte Brot aus dem Evangelium liegt auf dem Altar.*

ten jüdischen Haus aufbewahrt wurden, damit sie bei den Disputen mit Christen als Hilfsmittel dienen konnten. Josepos wurde aber bei der Lektüre klar, daß „dem Namen Jesu eine magische Kraft innewohnt, die Kranke zu heilen und Zauberkünste zunichte zu machen" vermag. Daraufhin konvertierte er zum Christentum, was zwar den Ausschluß aus der jüdischen Gemeinde bedeutete, ihm aber den Ehrentitel eines „comes", eines kaiserlichen Begleiters, einbrachte. Und als solcher erhielt er den Auftrag Konstantins, in den judenchristlichen Orten Galiläas, wie in Sepphoris, in Nazaret oder Tiberias und Kafarnaum, Kirchen zu bauen.

Ob diese erste Kirche von einem schweren Erdbeben im Jahre 419 zerstört wurde oder ob sie bloß zu klein geworden war, bleibt eine ungelöste Frage der Archäologie. Fest steht jedenfalls, daß es Mitte des 5. Jh.s zu einem ungewöhnlichen Neubau kommt. Der aus drei Schiffen bestehenden Kirche wird ein Atrium in Form eines unregelmäßigen Vierecks vorgelagert, in dessen Mitte ein Brunnen plätschert. Die Nordwand des Langhauses wurde wegen des Verlaufs der öffentlichen Straße außerhalb des rechten Winkels errichtet, und zu beiden Seiten der Apsis befanden sich Sakristeien, die durch einen Umgang verbunden waren.

Diese großartige Kirche wurde von einem Erdbeben Mitte des 6. Jh.s zerstört. Zwar wird sie wieder aufgebaut, doch um 614 sind es die Perser, die den Bau vernichten.

Es sollte rund 1300 Jahre, bis ins späte 19. Jh. dauern, bis die schönsten christlichen Mosaike des Landes wiederentdeckt werden: Durch das Aufbrechen eines geographischen Forschergeistes und durch die neu einsetzende Leben-Jesu-Forschung kommt es im vorigen Jahrhundert in ganz Europa zu einer Neubesinnung auf das Heilige Land. Hospize werden erbaut, und den Beduinen werden Landflächen abgekauft, unter denen man „heilige Stätten" vermutete. Das Ziel: eine „Erdung" der Lehre Jesu.

1887 erwarb auch der „Deutsche Verein vom Heiligen Lande" einen Streifen Land um Tabgha, das sich vom griechischen Heptapegon – Siebenquell – herleitet. Nach den ersten archäologischen Arbeiten und der dabei erfolgten Freilegung des Fisch- und Brot-Mosaiks im Jahre 1911 sprechen die Türken ein Grabungsverbot aus. Erst 1936 war es dann endlich gestattet, den gesamten Mosaikboden aus dem 5. Jh. auszugraben.

Um die wertvollen Funde zu schützen, wurde eine Notkirche aus Holz errichtet, die trotz umfangreicher Sanierungen nicht zweckdienlich war. Schließlich beschloß der deutsche „Heilig-Land-Verein" in Übereinstimmung mit den Benediktinern der Dormitio Mariae in Jerusalem, die in Tabgha die Verantwortung tragen, einen Neubau. Mit der Ausführung wurde das Architektenpaar Goergen & Baumann aus Köln beauftragt. Sie begannen sich intensiv mit byzantinischer Kirchenarchitektur zu befassen, war es doch ihr Ziel, die neue Kirche dem frühen Prachtbau möglichst nachzuempfinden. Die Kirche wurde am 23. Mai 1982 vom damaligen Erzbischof von Köln, Joseph Kardinal Höffner, geweiht.

Rund 200 m weiter östlich von Tabgha befindet sich die 1933 von den Franziskanern errichtete „Primatskapelle", wo der Tradition nach der Auferstandene den Jüngern erschienen sein soll. Die Kirche ist, wie schon fünf Sakralbauten zuvor, auf die Mensa Domini, den „Tisch des Herrn", ausgerichtet. Auf diesem Felsen soll Jesus den Jüngern zu essen angeboten haben, während sie draußen auf dem See Fische fingen: „Als sie an Land gingen, sahen sie am Boden ein Kohlenfeuer und darauf Fisch und Brot."

An diesem Tisch soll Jesus den Petrus auch dreimal gefragt haben: „Simon, Sohn des Johannes, liebst du mich mehr als diese?" Und Petrus antwortete jedesmal: „Ja, Herr." Und dreimal erwiderte Jesus: „Weide meine Schafe!" Mit diesen Worten übertrug Jesus den Primat an Petrus.

# DER TABOR –
# BERG DER VERKLÄRUNG,
# BERG DER VERSUCHUNG

„Pilgrim" ruft der arabische Taxifahrer erzürnt. Als er aber merkt, daß es sich um eine deutschsprachige Gruppe handelt, setzt er nach: „Pilger, Pilger..." Der Ton des Mißfallens ist unüberhörbar.

In einem sich ereifernden Klima der Religionen kann es durchaus vorkommen, daß man einmal als „Goi", dann wieder als „Ungläubiger" bezeichnet wird. Daß aber auch „Pilger" den Schmähworten zugerechnet werden muß, ist wohl nur am Berg Tabor der Fall. Meist sind es tatsächlich Pilger, die sich über die 6 km lange Asphaltstraße bis zum 588 m hoch gelegenen Gipfelplateau emporquälen, wodurch sie die örtlichen Taxifahrer um den ohnehin kargen Fuhrlohn bringen.

Versenkt in religiöse Erinnerung, aus der endzeitliche Erwartung wächst, steigen sie den Berg hinauf, von dem die Tradition berichtet, daß er jener der Verklärung sei. Gesichert ist dies keineswegs. Denn die Evangelisten berichten nur, daß Jesus den Petrus, den Johannes und den Jakobus „auf einen hohen Berg" geführt habe. So zieht der „Vater der Kirchengeschichte", Eusebius († 339 n. Chr.), den 2760 m hohen Hermon in Betracht, andere verlegen das Geschehen gar auf den Ölberg oder den Sinai. Um 570 sieht der Pilger aus Piacenza – gemäß dem Wort „Laßt uns drei Hütten bauen" – bereits drei Basiliken auf dem Berg, die von den Persern 614 völlig zerstört werden.

*Berg Tabor: Der Ort der Verklärung und der Versuchung Jesu. Letztere glaubte auch Napoleon zu verspüren.*

Das theologische Anliegen der Kreuzfahrerzeit, dort Kirchen zu errichten, wo neutestamentliches Geschehen überliefert wird, führte 1099 zur Gründung eines Klosters. Nur 14 Jahre danach wurden die Mönche, meist deutsche Benediktiner, die im Gefolge der Kreuzritter ins Land gekommen waren, bei einem Angriff der Türken erschlagen und das Kloster zerstört. Die Wichtigkeit des Ereignisses, nämlich das Aufstrahlen der Gottesherrlichkeit – „seine Gewänder wurden strahlend weiß" – und die Erkenntnis der Jünger, daß Jesus der Messias und Elija sein Vorbote sei, bewog bald darauf erneut Mönche, sich am Tabor anzusiedeln.

Die strategische Übersicht von dem rund 400 Höhenmeter abfallenden Berg, wohl aber auch die theologische Bedeutung für den christlichen Feind dürften 1212 Melek el-Adel, den Sultan von Damaskus, bewogen haben, das Plateau zu befestigen. Eine islamische Festung dort, wo Gott in eine Wolke gehüllt erschienen war, wurde im Abendland als Hohn empfunden, den man nicht hinzunehmen bereit war. Um der Schmach ein Ende zu bereiten, wurde daraufhin der fünfte Kreuzzug ausgerufen. Nicht die zweieinhalb Wochen dauernde Belagerung, sondern die Einsicht des Sultans, daß die Befestigung eine ständige Provokation sein würde, brachte den Erfolg: Der Damaszener ließ seine eigene Festung schleifen. Heute erinnern nur noch das 1897 restaurierte „Tor des Windes" sowie die Verteidigungsmauer mit den Überresten von zwölf Türmen an die einst wehrhafte Anlage.

Am Ende der Straße erhebt sich die 1924 von dem italienischen Architekten Antonio Barluzzi fertiggestellte Kirche mit dem beeindruckenden Mosaik, das die Verklärung Jesu darstellt. Die auf den Fundamenten der Kreuzfahrerkirche errichtete Basilika wurde ebenfalls gemäß dem Petruswort von den „drei Hütten" erbaut. In den beiden Türmen der Kirche befinden sich je eine dem Mose und dem Elija geweihte Kapelle.

Von der Terrasse der Kirche – und noch besser: vom Dach des franziskanischen Hospizes aus überschaut man weit das Land. Im Norden erheben sich die Berge Obergaliläas mit der Stadt Zefat, im Vordergrund sind es die Hörner von Hattin – und beides überragt majestätisch der schneebedeckte Hermon. Weiter östlich sieht man die Senke, in der der See Gennesaret und der Jordan liegen; im Süden begrenzen die Berge Samarias den Blick. Vor ihnen erstreckt sich gegen Westen hin die Jesrael-Ebene als eine ungeheure Arena, die vom Marschtritt der großen Heere – von Alexander dem Großen bis Napoleon und von Thutmosis III. bis Allenby – widerhallt. Sie alle folgten einer Abzweigung der „Via maris" über Nazaret in Richtung Damaskus.

Der vom heutigen Betrachter arglos genossene Ausblick war schon früh von strategischer Wichtigkeit: Die Richterin Debora sammelte hier alle waffentragenden Männer, um gegen die Kanaanäer ins Feld zu ziehen – ihr Sieg wird in einer der schönsten Dichtungen des alten Israel, dem Debora-Lied im Buch der Richter (5,2–31), besungen.

Der weite Rundblick verlegte eine weitere Tradition hierher. Nämlich jene, in der der Teufel Jesus die ganze Welt anbietet, vorausgesetzt, er ist bereit, ihn anzubeten. Von derselben Qualität, so meint General Bonaparte, sei seine Versuchung gewesen, von hier aus Damaskus zu erobern, wo man „leicht Steuern im Wert von acht Millionen, zudem noch Pferde, Waffen, Leder und teures Tuch erbeuten könnte". Der Franzose widerstand der Versuchung ebenfalls; dafür zeigte er den Osmanen anders seine Macht: Er ließ um den See Gennesaret wahllos drei Dörfer niederbrennen.

PS: Die über die Pilger erbosten Taxilenker müssen dazulernen. Denn mittlerweile ist es eine zweite Gruppe, die ihre waghalsigen Dienste verschmäht: die touristischen Jogger.

## TIBERIAS – ERST UNREIN, DANN HEILIG

Was macht ein Jude, der schmerzhaft an Rheuma leidet und der weiß, daß er in den heißen Quellen der „unreinen Stadt Tiberias" Linderung findet? Er geht dorthin, badet in dem radioaktiven und schwefelhaltigen Wasser und erklärt die Stadt nach seiner Genesung für rein. Vorausgesetzt, er besitzt dazu die Autorität eines Rabbiners, so wie sie Simeon Bar Yochai hatte. Mit diesem Schritt ermöglichte es der Rabbi den im Jahre 135 n. Chr. aus Jerusalem vertriebenen Juden, sich in der Stadt anzusiedeln, ohne ein schlechtes Gewissen haben zu müssen. Eigentlich hätten Juden hier nicht siedeln dürfen, denn die vom Vierfürsten Herodes Antipas errichtete Stadt galt als unrein, war sie doch über jüdischen Gräbern errichtet worden.

Wie heilig die Grabesruhe religiösen Juden ist,

*Tiberias:
Die „unreine Stadt"
als Vorbild für ein
jesuanisches Gleichnis.*

zeigt die Weisung, die es allen Juden namens Kohn, Cohn, Cohen verbietet, vom Jerusalemer Kidrontal aus die Straße am Fuß des Ölbergs in Richtung Betanien zu benutzen. Die jordanischen Behörden haben diese Straße nämlich in den fünfziger Jahren mitten durch einen jüdischen Friedhof angelegt und zur Abstützung der Fundamente auch noch Grabsteine verwendet. Juden aus der Priesterklasse, eben den Cohens, ist es generell untersagt, Friedhöfe zu betreten. Wollen also Cohens Jerusalem in Richtung Osten verlassen, müssen sie einen beträchtlichen Umweg auf sich nehmen.

Es ist auch mehr als nur ein Witz, daß die am besten informierten Touristenführer durch das Land Israel nicht die lizenzierten „Guides" sind, sondern die ultraorthodoxen Juden. Tatsächlich tauchen sie bei allen Grabungen auf, und seien diese auch noch so winzig. Sie halten überall Nachschau, ob nicht ein Grab geschändet wird – und sei es auch jahrtausendealt. Wenn dies der Fall ist, dann gibt es massive Proteste, und es mußten schon ganze Bebauungspläne von Stadtvierteln geändert werden, nur weil Gräber im entsprechenden Areal gefunden wurden.

Durch die Purifikation des Rabbi Simeon Bar Yochai gedieh die einst gemiedene Stadt Tiberias prächtig, und ihr wurde neben Jerusalem, Hebron und Zefat die Ehre zuteil, als eine der vier Heiligen Städte des Judentums zu gelten. Der Höhepunkt der geistigen Entwicklung schlug sich auch im Namen nieder. Die Stadt am Westufer des Sees Gennesaret hieß bei den Juden nicht mehr Tiberias, sondern Teverya, das sich vom hebräischen „Tabur" = „Nabel" herleitet. Tatsächlich wurde der einst unreine Ort zum „Nabel der jüdischen Welt". Hierher verlegte der Sanhedrin, der Hohe Rat der Juden, seinen Sitz, hier vollendete, ebenfalls um das Jahr 200, Rabbi Jehuda ha Nassi die Mischna. Hier entstand in den beiden darauffolgenden Jahrhunderten auch die Gemara (Kommentar), die zusammen mit der Mischna den Jerusalemer Talmud bildet.

Wie human Rechtsprechung auch im Talmud ist, zeigen Ausführungen über die Todesstrafe. Daß sie zur Abschreckung und auch zur Sühne besonders grausamer Verbrechen notwendig ist, darüber besteht in den ersten nachchristlichen Jahrhunderten kein Zweifel. Sie ist aber, wie eine Bestimmung der Mischna beweist, mit äußerster Zurückhaltung einzusetzen: So wird ein Gerichtshof, der alle sieben Jahre ein Todesurteil fällt, bereits als „verderbnisbringend" angesehen.

Immer noch ist in gewissen christlichen und auch gar nicht religiös gebundenen Kreisen vom Judentum als einer Religion des „alttestamentarischen Hasses und der Vergeltung" die Rede. Und selbst Nahost-Experten sprechen immer noch von „Zahn um Zahn und Aug' um Auge" und wollen damit nichts anderes als Rache ausgedrückt wissen. Tatsächlich aber ist dieses Talionsrecht ein großartiges Rechtsinstitut, das der Willkür des einzelnen Einhalt gebietet. Das soll heißen: Das Opfer darf dem Täter nur im gleichen Maße vergelten und eben nicht sich in übergebührlicher Rache ergehen. Ein Auge für ein Auge und eben nicht zwei Augen. Dieses „Verhältnisrecht" gibt auch dem Täter eine Rechtssicherheit. Er weiß, was ihm passiert, wenn er dieses oder jenes Verbrechen begeht.

Tiberias stand in hohem Ansehen: Deswegen ließen sich hier auch zahlreiche Autoritäten der Schriftauslegung beisetzen: Rabbi Maimonides († 1204), dessen Schriften selbst Thomas von Aquin beeinflußten, Rabbi Meir (2. Jh. n. Chr.), einer der Mitverfasser der Mischna, und Rabbi Akiba, der Bar Kochba, den Führer des Zweiten Jüdischen Krieges gegen die Römer, zum Messias proklamiert hatte. Auch der Kirchenvater Hieronymus kam hierher, um bei einem Rabbiner Hebräisch zu lernen, ehe er mit seiner Bibelübersetzung, der Vulgata, begann.

Beim Lesen der Tora darf kein Fehler passieren. Da wird, wenn man hofft, als Laie am nächsten Sabbat in der Synagoge zum Vorlesen des Wochenabschnittes aufgerufen zu werden, tagelang eifrig geübt. Denn das Wort Gottes soll keine Änderung durch den Menschen erfahren. Und wenn sich doch ein Fehler einschleicht, dann wird dieser von einem Vorbeter verbessert. Nun ist dies heute relativ leicht, da die Tora-Texte punktiert, also mit Vokalzeichen versehen sind. In einer Schrift, die hauptsächlich Konsonanten schreibt und deren Vokale man weiß – oder eben auch nicht –, kann es zu zahlreichen verschiedenen Lesarten eines Textes kommen. Das Lesen ohne Punktation

*Heilige Stadt Tiberias: Beim Lesen der Tora darf kein Fehler passieren.*

war eine Kunst; vor allem auch deshalb, weil es auch keine Interpunktionszeichen und Absätze gab. Alle diese Hilfsmittel wurden von der Familie der Ben Asher in der zweiten Hälfte des 8. Jh.s eingeführt, womit die Tora ein für allemal vereinheitlicht wurde.

Das moderne Tiberias, ein schmuckloser Erholungsort mit einem hohen Freizeitwert, wird von Rheumakranken heute noch gerne aufgesucht. Denn das Wasser, das schon Rabbi Simeon Linderung verschaffte, sprudelt immer noch. Und es wird der Legende nach auch noch weiter sprudeln: Denn niemand Geringerer als der wegen seiner Weisheit gerühmte König Salomo wußte, wie er aus dem einst kalten Wasser ein ewig heißes machen konnte. Er befahl den Teufeln, das Wasser mit den Höllenfeuern zu erhitzen. Damit die Teufel aber nach seinem Ableben nicht aufhören würden, dies zu tun, machte er sie taub. Und tatsächlich: Sie heizen heute noch.

## HEBRÄISCH: RAUS MIT DER SPRACHE

Mit dem Hexameter Ovids haben wir uns abgekämpft, und Caesars Teilung Galliens in drei Teile – „Gallia est omnis divisa in partes tres" – haben wir ebenfalls zugestimmt. Würde heute aber jemand auf die Idee kommen, Latein aus der Versenkung einer toten Sprache in den Bereich der gesprochenen Lebendigkeit zurückholen zu wollen, der nonverbale Kommentar vom Finger auf die Stirn wäre ihm sicher. Wie, so würden die Pragmatiker fragen, kann man „Diskettenlaufwerk" lateinisch wiedergeben? Und wie, so rätselten die um Alltäglichkeiten Besorgten, könnte man denn fluchen? Sollte es dann statt „blöder Hund" plötzlich „stultus canis" heißen? Arme Taxifahrer!

Vor derselben Situation stand Theodor Herzl, theoretischer Mitbegründer Israels, als er auf die Frage, welche Sprache in dem zu gründenden Staat wohl gesprochen werden solle, antwortete: „Deutsch". Denn wer könne schon genügend Hebräisch, um sich in dieser Sprache eine Eisenbahnfahrkarte zu kaufen?

Daß Hebräisch dennoch das Idiom der Straße wurde, in dem es sich auch vortrefflich fluchen läßt, ist einem Mann zu verdanken: Eliesar Ben-Yehuda (1858–1922). Der aus Litauen stammende Ben-Yehuda schuf das moderne Hebräisch („Ivrit") auf der Basis der 7704 in der Bibel vorkommenden Worte. Er soll, so geht die Mär, seinen Kindern einen Kater, einen Hund und Zierfische und was sonst eben noch so zu einer glücklichen Jugend gehört, gekauft und sie damit in die Wohnung eingeschlossen haben. Ohne jeglichen Kontakt nach außen. Denn sie sollten die ersten sein, die seit der Zerstörung des Tempels (70 n. Chr.) in Jerusalem wieder Hebräisch als Muttersprache haben.

Als seine Frau Debora einmal meinte, sie könne diese Sprache nicht verstehen und schon gar nicht sprechen, replizierte er kaltschnäuzig: „Dann schweig eben in Hebräisch!"

Ben-Yehuda hat mit seinem Werk etwas vermutlich Einzigartiges in der Sprachgeschichte geleistet. Er hat eine linguistische Entwicklung gegen den Strom eingeschlagen: denn üblicherweise wird eine zunächst nur gesprochene Sprache zur literarischen und eben nie eine schriftliche Mitteilung zur gesprochenen.

Die vorstaatliche jüdische Gesellschaft war aber nicht nur begeistert: Da gab es zunächst einmal die Orthodoxen, die massiv gegen die Entweihung der göttlichen Sprache Sturm liefen, und da ereiferten sich auch noch diejenigen, die glaubten, ihre ganze Kultur hinge allein an ihrer Sprache: Wie der „Hilfsverein deutscher Juden", der meinte, in der Technischen Hochschule in Haifa, dem heutigen Technion, müsse deutsch unterrichtet werden. Worauf Tausende Schüler und Lehrer das Gebäude unter Protest verließen und der Unterricht im Freien stattfand. Zur Beilegung der massiven Unruhen mußte sogar die türkische Polizei einschreiten.

Die Anstrengungen Ben-Yehudas trugen aber rasch Früchte. So geht aus Umfragen in den Jahren 1916–1918 hervor, daß etwa 40 Prozent der jüdischen Bevölkerung Palästinas (Jerusalem ausgenommen) Hebräisch sprachen. In Tel Aviv und in den Kibbuzim waren es gar 77 Prozent.

Die Bewährungsprobe mußte die junge, alte

Sprache unmittelbar vor der Staatsgründung und in der ersten Dekade danach bestehen. Drängten doch allein in den Jahren 1948 bis 1951 rund 700.000 Einwanderer in den jungen Staat, was einer Verdopplung der jüdischen Bevölkerung gleichkam. Diese Menschen kamen aus Deutschland und dem Jemen, aus Argentinien und Norwegen, aus den USA und Bulgarien. Sie alle nun möglichst rasch und zudem unter den schwierigen Bedingungen des Unabhängigkeitskrieges zu integrieren war nicht einfach. Wie kompliziert die Eingliederung von Fremden ist, zeigt das Beispiel Australiens, das Anfang der neunziger Jahre bekanntgab, daß eine Einwanderung von 2,5 Prozent der Gesamtbevölkerung pro Jahr die Integrationsmöglichkeiten übersteige.

Daß diese aus so unterschiedlichen Kulturen stammenden Menschen in Israel keine gemeinsame Sprache hatten, mag zunächst auch einen Vorteil gehabt haben: Es kam in den riesigen Einwanderungslagern zu weniger Streit, als man erwartet hatte. Es gab aber auch bittere Nachteile: Im Krieg von 1948 wurden israelische Soldaten getötet, weil sie die hebräischen Befehle nicht verstanden.

Wie aber unterrichtet man Menschen, wie jene Neueinwanderer, die keine gemeinsame Sprache haben? Sie der jeweiligen Muttersprache nach in Klassen zusammenzufassen und dazu jeweils einen Lehrer zu stellen erwies sich als nicht durchführbar.

War Ben-Yehuda der Sprachschöpfer der Nation, so war Mordechai Kamrat ihr Sprachlehrer. Er entwickelte ein durch Mimik unterstütztes Verfahren, das von der ersten Unterrichtsstunde an ohne erklärende Zweitsprache auskommt. Noch heute wird diese Methode angewandt – mittlerweile freilich verbessert um didaktische und linguistische Erkenntnisse. Der Clou dieser als Ulpanim bezeichneten Sprachkurse: Man faßt die Schüler für fünf Monate in einem Kibbuz zusammen, wo sie ihren Unterricht erhalten und wo sie auch außerhalb der Schulstunden gezwungen sind, hebräisch zu sprechen. Denn wie sonst soll ein russischer Jude mit einer hübschen Jemenitin flirten?

Bei allen Leistungen, die erbracht wurden – Israel hatte bei der Integration seiner Einwanderer stets einen wichtigen Helfer: deren Wunsch, die Vergangenheit hinter sich zu lassen und nicht mehr länger ein Jude aus Deutschland, einer aus Frankreich oder dem Jemen zu sein, sondern möglichst rasch ein Israeli zu werden.

*Hebräisch: Die heilige Sprache, in der sich selbst der Ausdruck „Diskettenlaufwerk" wiedergeben läßt.*

# ZEFAT – NICHTS ZU SEHEN

Zefat – auch: Zfat, Safed, Safad oder Saphet – ist die einzige Stadt Israels, in die man nicht kommt, um etwas zu sehen. Denn es gibt hier nichts anzuschauen im Sinne des Touristen, der im Baedeker sein tatsächliches oder nur gedachtes Kreuzerl unter den Stadtnamen setzt. Was soviel heißen soll wie: gesehen und somit in die Liste der Orte aufgenommen, von deren Glanz man zu Hause erzählen wird.

Nein, in Zefat gibt es nicht viel zu bewundern. Die Reste der einst gewaltigen Kreuzfahrerfestung sind mehr als spärlich, und nur ein gerüttelt Maß an Phantasie vermag daraus noch eine den Ort beherrschende Burg mit einer 850 m langen Mauer erstehen zu lassen. Und schon gar nichts mehr ist von jenen Anlagen auszumachen, die Josephus Flavius zur Befestigung der Stadt am Beginn des Jüdischen Krieges (66–70 n. Chr.) hat errichten lassen. Wohlgemerkt: Das war noch vor seiner „Konversion" zum dienstfertigen Historiker der Römer gewesen.

Und dennoch: Es lohnt sich durchaus, von Zefat Ansichtskarten zu schreiben. Denn hierher ist man gekommen, um zu erspüren. Man streunt in der höchstgelegenen Stadt Israels (900 m) durch die verwinkelten Gassen, setzt sich entzückt in den Vorhof der sephardischen Ari-Synagoge und verliert sich bei der Beobachtung der Vögel, die sich in dem einzigen Baum des Bethauses tummeln. Oder man schnappt den eintönigen Singsang von Yeshiwa-Studenten auf, die in einer nach ch- und chr-Lauten klingenden Sprache immer dasselbe Stück aus dem Talmud zu repetieren scheinen.

Treppauf, treppab durch die schmalen Altstadtgäßchen. Und zwischen den steinernen Häusern erhascht der Aufmerksame immer wieder auch einen Blick auf den knapp 1000 m tiefer gelegenen See Gennesaret. Das wohltuende Blau in einer sonst von Brauntönen gezeichneten Landschaft.

Soviel Stimmung beeinflußte schon andere: nämlich die Künstler, die sich hier niederließen. Wie den naiven Maler Schalom von Zefat, dessen Originale nur mehr von Liebhabern und Spekulanten gekauft werden. Oder man besucht die Werkstätten der äthiopischen Einwanderer, die bald nach ihrer Ankunft in Israel angehalten wurden, ihre Empfindungen in Lehm zu formen. Dabei kam es zu ganz erstaunlichen

*Friedhof in Zefat: Auch wenn es im Judentum offiziell keine Heiligen gibt, so kommt man doch ans Grab des Kabbalisten Ari, um diesen zu verehren.*

Ergebnissen, denn immerhin sind sie die einzigen unverfälschten Naiven. Diese Menschen, deren Urteilskraft nie durch schulische Vorbildung getrübt wurde, schaffen Skulpturen aus sich heraus – so wie es in ihnen angelegt ist. Menschen mit großen Mündern, weil es in ihrer hungernden Heimat wichtig war, schnell in sich hineinzustopfen. Oder Menschen mit immer traurigen Augen, weil in ihrer Heimat jahrelang der Bürgerkrieg tobte.

Zefat ist die Stadt der Kabbala: Was ist diese Lehre aber, die als eine Gegenbewegung zum nüchternen Talmudismus entstanden ist? Im „Jetzirah", dem „Buch der Schöpfung" aus dem 9. Jh., geht der Verfasser davon aus, daß Gott die Welt auf „32 verborgenen Wegen der Weisheit" geschaffen hat. Es sind dies die 22 Buchstaben des hebräischen Alphabets sowie die 10 Zahlen (hebr: Sephirot), die mit dem zehnmaligen „Und Gott sprach" (Schöpfungsgeschichte – Genesis 1) korrespondieren. In „Jetzirah" (II,2) werden die Buchstaben sehr deutlich als metaphysische Schöpfungskräfte bezeichnet: „Gott grub sie [die Buchstaben] ein, formte sie, läuterte sie, wog sie und vertauschte sie. Mit ihnen bildete er die ganze Schöpfung und auch alles, was noch in Hinkunft geschaffen werden sollte."

Diesen Zusammenhang von Wort und Schöpfung spricht auch das Johannesevangelium an, in dessen Prolog es heißt: „Im Anfang war das Wort, und das Wort war bei Gott, und das Wort war Gott. Im Anfang war es bei Gott. Alles ist durch das Wort geworden, und ohne das Wort wurde nichts, was geworden ist. In ihm war das Leben, und das Leben war das Licht der Menschen."

Zum kabbalistischen Verständnis der Schöpfung ist es wichtig, die richtigen Buchstabenkombinationen zu kennen, sonst erreicht man das Gegenteil. „Jetzirah" (II,4) führt folgendes Beispiel an: Die Verbindung der drei Buchstaben Ajin, Nun und Gimel ergibt positiv gelesen das Wort „oneg" = „Vergnügen". Negativ betrachtet aber das Wort „nega" = „Plage".

Aber den Kabbalisten geht es nicht um das bloße Verstehen der Schöpfung Gottes, sondern auch darum, im Sinne Gottes dessen „Mitarbeiter" zu werden. Der Mensch ist nämlich mit der Fähigkeit ausgestattet, Dinge bis zur Vollendung der Schöpfung aktiv mitzubeeinflussen. Das bekannteste Beispiel dafür: der Golem, ein aus einer Buchstabenkombination von einem Menschen geschaffener Mensch.

Ihre Ursprünge hat die Kabbalistik in Südfrankreich und im Spanien des 12. und 13. Jh.s. Nach Zefat gelangte sie durch die Vertreibung der Juden aus Spanien im Jahre 1492.

Die Sicherheit, daß es im messianischen Sinne eine Erlösung geben wird und daß ihre unablässigen Anstrengungen einen Beitrag dazu leisten, ließ bei den Kabbalisten von Zefat ein Gefühl der Freude aufkommen. Dieser verliehen sie in einer Reihe von Gesängen Ausdruck, wie z. B. dem „Lechoh Dodi". Noch heute singen Juden jeden Freitagabend auf der ganzen Welt dieses Lied von der Sabbatbraut. Es stammt von Schlomo Alkabetz (1505–1572), der eines Freitagnachmittags durch die Felder von Zefat spazierte und dichtete: „Auf, mein Freund, der Braut entgegen, Königin Sabbat wollen wir empfangen!"

Einer jener Kabbalisten, dessen Einfluß am nachhaltigsten war, war Isaak Luria, der nach der Anrede „Adonenu Rabenu Isaak" („unser Meister Isaak") auch als „Ari", als „Löwe", bezeichnet wurde. Ari (1514–1572) ging in seinen Überlegungen vor allem dem Ursprung des Bösen nach. Kurz seine Theologie von der Selbstbeschränkung Gottes: Gott hat sich sozusagen von seiner unbeschränkten Unendlichkeit freiwillig in eine beschränkte Unendlichkeit zurückgezogen. Der so frei werdende Raum aber ist der Bereich des Übels. Aber auch aus diesem hat sich Gott nicht gänzlich verabschiedet. Er bleibt in diesem Raum vorhanden, wie ein Rest von Wasser in einer Flasche bleibt, die man geleert hat. Das will auf einen Satz gebracht besagen: Es gibt kein Übel, das nicht auch etwas Göttliches an sich hätte.

Zefat – die Stadt der jüdischen Mystik und einer Stimmung, die man auch als Nichtjude empfinden kann, wenn man sich ein wenig von dem engen Denkmuster frei zu machen versteht, das ganz Israel nur auf heilige Stätten oder nur auf den Nahost-Konflikt reduziert.

*Drusen:
Träger einer geheimen
religiösen Botschaft.*

## DRUSEN: VIELE FRAGEN, KEINE ANTWORTEN

*Sie sind ein exklusiver Zirkel. Nicht nur, weil es von ihnen in ganz Israel nur 90.000 gibt, die in 18 Dörfern Galiläas und am Golan leben, sondern vor allem, weil man von ihrer Religion so gut wie nichts weiß. Das Beruhigende daran: Der Großteil der Drusen ist selbst in die Geheimnisse des Glaubens nicht eingeweiht und nur angehalten, einige grundsätzliche moralische Gesetze zu halten. Die Minderheit der Ukkal („Wissenden") hebt sich von den Dschuhal („Unwissenden") durch einen roten Fes als Kopfbedeckung ab.*

*Im kulturellen und gesellschaftlichen Bereich stehen die Drusen den moslemischen Arabern nahe. Von diesen haben sie sich unter der geistigen Führung von Ismail el-Darasi (Druse) im 11. Jh. auch abgespalten, weil sie den Anspruch des ägyptischen Kalifen El-Hakim, gottähnlich zu sein, akzeptierten.*

*Die Drusen besitzen keine Moscheen, sondern*

*Drusisches Gemeindezentrum: Wer redet, der wird ausgestoßen.*

lediglich schmucklose Gebetshäuser, in denen die „Wissenden" die jeweils donnerstags stattfindenden Gottesdienste leiten. Von ihrer Geheimlehre nimmt man an, daß sie eine Art gnostischer Mystizismus sei, in dessen Zentrum das Dogma von der Einheit Gottes steht. Dieser Gott offenbart sich von Zeit zu Zeit in menschlichen Inkarnationen. Zuletzt sei dies in dem Kalifen El-Hakim der Fall gewesen.

Generell verpflichtet die Religion aber nur zu wenigen religiösen Kulthandlungen. Nur einmal im Jahr treffen sie sich zu einer großen Pilgerfahrt nahe den Hörnern von Hattin. Dort beten sie am Grab des Schwiegervaters des Mose, denn sie erachten Jethro als eine Art Urvater aller Propheten.

Das strikte Verbot, Mischehen einzugehen, ließ die kleine, von maronitischen Christen und Moslems stets bekämpfte Gemeinschaft überleben. Heute, so schätzt man, gibt es weltweit etwa 1,1 Millionen Drusen, von denen der Großteil in Syrien und im Libanon lebt.

In einem Punkt unterscheiden sich die Drusen ganz deutlich von ihren arabischen Nachbarn. Sie dienen in der israelischen Armee, wo sie ihrer Tapferkeit wegen ganz besonders geschätzt werden.

Ein einziger Druse hat es in den letzten Jahren unternommen, seine Gemeinschaft zumindest in Umrissen darzustellen: der Journalist und Autor Musbah Halaby. 1973 veröffentlichte er das Buch „Die Drusen in Israel". Der Fall beschäftigte sogar die damalige Ministerpräsidentin Golda Meïr, die von der religiösen Leitung der Gemeinschaft gebeten worden war, das Buch wegen falscher Glaubenszeugnisse zu verbieten. Nachdem das nicht gelang, erfanden die „Oberpriester" eine viel diffizilere Methode, um Halaby zum Schweigen zu bringen. Sie untersagten jeglichen Kontakt mit ihm und seiner Familie – seine Kinder wurden in dem Dorf Daliat al-Carmel geächtet, und selbst Freunde getrauten sich nicht, die Ausgestoßenen zu besuchen. Sie wurden von den Nachbarn weder zu Totenfeiern noch zu sonstigen Familienanlässen eingeladen.

Nach zwei Monaten der absoluten sozialen Isolation hatten die „Wissenden" ihr Ziel erreicht. Halaby gab klein bei, indem er sagte: „Wenn ihr mein Haus anzünden wollt, tut es. Ich will bloß, daß meine Familie in die Gesellschaft zurückkehrt." Die religiösen Führer wollten aber nicht sein Haus, sondern seine Bücher brennen sehen. „Selbst der Tod meines Vaters und meiner Mutter haben mich emotionell weniger stark angegriffen als das Verbrennen meiner Bücher. Es war schrecklich. Ich war wie abgestorben. Aber ich hatte keine andere Wahl."

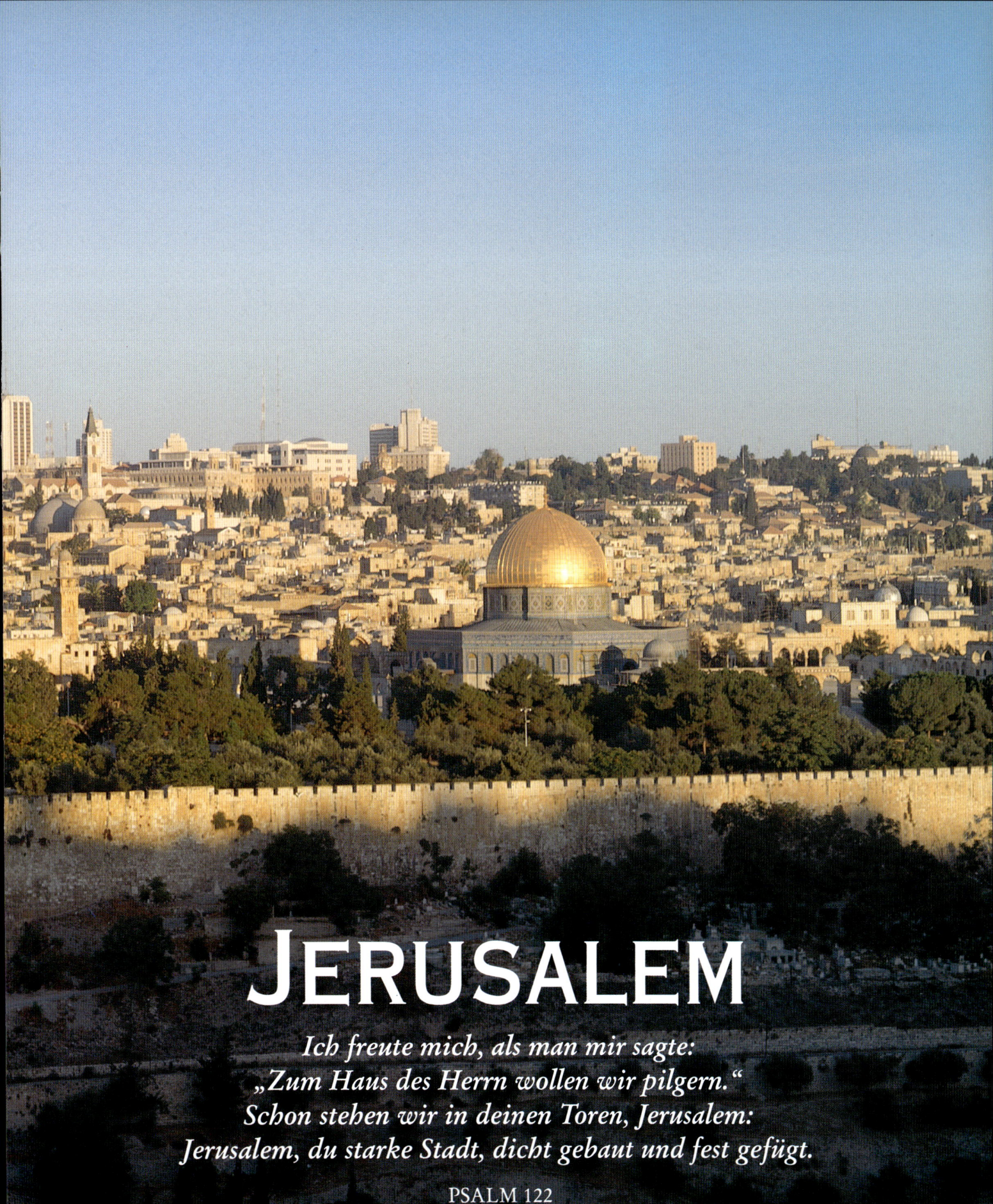

# JERUSALEM

*Ich freute mich, als man mir sagte:*
*„Zum Haus des Herrn wollen wir pilgern."*
*Schon stehen wir in deinen Toren, Jerusalem:*
*Jerusalem, du starke Stadt, dicht gebaut und fest gefügt.*

PSALM 122

# JERUSALEM – VERSUCH EINER ANTWORT AUF EIN FASZINOSUM

Bücher – reihenweise, schränkevoll, bibliothekenfüllend. Über keine Metropole der Erde wurde soviel publiziert wie gerade über Jerusalem. Und dennoch: Keine Stadt ist für den Besucher, auch nicht für den immer wiederkehrenden, so schwer faßbar wie gerade jene, die der halben Menschheit Heimat sein soll.

Was unterscheidet Jerusalem von allen anderen Städten? Der Besucher rätselt. Sind es tatsächlich Felsendom, Westmauer, Grabeskirche? Paris hat doch auch seinen Eiffelturm und Berlin sein Brandenburger Tor. Wien rühmt sich seines Steffls als Ort nationaler Identität, und auch Bonn hat etwas.

Die Bauten allein also sind es nicht, und auch nicht die geballte Heiligkeit. Denn Rom behauptet seit jeher seinen theologischen Vorrang vor Jerusalem, und allein New York hat mehr Synagogen, Toraschulen und auch mehr jüdische Einwohner als Haifa, Jerusalem und Tel Aviv zusammen. Und für den Islam wäre El-Quds nie wichtig geworden, hätten sich eben nicht dort bereits zwei monotheistische Religionen etabliert gehabt, als der Prophet Mohammed sie besuchte.

Was also unterscheidet Jerusalem von allen anderen Städten? Die Antwort ist simpel: Sie, der Besucher! Nach Athen fahren Sie, um die Akropolis zu besteigen, und trotz aller Unkenrufe stehen sie bewegt vor dem Buckingham-Palast, beseelt von der stillen Hoffnung, die Queen zu erspähen. Sie kommen unvoreingenommen und weitgehend unbelastet. Sie reisen an und reisen ab und bleiben immer nur ein Tourist.

Jerusalem aber kennt man. Hierher war man schon als Kind gereist. In Gedanken ist man neben König Salomo in einem prächtigen Palast gesessen und hat sich über dessen Urteil gefreut, das von zwei Frauen begehrte Kind nicht mit dem Schwert zu halbieren. Man hat für den armen David gehofft, daß ihn König Saul nicht überlisten möge, und als Zehnjähriger hat man am Beispiel des babylonischen Exils erstmals erfahren, daß diese Welt eine gewaltsame ist.

Ebenso aufmerksam haben wir die biblischen Geschichten des Neuen Testaments verfolgt. Sie hatten nur oft den Nachteil, so „brav" zu

sein, während die des Alten Bundes immer aufregend, manchmal auch blutrünstig waren. Eben so, wie Kinder sie lieben.

Der Besucher ist von einer Sehnsucht nach Unversehrtheit getrieben. Der von Zweifeln bedrängte Gläubige und auch derjenige, bei dem sich das Vertrauen auf Gott längst davongeschlichen hat, suchen in Jerusalem jene Sicherheit, die Kinder nicht wissen läßt, was es heißt: Zweifeln. Freilich findet nur selten jemand in dieser widersprüchlichen Stadt, was er gesucht hat. Und doch verläßt sie kaum ein Besucher ohne Zufriedenheit. Zum einen erfreut er sich an dem ganz profanen Treiben innerhalb der Altstadt, zum anderen genügt ihm das Wissen um die unwahrscheinliche Kraft des Ortes. Die Israeliten waren hier, die Babylonier, die Griechen, die Römer und die Perser, die Araber, die Seldschuken und Mamelucken, die Kreuzritter und die

*VORHERGEHENDE SEITEN
Blick vom Ölberg –
die Erfüllung einer
Sehnsucht: Denn hierher
war man in Gedanken
schon als Kind gereist.*

*Die Westmauer,
die fälschlich auch
als Klagemauer
bezeichnet wird:
Alles, was von der Pracht
des herodianischen
Tempels übrigblieb.*

Osmanen, die Engländer, Jordanier und die Israelis.
Sie alle haben versucht, Jerusalem ihr Gepräge zu verleihen. Und natürlich hat es jeder einzelne Eroberer „auf ewig" getan. Oder zumindest hatte er es so beabsichtigt. Was davon geblieben ist: ein herrliches Kaleidoskop an Steinen. Nicht an glatten, unversehrten. Nein, die Stadt ist reich an vernarbten und gezeichneten Steinen. Denn der jeweils neue Herrscher über die Stadt wollte doch die Pracht des Vorbesitzers und damit die Erinnerung an diesen gelöscht wissen. Was – Gott sei Dank – nicht immer gelungen ist.
Noch etwas ist es, das den Europäer an Jerusalem zu faszinieren vermag: die tiefgläubigen Vertreter der verschiedensten Religionen und Konfessionen, von denen die überwiegende Mehrheit Wahrheiten mit Exklusivitätscharakter verkündet. Dabei merken diese Heilsprediger gar nicht, daß so viele Ausschließlichkeitsansprüche die Wahrheiten bestenfalls zu Halbwahrheiten degradieren. Denn die letzte Wahrheit ist unteilbar, weswegen schlußendlich nur einer vollends recht behalten kann.
Es ist gewiß: Jerusalem ist eine Heilige Stadt. Ebenso sicher ist auch, daß sie keine Stadt der Heiligen ist. Aber die Menschen in ihr, die Jerusalemer, gleich, ob Araber oder Juden, sind doch etwas Besonderes. Manche Kenner glauben, daß es sich um nicht weniger als um die Quintessenz der Menschheit handelt.
Vielleicht ist auch das die Antwort nach dem unbekannten Faszinosum dieser Stadt.

## DIE ALTSTADTMAUER – JERUSALEMS WÄCHTERIN

Lange 300 Jahre war sie beinahe umsonst: die Altstadtmauer. Von Suleiman dem Prächtigen zwischen 1539 und 1542 errichtet, wäre sie – so glauben es Militärhistoriker zu wissen – in jedem Fall zu schwach gewesen, um die Bewohner vor dem Kriegsgerät der anbrechenden Neuzeit zu schützen. Sicherheit mag die durchwegs 12 m hohe und etwa 4 m starke Befestigung indes gegen nomadisierendes Gesindel gewährt haben.
Heute schirmt die 4018 m lange Mauer in einem ursprünglich freilich nicht geplanten Sinn ab: Als trennendes Element scheidet sie zwischen dem Zauber der Vergangenheit und der nüchternen Geschäftigkeit der Gegenwart, zwischen dem Ruf des Muezzins und dem aufreibenden Gehupe der Autofahrer. Steine aus dem 16. Jh. erweisen sich als Schranke zwischen dem Sichtreiben-Lassen in der lärmenden Basarbetriebsamkeit und dem hektisch geschäftigen Schritt. Zwischen den Gerüchen der Gewürze und dem Nebel von Treibstoff. Zwischen den Buben, die Ansichtskarten feilbieten, und den nüchternen Touristenläden an der Straße nach Betlehem.
Außerhalb des steinernen Walls ist die Welt eine phantasielos säkulare, innerhalb des Mauerrings werden in alten Häusern Geheimnisse längst vergangener Tage gehütet. Von ihnen wird nicht berichtet, sie werden auch nicht mitgeteilt. Von ihnen wird einzig und allein feinsinnig erzählt. Die Geschichten aus „Tausendundeiner Nacht" und die „Stimmen von Marrakesch" von Elias Canetti sind allemal noch die

beste Einführung in den Geist der Altstadt von Jerusalem.

Diese schwer faßbare Stimmung, die sich dem hastigen Besucher entzieht, verbreiten auch die religiösen Stätten, die der halben Menschheit heilig sind: Westmauer, Grabeskirche, Felsendom. An ihnen will nicht nur gebetet, sondern auch die Unwirklichkeit der Wirklichkeit verspürt werden, wenn europäische Vorstellungen christlicher Bilderbücher auf die Gegebenheit des Orients prallen. Jerusalem ist wahrscheinlich eines der letzten Abenteuer der Menschheit. Doch die meisten Touristen stellen sich der Herausforderung nicht, sondern entfliehen ihr nach einer Woche – um nie wiederzukommen.

Die Mauer ist eine leidenschaftliche Schranke, die Reisende gerne durchschreiten, weil das, was sie in sich birgt, höchst anziehend ist. Die Mauer ist aber auch Beschränkung: In den Wohnvierteln verspürt man die beklemmende Enge und das Fehlen jeglicher Intimität. Der einzige Spielplatz der Kinder ist die schmale Gasse, das einzige Licht das des Fernsehers.

Kaum 4000 Familien lebten um die Mitte des 16. Jh.s in Jerusalem; die Stadt war heruntergekommen, es gab kaum etwas, das es zu befestigen lohnte. Warum aber errichtete Suleiman der Prächtige dennoch diesen Wall aus Stein und stattete ihn mit 344 Schießscharten aus? Manche Historiker meinen, in der Belagerung Wiens durch die Türken und in der davon ausgehenden Gefahr für ganz Europa den Grund sehen zu müssen. Gegen diese Bedrohung wollte Karl V. von Spanien nämlich ankämpfen, indem er seinerseits zu einem neuen Kreuzzug gen Jerusalem aufrief.

Mit der Errichtung der Mauer beauftragte Suleiman zwei Brüder, die einer Legende nach von einem Punkt aus in entgegengesetzte Richtung zu bauen begannen und sich dabei so lange aus den Augen verloren, bis sich nach Jahren die beiden Mauerteile am Stephanstor zu einem einzigen Bollwerk zusammenschlossen. Weniger legendarisch dürfte hingegen der Bericht sein, daß Suleiman die beiden hat hinrichten lassen. Ihre Gräber finden sich tatsächlich innerhalb des Jaffa-Tores. Der Grund für den mörderischen Zorn des Bauherrn: Die Brüder hatten es versäumt, den Zionsberg in die Befestigung miteinzubeziehen.

Heute sind es sieben Tore, durch die man in die Altstadt gelangt: Den einzigen Zugang vom Westen ermöglicht das **Jaffa-Tor,** das genaugenommen aus zwei Teilen besteht: dem Durchgang für Fußgänger und einer Zufahrt für Autos. Diese wurde 1898 durchgebrochen, als der deutsche Kaiser Wilhelm II. die Stadt besuchte und man ihm nicht zumuten wollte, mit seinem Wagengespann in dem L-förmigen Tor zu reversieren.

Im Nordwesten der Mauer befindet sich das **Neue Tor.** Es wurde 1889 in die Mauer gebrochen, nachdem Mitte des 19. Jh.s erstmals Siedlungen außerhalb der Altstadt gebaut wurden. Im Norden waren es der sogenannte Russian Compound und das französische Pilgerhospiz Notre-Dame de France, von wo aus die Pilger um einen erleichterten Zugang zu den heiligen Stätten der Altstadt baten.

Das wohl schönste Beispiel osmanischer Architektur ist das **Damaskustor.** Es war in römischer Zeit das Haupttor der Stadt, errichtet in der Form eines dreifachen Triumphbogens.

Hier begann auch der Cardo Maximus, die vom Norden nach Süden führende Prachtstraße. Das heutige, von Suleiman erbaute Tor befindet sich über der römischen Anlage und ist reich mit geometrischen Verzierungen und mit Zinnen und Türmchen geschmückt.

Das dritte und östlichste Tor an der Nordmauer ist das **Herodes-Tor,** das seinen Namen von dem ursprünglichen Erbauer Herodes Agrippa (41–44 n. Chr.) herleitet. Möglich ist auch – wenn auch sehr unwahrscheinlich –, daß das Tor seine Bezeichnung von dem Zusammentreffen Jesu mit Herodes Antipas (Lukas 23,8) bekommen hat. Gesichert ist hingegen, daß die Kreuzfahrer in den Mittagsstunden des 15. Juli 1099 an dieser Stelle in die Stadt eindrangen.

Das einzige offene Tor in der östlichen Mauer ist das **Löwentor.** Es leitet seinen Namen von den beiden löwenähnlichen Tieren her, die die Außenfassade schmücken. Der Legende nach soll

*Altstadtmauer und Jaffa-Tor: Die Mauer ist eine leidenschaftliche Schranke.*

es sich um jene Tiere handeln, die den Vater Suleimans des Prächtigen verschlungen hätten, wäre dieser seinem ursprünglichen Plan gefolgt, die Stadt dem Erdboden gleichzumachen. Tatsächlich stammen die Tiere aber aus dem Wappen des mameluckischen Herrschers Baibar (1260–1277), der sie am Schild seines christlichen Widersachers Prinz Edward von England gesehen und zu seinen eigenen Wappentieren erkoren hat. Christen bezeichnen das Tor in Erinnerung an den ersten Märtyrer, der hier gesteinigt worden sein soll, auch als Stephanstor. Tatsache ist, daß dessen Martyrium lange Zeit am Damaskustor tradiert wurde. Hierher wurde es übertragen, nachdem die Moslems den christlichen Pilgern seit dem 13. Jh. das Verlassen der Stadt nur mehr durch das Löwentor gestattet hatten. Wäre also die Stephanstraditon nicht „übersiedelt", sie wäre zweifelsohne in Vergessenheit geraten.

In der neueren Geschichte erlangte das Löwentor für die Israelis eine besondere Bedeutung: Am 7. Juni 1967 drangen Fallschirmjäger von hier in die Altstadt ein. Der erste Schritt zur Wiedervereinigung des seit 1948 geteilten Jerusalem war damit vollzogen.

Eine frühe christliche Tradition sollte sich an der Südostecke der Mauer herausbilden: Hier, hoch über dem Kidrontal, sehen Christen die *Zinne des Tempels,* von der es bei Lukas (4,9–11) heißt: „Darauf führte ihn der Teufel nach Jerusalem, stellte ihn oben auf den Tempel und sagte zu ihm: Wenn du Gottes Sohn bist, so stürz dich von hier hinab; denn es heißt in der Schrift: Seinen Engeln befiehlt er, dich zu behüten; und: Sie werden dich auf ihren Händen tragen, damit dein Fuß nicht an einen Stein stößt."

Das östliche der beiden Tore im Süden ist das **Misttor,** durch welches zur Zeit des Zweiten Tempels der Unrat aus der Stadt geführt und ins Kidrontal geschüttet wurde. Es war ursprünglich nur ein Fußgängerdurchgang gewesen, der dann in den fünfziger Jahren von den Jordaniern für den Verkehr verbreitert wurde.

Das **Zionstor** im Südwesten ist mit seiner von Geschossen zerrissenen Mauer ein stummes Zeugnis des israelischen Unabhängigkeitskrieges von 1948.

Das einzige Tor, das nicht durchschritten werden kann, weil es seit der Zeit der Kreuzfahrer vermauert ist, ist das südlich des Löwentores gelegene **Goldene Tor.** Gemäß der jüdischen Tradition wird durch dieses Tor der Messias

kommen und den Tempelberg betreten. Um ihm das nicht zu ermöglichen, haben Moslems nicht nur das Tor verschlossen, sondern davor auch noch einen Friedhof angelegt. Denn dem Propheten Elija, der als der Vorbote des Messias erwartet wird, ist es als Mitglied einer priesterlichen Familie verboten, einen Friedhof zu betreten. Die Logik dahinter: Kommt kein Vorbote, so kommt auch kein Messias.

„Umkreist den Zion, umschreitet ihn, zählt seine Türme" – dieser Aufforderung aus dem Psalm 48 kann der Reisende nachkommen: Man kann die Mauer beinahe zur Gänze auf ihrer Krone begehen. Ausgespart bleibt nur der Teil um den Tempelberg. Von dieser Perspektive aus wird klar, wie vorteilhaft es war, daß sich die Türken im ausgehenden 19. Jh. mit ihrem Plan nicht durchsetzen konnten, die Mauer abzureißen und ihre Steine an jene Unternehmer zu verkaufen, die zu dieser Zeit mit dem Bau der Neustadt begannen.

*Basarstraße: Ursprünglichkeit abseits des Touristenstroms, der sich meist nur durch die „Via Dolorosa" quält.*

# DIE STADT DAVIDS – VOM REIZ DER GESCHICHTSLOSIGKEIT

Der Blick vom Ölberg hinunter auf die nahe Stadt läßt den Betrachter immer in die Weite und in die Tiefe schweifen. Er verweilt bei den Kreuzfahrern, die für die Befreiung des Heiligen Grabes all die Mühe und das vielfache Morden auf sich genommen haben. Er springt über zum Tempel, aus dem Jesus die Geldwechsler verwiesen hat, um auf den Zionsberg aufzusteigen, von wo er in das jüdische Viertel der Altstadt hinabgleitet, das von den Jordaniern 1948 zerstört und nach 1967 von den Israelis neu aufgebaut wurde.

Auf- und Untergänge bedrängen die Gedanken, der Horizont erstreckt sich über die Jahrtausende. Beinahe fällt es schwer, sich vorzustellen, daß diese Stadt einmal keine Geschichte, keine Heiligkeit hatte. Und dennoch war es so. Nämlich als König David sie um 1000 v. Chr.

eroberte. Er machte sie damals zur Hauptstadt seines Reiches, eben weil sie keine Vergangenheit hatte.

Das kam so: David regierte von Hebron aus sieben Jahre lang über den Stamm Juda, ehe er zum König von ganz Israel gesalbt wurde. Nun galt es aber, diese Funktion auch durchzusetzen, was gar nicht so einfach war. Denn die Großfamilien hatten sich seit der Eroberung des Landes (um 1200) daran gewöhnt, ohne übergeordnete Zentralmacht zu leben. Von Hebron aus, das im Herzen des Stammes Juda lag, wäre es aber nicht klug gewesen, die restlichen elf Stämme zu regieren. Zu leicht hätte man David den Vorwurf machen können, die Interessen der eigenen Sippe vordringlich zu vertreten. Die geplante Integration unter einem Herrscher wäre somit gefährdet gewesen. Jerusalem aber lag am Rande Judas, und es war auch nicht von Angehörigen des Hauses Israel bewohnt; es galt somit allen Stämmen als neutrales Gebiet. Zudem bot die Stadt, die sich in den Händen der Jebusiter befand, für David zwei weitere Vorteile: Sie hatte reichliche Wasserquellen, und da sie auf einem schmalen Bergrücken zwischen dem Kidron- und dem Tyropoiontal angelegt war, bot sie eine optimale Verteidigungsmöglichkeit.

Es galt Jerusalem also nur noch zu erobern. Der junge König schaffte es nicht nur, die Stadt einzunehmen und die Stämme Israels zu einen, sondern in den nächsten Jahren sollte es dem entschlossenen Mann mit einer großen musischen Neigung auch gegönnt sein, ein Reich zu errichten, das sich vom Roten Meer im Süden bis nach Damaskus und tief in den Libanon hinein erstreckte.

David war also ein mächtiger Mann. Und als solcher begann er nun plötzlich unter dem einstigen Vorteil der Stadt, ihrer Armseligkeit, zu leiden. In diesem Jerusalem, das sich über den Berg Ophel (südlich des heutigen Tempelplatzes) erstreckte, gab es nichts, was der Geltung des Königs entsprochen hätte. Kein Heiligtum, kein prächtiger Palast – nichts. Also erinnerte sich David der Bundeslade, die mit den Gesetzestafeln den mit Mose geschlossenen Bund symbolisierte. Diese Lade stand seit Jahrzehnten unbeachtet in Kiryat-Jearim (nahe von Abu Gosh). Nun ließ er sie in einem prächtigen Festzug nach Jerusalem geleiten. Aufgestellt wurde die Bundeslade im Bundeszelt, auf jenem obersten Platz der Stadt (730 m), den der Prophet Gad dem König zu kaufen nahegelegt hatte. Mit der Errichtung des Bundeszeltes wird der Dreschplatz, der den Jebusitern wahrscheinlich als Feldheiligtum gedient hat, erneut geheiligt – und heilig blieb er bis in die Gegenwart: durch den Bau des salomonischen, des nachexilischen und des herodianischen Tempels, durch die Errichtung eines Heiligtums für Jupiter sowie durch die Verehrung des Platzes durch die Moslems.

*König David: Von dem musisch-politischen Genie blieb nur ein verkitschtes Bild.*

Dieser von den Israeliten verehrte Gott der Schöpfung, der Gott der Wüstenwanderung und der Landnahme wird also seßhaft. Was zweierlei bedeutete: Zum einen konnte man ihm zu Ehren einen angemessenen Tempel errichten, zum anderen schränkte man ihn aber dadurch auf die Wirksamkeit jenes Stammesbereiches ein, innerhalb dessen er verehrt wurde. Diese Beschränkung auf eine örtlich gebundene „Stadtgottheit" sollte sich rund 400 Jahre später als äußerst fatal erweisen: Der Gott Israels, jener, dem König Salomo einen großartigen Tempel errichtet hatte, war zu Hause in Zion geblieben, während das Volk weit entfernt ohne ihn im babylonischen Exil darbte. Niemand drückt dies besser aus als der Psalmist: „An den Strömen von Babel, da saßen wir und weinten, wenn wir an Zion dachten. Wir hängten unsere Harfen an die Weiden in jenem Land. Dort verlangten von uns die Zwingherren Lieder, unsere Peiniger forderten Jubel: ‚Singt uns Lieder vom Zion!' Wie könnten wir singen die Lieder des Herrn, fern, auf fremder Erde? Wenn ich dich je vergesse, Jerusalem, dann soll mir die rechte Hand verdorren. Die Zunge soll mir am Gaumen kleben, wenn ich an dich nicht mehr denke, wenn ich Jerusalem nicht zu meiner höchsten Freude erhebe" (Psalm 137). Die Erfahrung, vom eigenen Gott abgeschnitten zu sein, mündet in einem im Judentum fortan immer wiederkehrenden Motiv: der Zionssehnsucht.

Durch David wurde Jerusalem in den hohen Rang einer „königlichen Stadt" sowie in den Status eines religiösen Zentrums erhoben.

Obwohl König David bedauerte: „Ich wohne in einem Haus aus Zedernholz, die Lade Gottes aber wohnt in einem Zelt", sollte der Bau eines Tempels seinem Sohn Salomo vorbehalten bleiben.

„Salomo begann den Tempelbau ... fünfhundertzweiundneunzig Jahre nach dem Auszug aus Ägypten, vierzehnhundertvierzig Jahre

*Westmauer und Felsendom: Der heilige Ort bleibt stets derselbe, was wechselt, sind die Religionen.*

nach der Sintflut und dreitausendeinhundertundzwei Jahre nach der Erschaffung Adams" (Josephus Flavius). Das dürfte unserer Zeitrechnung nach etwa im Jahre 964 v. Chr. gewesen sein.

Der Tempelberg darf aus religiösen Gründen derzeit archäologisch nicht untersucht werden. Deshalb müssen wir uns auf die Beschreibungen des salomonischen Tempels im ersten Buch der Könige (Kapitel 6–7) und im zweiten Buch der Chronik (Kapitel 3–9) begnügen und die schriftlichen Befunde mit Tempelanlagen aus derselben Periode vergleichen. Daraus ergibt sich: Die Anlage bestand aus drei Teilen: dem Vestibül, das sich Richtung Osten zur aufgehenden Sonne hin öffnete, dem zweiten Raum mit dem Hauptheiligtum und dem dritten mit dem Allerheiligsten. Die geringen Ausmaße (26,5 x 8,8 x 4,4 m) lassen darauf schließen, daß der Tempel kein Versammlungsort für Menschenmassen sein sollte, sondern der Ruheplatz Gottes und seiner Insignien. Gott und der König sollten sich dort begegnen, das gemeine Volk von dieser erhabenen Zeremonie ausgesperrt bleiben.

Auch wenn dieser erste Tempel nicht besonders imposant war, so beeindruckte er doch durch seine reiche Ausstattung. Im Allerheiligsten befanden sich zwei sphinxähnliche Kerubim, die mit ihren ausgebreiteten Flügeln die darunter aufgestellte Bundeslade bewachten. Im Hauptheiligtum waren die beiden siebenarmigen Leuchter aufbewahrt. Umgeben war der Tempel von einem Vorhof, in dem sich der Opferaltar und das „eherne Meer" befanden. Es war dies ein bronzenes Becken, der Rand „gestaltet wie die Blüte einer Lilie", mit einem Durchmesser von 4,5 m und einer Höhe von 2,2 m. Das Becken, das 48 m$^3$ Wasser gefaßt haben muß und etwa 30 t schwer war, wurde von vier Rindergruppen zu je drei Kühen getragen. Es diente zum Spülen des Opferfleisches. Das „Meer" wurde, wie alle anderen Pretiosen des Tempels auch, von Nebukadnezzar nach Babylon gebracht.

Nach Vollendung des Tempels nach sieben Jahren Bauzeit konnte König Salomo zu Recht sagen: „Ich habe ein fürstliches Haus für dich gebaut, eine Wohnstätte für ewige Zeiten."

## DER HERODIANISCHE TEMPEL – WENN DIE AKROPOLIS VERBLASST

Die Geschichte hat Herodes den Beinamen „der Große" verliehen. „Groß" war er tatsächlich in allem, was er tat. Im Sinne von beispielloser Brutalität war er es als Mörder: Er ließ eine seiner Frauen töten, und er ordnete die Exekution von drei Söhnen sowie die eines Hohenpriesters, eines Ex-Königs und zweier Schwager an. Die Liste erhebt keinen Anspruch auf Vollständigkeit und berücksichtigt auch nicht die

*Die Westmauer ist einem Tabernakel vergleichbar: Beides sind Orte, an denen Gläubige meinen, daß Gott in einer besonders „verdichteten" Weise gegenwärtig sei.*

vielen Notabeln und Priester aus Jerusalem sowie die namenlosen Opfer aus der unmittelbaren Umgebung des Herrschers. Unter diesen waren Diener ebenso zu finden wie Männer und Frauen, die sich kurz zuvor noch seiner Freundschaft gerühmt hatten.

Auch scheint sich der betlehemitische Kindermord ausgezeichnet in das Bild zu fügen. Das Problem daran: Er wird von Historikern und Theologen häufig als nicht historisch eingestuft. „Groß" im Sinn von gigantisch war Herodes auch als Erbauer von Burgen und Städten. Masada, das Herodeion und Caesarea zeugen noch heute von seiner Prachtentfaltung. Über anderen, wie der Festung Machaerus oder der Stadt Ptolemais (Akko), ruht entweder der Schutt der Geschichte, oder eine reiche Überbauung hat alle Spuren verwischt.

Seine absolute Meisterleistung sollte der König der Juden, der selbst keiner war, aber erbringen, als er dem Gott seiner Untertanen einen riesigen Tempel errichten ließ. Dieser umfaßte nach seiner Fertigstellung ein Areal von 140.000 m² und war somit fünfmal so groß wie die Akropolis in Athen oder doppelt so umfangreich wie das von Kaiser Trajan erbaute Forum Romanum in Rom.

Ehe diese Ausmaße – immerhin ein Sechstel der heutigen Altstadtfläche Jerusalems – erreicht werden konnten, bedurfte es massiver Arbeiten. Im Norden mußte ein Hügel abgegraben werden, im Süden wurde eine Plattform auf bis zu 38 m hohen Säulen- und Bogenkonstruktionen errichtet. Dabei haben die Architekten keine Mühen gescheut. Sie ließen Steine in den Ausmaßen von bis zu 12 x 4 x 3 m mit einem geschätzten Gewicht von 400 t herbeischaffen.

Begonnen wurde mit dem Bau des Tempelgebäudes selbst im Jahre 20 v. Chr.; nach nur 18monatiger Bauzeit erfolgte die feierliche Einweihung. Aus diesem Anlaß stiftete Herodes 300 Rinder zum Brandopfer. Vollkommen abgeschlossen wurde das Projekt erst im Jahre 64 n. Chr. – sechs Jahre vor der Zerstörung durch die Römer. Nach Josephus Flavius sollen 10.000 Menschen beim Bau, bei der Beschaffung des Materials und bei dessen Transport Arbeit gefunden haben. Darunter auch 1000 Priester, die zu Steinmetzen und Zimmerleuten ausgebildet worden waren. Nur ihnen sollte es aus kultischen Gründen erlaubt sein, das Innerste des Tempels zu errichten.

Der Tempelbezirk war in Bereiche unterschied-

licher Heiligkeit geteilt: Der äußerste Teil nannte sich „Vorhof der Heiden". Er war im Norden, Westen und Osten von einer 1270 m langen und 13,3 m breiten säulenbestandenen Wandelhalle umgeben, im Süden wurde er von der „Königlichen Halle" (280 m) begrenzt. Dieser Vorhof, den auch Nichtjuden betreten durften, war zur Gänze mit Mosaiken ausgelegt. Die Konstruktion der „Königlichen Halle" ruhte auf 162 Säulen mit korinthischen Kapitellen. „Die Dicke einer jeden Säule war so, daß drei sich gegenseitig bei den Händen fassende Menschen sie mit den Armen gerade umspannen konnten" (Josephus Flavius). Dabei waren die Säulen so angeordnet, daß sie eine dreischiffige Basilika ergaben, deren Mittelschiff die beiden seitlichen an Höhe und Breite überragte. Im Westen wurde die Halle von einem Tor begrenzt, das zu einer Freitreppe in das Tyropoiontal führte und auf dessen Dach der Platz des Trompeters war. Bei Ausgrabungen, die von Israelis nach 1967 durchgeführt wurden, kam tatsächlich ein Stein zum Vorschein, der die Inschrift trug: „Zum Platz des Trompeters". Hier hatte also der Priester jeweils freitags am späten Nachmittag und am Samstag nach Sonnenuntergang gestanden, um mit einem Fanfarenstoß Beginn und Ende des Sabbats zu signalisieren. Am östlichen Ende wurde die „Königliche Halle" von der sogenannten „Zinne des Tempels" begrenzt. In diesem imposanten, zedernholzgedeckten Wandelgang hatten sich die Geldwechsler angesiedelt, die die säkularen römischen Geldstücke in kultisch „reine" Münzen ohne Bildnis des Kaisers eintauschten. Trotz ihrer kultischen Wichtigkeit dürften die marktschreierischen Geldwechsler so manchen frommen Juden verärgert haben. Auf jeden Fall war es bei Jesus so, von dem es beim Evangelisten Markus (11,15–19) heißt: „Jesus ging in den Tempel und begann, die Händler und Käufer aus dem Tempel hinauszutreiben; er stieß die Tische der Geldwechsler und die Stände der Taubenhändler um und ließ nicht zu, daß jemand irgend etwas durch den Tempelbezirk trug. Er belehrte sie und sagte: Heißt es nicht in der Schrift: Mein Haus soll ein Haus des Gebetes für alle Völker sein? Ihr aber habt daraus eine Räuberhöhle gemacht."
Der Abschnitt bei Markus endet mit dem Satz: „Die Hohenpriester und die Schriftgelehrten hörten davon und suchten nach einer Möglichkeit, ihn umzubringen... Als es Abend wurde,

*Westmauer: Gläubige kommen, um Gott zu loben und zu preisen, und dies aber nur an einem einzigen Tag im Jahr, um der Zerstörung des Tempels zu gedenken.*

verließ Jesus mit seinen Jüngern die Stadt." Die Wut der Schriftgelehrten richtete sich gegen den Galiläer nicht allein, weil sich dieser in Tempelangelegenheiten eingemischt hatte, sondern der Zorn hatte noch viel handfestere Gründe: Die Hohenpriester sahen sich um die Kommissionsgeschäfte betrogen, die sie mit den Händlern abwickelten. Das Indiz dafür: Die „Königliche Säulenhalle" wurde im Volksmund auch als der „Basar der Söhne des Hannas" bezeichnet. Mit Hannas ist aber jener Hohepriester gemeint, der in den Jahren 6 bis 15 n. Chr. das Amt innehatte und von dem fünf Söhne ebenfalls als Hohepriester amtierten. Einer davon war wiederum jener Hannas, der uns aus dem Neuen Testament vom Prozeß Jesu her bekannt ist. Von Josephus Flavius und auch aus rabbinischen Quellen wissen wir aber, daß die Familie des Hannas im Ruf stand, geldgierig zu sein und andere priesterliche Familien erpreßt zu haben.

Den inneren Tempelbereich (150 x 120 m) schirmte eine 1,5 m hohe Balustrade vom „Vorhof der Heiden" ab, an deren Treppen Tafeln aufgestellt waren, die jeden Nichtjuden warnten: „Kein Fremder wird innerhalb der Schranken, die das Heiligtum und den Hof umgeben, geduldet. Wer auch immer gefangen wird, ist für seinen darauffolgenden Tod selbst verantwortlich." Zwei der Tafeln wurden gefunden, in einer ist die in griechischer und lateinischer Sprache verfaßte Warnung gar in roten Buchstaben gefertigt – wohl damit sie deutlich auffällt. Eine der Tafeln ist im Rockefeller Museum in Jerusalem zu besichtigen, die zweite im archäologischen Museum in Istanbul. Ein indirekter Hinweis auf die Balustrade findet sich auch in dem Bericht über die Verhaftung des Apostels Paulus, von dem man angenommen hatte, er habe einen Heiden mit in den Tempel genommen (Apostelgeschichte 21,27–29).

Über eine Treppe und durch das „Schöne Tor" im Osten des inneren Tempelbezirks gelangte man in den „Vorhof der Frauen", der ca. 60 m im Quadrat maß und in dem 13 steinerne Opferkästen in Form von nach oben geöffneten Trompeten aufgestellt waren. In einen dieser Opferstöcke muß auch jene Witwe ihre zwei kleinen Münzen geworfen haben, von der Jesus sagt, sie habe mehr gegeben als so mancher Reiche.

Im „Vorhof der Frauen" wurde auch ein Ritual gepflegt, das bereits im Buch Numeri (5,18–28) beschrieben wird: das Trinken vom „Wasser des bitteren Wehs", mit dem überprüft werden sollte, ob eine Frau ihren Mann betrogen hatte oder nicht. Sollte durch den Genuß des Wassers ihr „Bauch anschwellen" und die „Hüften einfallen", dann war die Frau der Treulosigkeit überführt. Was bedeutete: sie war zu steinigen. Genau dies ist die Situation, die beim Evangelisten Johannes (8,3–11) in der Perikope „Jesus und die Ehebrecherin" beschrieben wird. Jesus rettet das Leben der Frau, indem er zu den umstehenden Männern sagt: „Wer von euch ohne Sünde ist, der werfe den ersten Stein auf sie."

Vom Frauenhof schritten die Männer über eine Treppenflucht von 15 geschwungenen Stufen

*RECHTE SEITE
In der Altstadt Jerusalems: Den Orient muß man sehen, spüren, riechen.*

und durch das nach seinem Spender Nikanor bezeichnete Tor in den kleinen „Hof der Israeliten". Die beiden 25 m hohen und 10 m breiten Torflügel waren aus Bronze und so schwer, daß es 20 Männer bedurfte, um sie zu schließen. Dem schmalen „Vorhof der Israeliten" (59,4 x 4,85 m) vorgelagert war der Priestervorhof (79 x 57 m) mit dem Schlachtplatz, dem Waschplatz und dem Brandopferaltar. Von letzterem vermutet man, daß er auf jenem Felsen stand, der heute vom Felsendom so prächtig umschlossen wird.

Inmitten des Hofes der Israeliten erhob sich nun – über zwölf Stufen zu erreichen – der Tempel selbst, der, dem salomonischen Vorbild entsprechend, in eine Vorhalle, ein Heiligtum und das Allerheiligste gegliedert war. In die Fassade der Vorhalle, die gigantische 44 m breit und ebenso hoch war, war eine 12 m breite und 30 m hohe Öffnung eingelassen. Dies sollte nach Josephus Flavius bedeuten, daß der „Himmel wohl verborgen, jedoch nicht verschlossen" sei. Von der Vorhalle gelangte man durch ein goldgeschmücktes Tor ins Heiligtum, dessen Wände ebenfalls mit Goldplatten verkleidet waren. In diesem befanden sich der Räucheraltar, der schwere, goldene siebenarmige Leuchter (Menora) und der goldene Tisch für die zwölf Schaubrote. Leuchter und Tisch sind übrigens auf dem Triumphbogen des Titus in Rom dargestellt.

Durch goldene, 24 m hohe und 6 m breite Türflügel sowie durch einen Vorhang von besonderer Schönheit waren nun Heiligtum und Allerheiligstes voneinander getrennt. „Vor den Türflügeln war ein Vorhang von der gleichen Länge angebracht, eine babylonische Webarbeit mit buntem Muster, nämlich aus blauem und scharlachfarbenem Woll- und Leinenzeug sowie aus Purpur, ein wahres Wunderwerk ... In das Gewebe war die Gesamtansicht des Firmaments eingewirkt mit Ausnahme des Tierkreises" (Josephus Flavius).

In das reich geschmückte Allerheiligste des Tempels durfte – außer dem Hohenpriester – „niemand seinen Fuß hineinsetzen, niemand durfte mit der Hand daran rühren oder auch nur hineinschauen". Nur einmal jährlich, am Großen Versöhnungstag (Yom Kippur), war es dem Hohenpriester gestattet, das Allerheiligste zu betreten, um hier den Namen des sonst unaussprechlichen Gottes auszurufen. Dabei besprengte er die Innenseite des prächtigen Vor-

hangs zwischen Heiligtum und Allerheiligstem mit dem Blut eines Ziegenbocks. Mit diesem Ritual sollte das Eindringen von Unreinheit vermieden werden. Eigentlich hätte im Allerheiligsten die Bundeslade ihren Platz haben sollen – sie war aber von den Babyloniern geraubt worden. Nun war die Cella des Tempels vollkommen leer.

Der ganze Tempel war aus hellem Marmor errichtet und „über und über mit dicken Goldplatten umhüllt" und von goldenen Dreiecken bekrönt, damit sich „keine Vögel einnisten und das Dach verunreinigen" könnten. Kein Wunder also, daß Josephus Flavius schwärmt: „Das Äußere des Tempels wies alles auf, was Herz und Augen staunen läßt" und: „... wenn die Sonne aufging, dann gab er einen Glanz wie Feuer von sich". In diesem so prächtigen Haus Gottes versammelten sich die Priester täglich, um Gott ihre Opfer darzubringen. Es geschah dies am Morgen, wenn die Frage bejaht werden konnte: „Reicht das Licht im Osten bis nach Hebron?" Dann gab der Älteste den Befehl, ein weibliches Lamm herbeizuschaffen, das zuvor schon an vier aufeinanderfolgenden Tagen auf seine Makellosigkeit hin untersucht worden war. Aber ehe nun das „heilige Lamm" geschächtet werden konnte, wurden durch das Los die Aufgaben unter Hunderten Priestern verteilt. Die einen hatten die Asche des Vortages vom Brandopferaltar zu entfernen und neue Holzstapel zu errichten, andere wieder sollten die Lichter in den Tempelhallen entzünden oder die Trankopfer vorbereiten. Waren alle Vorarbeiten abgeschlossen, wurde das Lamm geopfert und für den Altar zurechtgemacht. Wobei das „Sch<sup>e</sup>ma Israel" („Höre, Israel, dein Gott ist ein einziger") gesprochen wurde. Dann entschied abermals das Los, wer das Opferfleisch in Weihrauch hüllen sollte und wer es zu Füßen des gehörnten Altars und schließlich auf diesen legen durfte. Mit einem Gongschlag wurden dann all die anderen Priester gerufen, die im übrigen Tempelbezirk anwesend waren. Mit Gesang wurde die Morgenliturgie gefeiert. Dieses Zeremoniell hielt die Priester bis in die Vormittagsstunden beschäftigt, dann bereiteten sie die individuellen Opfer vor.

Der Tempel war also der Mittelpunkt der Verehrung Gottes, zu dem man jährlich dreimal pilgerte, um hier zu opfern. Er war aber darüber hinaus auch der Ort der Lehre und der Verkündigung, das Zentrum der Gesetzesbildung und der Rechtsprechung. Und er war der Ort der Disputation, wo alle Juden – ungeachtet ihrer Herkunft – ihre Fragen stellen konnten.

Man kann sich also vorstellen, welch ungeheurer religiöser, kultureller, aber auch soziologisch-politischer Schock die Einnahme und Zerstörung des Tempels im Jahre 70 n. Chr. durch die Römer gewesen sein muß. Der erste Vers aus dem Psalm 130, der täglich vor Tagesanbruch von den Priestern rezitiert wurde, sollte plötzlich einen ganz neuen Gehalt bekommen. Er lautet: „Aus der Tiefe rufe ich, Herr, zu dir: Herr, höre meine Stimme! Wende dein Ohr mir zu, achte auf mein lautes Flehen!"

*Religiöse Juden: Anstelle des Opfers tritt nach der Zerstörung des Tempels verstärkt das Gebet.*

## DAS JAHR 70 NACH CHRISTUS – DIE KATASTROPHE

„Nicht nur, daß sich Albinus in seiner Eigenschaft als Amtsperson am Vermögen eines jeden einzelnen vergriff und das ganze Volk mit Sondersteuern belegte, sondern er nahm auch Lösegeld, um dafür jene Leute ihren Familien zurückzugeben, die von den einzelnen Amtsstellen oder den früheren Statthaltern wegen Raubes ins Gefängnis gewandert waren ... Von solcher Art erwies sich Albinus, der jedoch gemessen an seinem Nachfolger Gessius Florus noch äußerst anständig erschien ... Es fehlte wenig, und Gessius Florus hätte die allgemeine Freiheit, zu rauben und zu plündern, verkünden lassen, sofern er seinen Teil dabei abbekam." Ein anderes Mal brachten Gessius Florus, den Statthalter Roms, einige unflätige Bemerkun-

*Äthiopische Nonne in Jerusalem: Vom Wunsch der Christen, dem Heilsgeschehen möglichst nahe zu sein.*

gen so sehr in Wut, daß er seinen Soldaten befahl, den „Hochmarkt Jerusalems" auszurauben. Bei dieser Aktion wurden 630 Menschen getötet. „Nicht einmal die Kleinsten wurden verschont."

So beschreibt selbst der römischen Interessen nicht immer abgeneigte Historiker Josephus Flavius im 14. Kapitel des „Jüdischen Krieges" die Politik der römischen Statthalter, die zwischen den Jahren 62 und 70 n. Chr. Jerusalem regierten. Von der „Pax Romana" war man weit entfernt. Die Provinz war offenbar zu einem Selbstbedienungsladen für raffgierige Karrieristen heruntergekommen.

Die Mißachtung der jüdischen Kultur und zugleich die Bevorzugung der hellenistischen Einflüsse, die sich ständig wiederholende Plünderung des Tempelschatzes sowie die allgemeine Unfreiheit führten zu einer Opposition im Volk, deren Ziel es war, die römische Vorherrschaft zu beenden. Aus der Revolte der Zeloten („Eiferer") erwuchs bald der „Jüdische Krieg", der 66 n. Chr. in Caesarea ausbrach, mit der Zerstörung Jerusalems im Jahre 70 seinen Höhepunkt und mit der Einnahme Masadas (73 n. Chr.) sein Ende fand.

Einer der Führer des Aufstandes war der Priester Joseph Ben Mattatias, der später in Galiläa gefangengenommen und danach unter dem Namen Josephus Flavius zum bedeutendsten Chronisten seiner Zeit wurde.

Es war den rebellierenden Juden zwar einsichtig, daß sie den Kampf gegen das übermächtige Rom nicht allein gewinnen konnten, sie hofften aber, daß es auch in anderen unzufriedenen Provinzen zu Aufständen kommen würde. Zudem erwarteten die Juden einen erneuten Angriff der Parther sowie eine entlastende Revolte der großen jüdischen Gemeinde in Ägypten.

Die Hoffnungen auf Unterstützung sollten sich zum Teil gar nicht, zum Teil erst zu spät erfüllen. So brach der allgemeine Aufstand gegen Nero erst zwei Jahre nach Beginn des Jüdischen Krieges aus. Und dies war zu spät, um den Kampf um Palästina einen anderen Ausgang nehmen zu lassen. Zudem erwies es sich von jüdischer

Seite als taktisch falsch, den Römern auf offenem Feld zu begegnen. Als man diesen Fehler erkannt hatte, zog man sich in die Festungen des Landes zurück, deren Ende eine bloße Frage der Zeit war. Einen – vielleicht erfolgreichen – Guerillakrieg zu führen mißfiel allerdings den unter sich zerstrittenen Strategen der Juden.

Der Kampf war von Anfang an ein äußerst ungleicher. Insgesamt hatten die Römer im Osten neun Legionen konzentriert; samt den Hilfstruppen kam man auf etwa 100.000 Krieger. Von diesen dürfte der von Kaiser Nero mit der Niederwerfung des Volksaufstandes beauftragte Feldherr Flavius Vespasian etwa ein Drittel befehligt haben.

Vespasian rückte vom Süden Syriens mit zwei Legionen gegen die Unruheprovinz vor: mit der fünften Legion, der „Macedonia", und der zehnten Legion, der „Fretensis". Verstärkung erhielt er noch von seinem Sohn Titus, der von Ägypten aus mit der fünfzehnten Legion, der „Deiotariana", anrückte. Waffenhilfe sollte den Römern noch von lokalen Herrschern zuteil werden. Dadurch stieg die Zahl der Kämpfer auf etwa 32.000 Infanteristen, 10.000 Bogenschützen und 10.000 Kavalleristen an. Gegen diese enorme Übermacht versuchte der wenig organisierte Widerstand der Juden zu kämpfen, der nur leicht und unzureichend bewaffnet war. Im Jahre 67 marschierten die Römer in Galiläa ein, wo es ihnen innerhalb weniger Wochen gelang, die Städte in ihre Gewalt zu bekommen. Daß es relativ lange – bis in den Mai des Jahres 70 – dauerte, bis Jerusalem angegriffen wurde, hing mit Machtkämpfen in Rom zusammen.

Vespasian war im Jahre 69 zum Kaiser ausgerufen worden, den Oberbefehl über die römischen Truppen hatte sein Sohn Titus inne. Und diesem gelang dann auch die Einnahme Jerusalems; das Ende hatte sich aber schon lange vorher abzuzeichnen begonnen. Nämlich als zwei rivalisierende Gruppen, der von den Pharisäern unterstützte Johannes und der von den Sadduzäern beklatschte Simon Ben Giora, begannen, in der Stadt einen Bürgerkrieg zu führen. Es war dies ein Kampf, der mit gnadenloser Härte auf dem Rücken der Bevölkerung ausgetragen wurde. Zu alldem kamen noch die psychischen Qualen. Die Rammböcke an den Mauern der belagerten Stadt dröhnten Tag und Nacht und ließen den Boden vibrieren, die schweren, vom Ölberg gegen die Stadt katapultierten Steinkugeln brachten vielfache Zerstörung.

*Pater Noster-Kirche am Ölberg: Wo das „Vater unser" in 62 Sprachen an den Wänden zu finden ist.*

Zunächst waren diese Steinkugeln noch relativ leicht auszumachen, da sie sich gegen den dunklen Hintergrund des Ölbergs abhoben und man ihnen leicht ausweichen konnte. Als die Römer dessen gewahr wurden, begannen sie die Geschosse dunkel einzufärben, so daß man ihr zischendes Pfeifen erst in dem Augenblick hören konnte, als es zur Flucht schon zu spät war.

Viele Menschen waren nach Josephus Flavius so geschwächt, daß sie über den Leichen ihrer Familienangehörigen, die sie begraben wollten, selbst völlig ermattet zusammenbrachen. Der Hunger, der Durst, der entsetzliche Geruch der Leichen in der Hitze des Sommers und über all dem die rivalisierenden Gruppen in und die Belagerer vor den Mauern der Stadt – es muß eine wahrlich verzweifelte Situation gewesen sein. Wenn sich jemand dennoch stark genug fühlte, um zu flüchten, dann erwartete solch eine erbärmliche Gestalt nicht das Mitleid, son-

dern die Härte der Römer: die Todesstrafe durch Kreuzigung. Titus ließ nämlich alle Juden, die sich zu ihm zu retten vermochten, hinrichten, weil er befürchtete, es könnten unter ihnen auch Spitzel sein.

Titus wußte über die Vorgänge in der Stadt sehr genau Bescheid, denn er hatte am Berg Skopus im Nordwesten sein Lager aufgeschlagen. Von dort konnte er die Verteidigungsvorbereitungen innerhalb der Mauer einsehen. So glaubte er, daß es am vorteilhaftesten sei, die Stadt vom Norden her zu bestürmen. Nach Überwindung dreier Mauern standen die Römer schließlich in der von Herodes erbauten Festung Antonia, die sie zerstörten, wodurch es ihnen leichter gelang, die Außenhöfe des Tempels unter ihre Kontrolle zu bringen.

Über die weitere Vorgangsweise der Römer gibt es zwei Quellen. Die eine, eine römische, besagt, daß Titus den Tempel zerstören wollte. Bei Josephus Flavius hingegen liest man, daß Titus dieses großartige Bauwerk retten wollte und daß es die Juden zuletzt selbst in Brand gesteckt hätten.

Aber selbst nach der Zerstörung des Tempels war die Stadt noch nicht ganz in römischer Hand. Noch verbargen sich die Rebellen im Westen Jerusalems, um dann bald in den Süden zu fliehen. Was die römischen Soldaten veranlaßte, ihnen zu folgen und ganze Viertel niederzubrennen. „In die Häuser, in denen sie zufluchtsuchende Kämpfer vermuteten, warfen sie Brandfackeln. Sie legten die Häuser samt allem, was darin war, in Schutt und Asche. Wenn sie in ein Haus einbrachen, sahen sie ganze Familien, die tot dalagen. Sie waren verhungert. Auch die Dächer waren bedeckt mit Verhungerten. Die Römer entsetzten sich über den Anblick derart, daß sie oft die Häuser wieder verließen, ohne etwas anzurühren. Hatten die Legionäre Mitleid mit den Toten, so waren sie unbarmherzig mit den Lebenden, gleichgültig, ob sie Kämpfer waren oder nicht. So waren die Gassen bald unpassierbar vor lauter Leichen. Erst gegen Abend wurde weniger gemordet. Die Feuersbrunst aber raste die ganze Nacht hindurch."

Ein Vierteljahr sollten Belagerung und Kampf um die Stadt dauern. Zu Beginn, so glauben Historiker, sei Jerusalem von 60.000 Menschen bewohnt gewesen, am Ende nur mehr von der Hälfte.

Auch was mit den Überlebenden geschah, beschreibt Josephus Flavius: „Die Rebellen und Banditen, die sich samt und sonders gegenseitig beschuldigten, ließ er umbringen. Die schönsten und größten Jünglinge jedoch wählte er sich aus, um sie beim Triumphzug zu verwenden. Von den restlichen Gefangenen schickte Titus jene, die schon über 17 Jahre alt waren, in die Bergwerke von Ägypten, den größeren Teil aber machte er den einzelnen Provinzen zum Geschenk, wo sie dann bei Theaterspielen durchs Schwert oder durch wilde Tiere ihr Ende finden sollten. Wer noch nicht 17 Jahre alt war, wurde verkauft."

Die Stadt selbst aber ebnete Titus so sehr ein, daß „fremde Besucher keine einstige menschliche Siedlung" mehr hätten ausmachen können. Zwei Baureste erinnern heute noch an diese Katastrophe: das „verbrannte Haus" im jüdischen Viertel der Altstadt und jene Mauer des Tempels, die zum Beweis der einstigen Pracht des Gotteshauses erhalten bleiben sollte – die Westmauer.

# DIE WESTMAUER – MEHR ALS NUR EINE KLAGEMAUER

Kann man Dieben auch dankbar sein? David Rubinger kann. „Denn hätten damals nicht zahlreiche Fotografen-Kollegen mein Bild um ein paar Dollar gekauft, es mit ihren Stempeln versehen und es weltweit an ihre Zeitungsredaktionen verschickt, wer weiß, ob es jemals so bekannt geworden wäre." Das Bild, von dem der in Wien geborene Israeli Rubinger spricht: Die drei Soldaten an der Westmauer unmittelbar nach der Einnahme der Altstadt Jerusalems im Juni 1967. „Da und dort waren noch jordanische Scharfschützen, und dennoch nimmt einer der drei Soldaten den Helm ab. Aus Ehrfurcht, aber wider jede Vernunft."
Obwohl diese Soldaten keineswegs religiös waren, ist ihnen das spirituelle Empfinden anzusehen. Der Glanz in den Augen, die Ehrfurcht, dem Tempel nahe zu sein, das Bewußtsein, zu den ersten Juden zu gehören, die nach langen 19 Jahren die Westmauer erreichten.
Dieses Bild gibt wie kaum ein anderes die Gefühle der Israelis wieder. Es ist beinahe so etwas wie eine Staatsikone. Jedermann kann sich damit identifizieren, keiner übt Kritik.
Die Westmauer des im Jahre 70 n. Chr. zerstörten Tempels: Sie ist ein nationales, suprareligiöses Symbol. Hierher kommt man, um zu beten, weil man glaubt, daß Gottes Gegenwart auf Erden an oder in der Mauer ruht. Hier versammelt man sich aber auch, um Soldaten anzugeloben oder Manifestationen abzuhalten.
Wenn Reisende selbst erleben wollen, daß die Mauer mehr ist als nur eine Klagemauer, dann müssen sie am Montag- oder auch am Donnerstagmorgen kommen. Wenn nämlich erwachsene Männer einen Zwölfjährigen feiern, der soeben ein „Bar Mitzwa", ein „Sohn des Gesetzes", geworden ist. Dabei legen sie ihm erstmals in seinem Leben die Teffilin, die Gebetsriemen, um. Freude ist es über den jungen Mann, der nun religiös volljährig geworden ist und der künftig einer der zehn Männer sein kann, deren es bedarf, um einen Gottesdienst in der Synagoge halten zu können.
Sind es Juden aus dem Jemen, Marokko oder sonstigen sephardischen Ländern, dann ist das Fest ein besonderes. Sie feiern impulsiv, tanzen und singen dabei jene Lieder über Israel, die auch Fremde so gerne hören: „David, melek Israel" – „Der König David, er möge leben, lang soll er leben." Und die Frauen, denen das Betreten der „Männerseite" der Mauer untersagt ist, klatschen von draußen dazu.
Plötzlich versteht man auch ohne Erklärung, warum der Ausdruck „Klagemauer" schlichtweg falsch ist.
Aber auch an den übrigen Tagen der Woche ist die Liturgie nicht, wie es der Ausdruck vermuten ließe, der Zerstörung des Tempels gewidmet. Nur einmal im Jahr, am neunten Tag des Monats Ab, kommt man hierher, um der Zerstörung des salomonischen und auch des herodianischen Tempels zu gedenken. Die übrige Zeit versammeln sich Juden hier, um Gott zu preisen, ihm zu danken und um ihm ihre Anliegen vorzutragen. Häufig tun sie das nicht nur mündlich, sondern sie schreiben ihre Bitten auch auf Zettel, die sie in die Ritzen der Mauer stecken.

*Die ersten Israelis im Sechs-Tage-Krieg 1967 an der Westmauer: Vom Bewußtsein erfüllt, dem Tempel nahe zu sein.*

*Zettel in den Ritzen der Westmauer: Gott hat viele Bitten zu erfüllen.*

Auffällig ist, daß so mancher Betende mit seinem Körper vor und zurück wippt. Einige tun es bedächtig, andere nahe der Ekstase. Wenn man sie nach dem Grund fragt, dann ist die Antwort meist unbefriedigend: „Weil es so üblich ist." Die Erklärung findet sich allerdings in der Tora, in der es heißt, daß beim Gebet nicht allein Geist und Seele, sondern der ganze Mensch, also auch der Körper, Gott lobpreisen solle. Auf eine zweite Begründung stößt man, wenn man des Hebräischen mächtig ist. Denn nur dann kann man die Rhythmik der Psalmen verspüren, die Menschen in Bewegung zu versetzen vermag.

Ebenso unterschiedliche Antworten bekommt man auf die Frage, warum männliche Juden beim Gebet das Haupt bedecken. Die einen sagen, damit man stets Gottes Präsenz über sich spürt, andere meinen: „Damit der Geist nicht in unerlaubte Höhen vordringt." Und die Historiker beantworten die Frage so: „Weil das bedeckte Haupt im römischen Reich stets ein Zeichen der Freiheit war und Sklaven barhäuptig zu sein hatten."

Die Gesamtlänge der Westmauer des herodianischen Tempels beträgt 488 m, von denen 80 m zum Gebet freigegeben sind. Die Höhe beläuft sich auf etwa 18 m, die untersten 11 Steinschichten stammen aus herodianischer Zeit, die oberen kleinen Steine sind aus dem 16. Jh. Unter dem heutigen Niveau sind noch weitere 19 herodianische Schichten verborgen.

Wenn das Hotel nicht zu weit entfernt und man nicht allzusehr Angst vor den düsteren Gassen der Altstadt hat, dann lohnt sich der Besuch der Westmauer besonders in den Abendstunden.

# ES GIBT IHN NICHT MEHR: DEN ANTISEMITEN

„Ich bin fest davon überzeugt, daß es überhaupt keinen Sinn hat, Artikel gegen den Antisemitismus zu schreiben. Es würde nicht mehr nützen als das Rasiermesser dem Bart: Es schafft für eine kurze Zeit weg, was an der Oberfläche ist, verstärkt aber sein Wachstum. Viele Tausende hervorragende Denker der Menschheit haben ihre Stimme gegen den Judenhaß erhoben, doch haben sie damit nichts erreicht."

Pál Bodor, Journalist und Mitglied des ungarischen Pen-Clubs, mag ein Kulturpessimist sein. Doch leider hat er recht. Einem diffusen, latent vorhandenen Gefühl wie dem Antisemitismus, der oft unerwartet und eruptiv aufstößt, um dann wieder lange Zeit zu verschwinden, ist argumentativ nicht beizukommen.

Das Gefühl ist nicht zu fassen, weil es ihn gar nicht gibt, der es vertritt: den Antisemiten. Obwohl ich bei zahlreichen Vorträgen über Israel und das Judentum mit Aussagen konfrontiert wurde, die lauteten: „Die Juden sind intelligenter als die Christen" oder „Die Juden haben schon immer das Kapital verwaltet und kontrollieren heute die Weltpresse", bin ich doch nie einem Antisemiten begegnet. Zwar trifft man heute auf Kritiker der Juden – Kritik wird ja wohl erlaubt sein? – oder man diskutiert heftigst mit Gegnern des Staates Israel. Aber ein Antisemit – so einer ist mir nie untergekommen. Es scheint sich also um eine aussterbende Spezies zu handeln. Der Antisemitismus selbst ist es leider nicht.

Wenn man aber an Personen nicht die Frage nach antijüdischen Gefühlen, sondern verklausuliert nach der eigenen jüngsten Vergangenheit stellt, dann ergibt sich ein ganz anderes Bild. „Es sei doch endlich an der Zeit, mit der ewigen Vergangenheitsaufrechnerei aufzuhören", sind die Kommentare, wenn TV-Filme zum Nationalsozialismus ausgestrahlt werden (die Ausnahme bildet der von Steven Spielberg gedrehte Film „Schindlers Liste", der weniger erregt, zeigt er doch endlich den Typ des „guten Deutschen"). Wird hingegen eine Serie zur Vertreibung der Deutschen aus Böhmen und Mähren gesendet, wird dies keineswegs als „Wühlen in alten Geschichten" empfunden, sondern als Information. Der traditionell-religiös motivierte Antijudaismus äußerte sich einst in Anschuldigungen, die vom Gottesmord und Ritualmord über Brunnen-

*Der Antisemitismus trifft junge und alte Juden, Frauen und Männer in gleichem Maß.*

vergiftungen bis zu den Hostienschändungen reichten. Und der rassische Antisemitismus zieh die Juden unter anderem, die Drahtzieher des Kommunismus und zugleich die Geldsäcke des Großkapitals zu sein. Die Post-Holocaust-Version hingegen ist diffiziler. Sie äußert sich in dem Satz, daß es keinen Antisemitismus mehr gibt. Daß die Leugnung des Antisemitismus bereits der Beweis für diesen ist, klingt wie ein bloßes Paradox. Es läßt sich jedoch durch den stillschweigend mitgedachten und oft auch ausgesprochenen Zusatz auflösen: „Es gibt keinen Antisemitismus mehr, und nur die Juden sind daran schuld, daß er uns noch immer vorgeworfen wird."

Legt man tiefe seelische Verletzung, verbunden mit körperlichem Schmerz, wie sie die Verfolgten des NS-Regimes millionenfach erfahren mußten, auf das Beispiel einer vergewaltigten Frau um, dann verstehen plötzlich viele: Das Opfer muß verzeihen und nicht der Täter. Es fällt keinem gewalttätigen Mann ein, zu der von ihm geschändeten Frau zu sagen: „Jetzt reicht es aber, du warst mir lange Zeit böse genug."

Die Normalisierung zwischen Juden und Nicht-

*Ist der Antijudaismus vielleicht nur eine Kompensation unreifer Charaktere, die glauben, kulturell oder religiös unterlegen zu sein?*

juden, zwischen Israel und jenen Ländern, von denen der Nationalsozialismus ausging, ist erstrebenswert. In bezug auf die Geschichte zwischen 1933 (bzw. 1938 in Österreich) und 1945 wird die Besonderheit der Beziehung nicht rasch zu übergehen sein. Sie darf aber unter keinen Umständen nur auf diesen Zeitraum beschränkt werden.

Auch wenn der Appell an die Vernunft des Menschen – siehe Pál Bodor – nicht die erwartete Wirkung zeigt, welch anderen Weg als den der immerwährenden Aufklärung kann es sonst geben? Schweigen? Das wäre wohl der leichteste Sieg, den man den Judenhassern schenken könnte.

Friedrich Heer, österreichischer Historiker und Katholik, schrieb im Vorwort zu seinem 1967 erschienenen Buch „Gottes erste Liebe": „Auschwitz und ... auch Hiroshima und seine Todesenkel beruhen auf eineinhalbtausendjährigen erlauchten theologischen Traditionen der Kirche." Ein massiver Vorwurf, den es zu prüfen gilt.

Antijudaismus gab es schon vor dem Christentum. Der Grund ist ein einfacher: die gesellschaftliche Absetzung der Juden gegenüber den Römern, um als kleine Gruppe ihre Identität zu wahren. Das Aufgehen in der „Pax Romana" hätte zweifelsohne Assimilation und den Verlust der Eigenständigkeit bedeutet.

Jene, die anders sind als die anderen, werden zunächst vielleicht noch mit Neugierde betrachtet, häufig folgt darauf aber die Ablehnung. Dieselben Mechanismen, die schon Feindseligkeiten gegen die Juden hervorgebracht haben, sollten auch den jungen Christen schwer zu schaffen machen. „An jeder Katastrophe des Staates, an jedem Mißgeschick dieser Welt sollen sie die Schuld tragen", schreibt der Kirchenvater Tertullian um das Jahr 200. „Wenn der Tiber die Mauern überflutet, wenn der Nil die Felder nicht überflutet, wenn der Himmel sich nicht rührt, wenn die Erde sich bewegt, wenn eine Hungersnot, wenn eine Seuche wütet, dann schreit man gleich: Christianos ad leonem! (Christen vor den Löwen!) – So viele vor einen einzigen?"

Das Christentum kämpfte bis zu seiner Tolerierung durch Kaiser Konstantin im frühen 4. Jh. an zwei Fronten: Einerseits gegen die Römer, die es verboten und auch verfolgten, andererseits gegen die Juden. War das eine ein Kampf um die Macht, so war das andere eine Frage der theologischen Auseinandersetzung. Das Christentum, aus jüdischem Nährboden entstanden, mußte sich von diesem absetzen. Das war ein Abnabelungsprozeß, von dem die meisten Kirchenväter glaubten, daß er sich durch die Substitutionslehre am erfolgreichsten verwirklichen ließe. Diese besagt nichts anderes als: Die Kirche ist das neue Israel. Sie hat das Judentum im Heilsplan Gottes endgültig abgelöst.

Wenn wir von „Substitution" sprechen, dann muß man zwei Elemente auseinanderhalten, ohne diese zu trennen. Erstens muß jemand von einem bestimmten Platz abtreten bzw. entfernt werden, zweitens muß jemand anderer diese Stelle übernehmen. Dieses theologische System vertritt erstmals Justin von Nablus († 165), der lehrt: „Die wahre Rasse nach dem Geiste ..., das sind wir (Christen), die der gekreuzigte Jesus zu Gott geführt hat." Nach Lactantius († um 320) wurde das jüdische Volk gar verstoßen: „Ihren Platz haben wir geerbt, die wir aus den Heiden berufen wurden." Niemand aber formuliert so scharf wie der hl. Chrysostomus, der in seinen im Jahre 387 in Antiochia gehaltenen acht Predigten gegen die Synagoge wettert: „Nenne einer sie Hurenhaus,

Lasterstätte, Teufelsasyl, Satansburg, Seelenverderb, jeden Unheils gähnenden Abgrund oder was immer, so wird er noch weniger sagen, als sie verdient hat." Und gegen die Juden bringt er vor: „Bevor sie den Herrn umbrachten, hatten sie noch Hoffnung auf Heil …, nachdem sie aber den Heilbringer umgebracht haben, ist für sie alle Hoffnung geschwunden." – „Kein einziger Jude betet Gott an", auch sind die Juden „unheilbar". – „Es ist klar, daß Gott sich endgültig von euch abgewendet hat, es ist offensichtlich, daß er seinen Zorn und die endgültige Ablehnung zeigt."

Mit dem letzten Satz wird ein Mechanismus theoretisch grundgelegt, der bereits ein Jahr später erstmals zur Anwendung kommen und bis in die Gegenwart bestimmend bleiben sollte: Nämlich, daß die Juden, was immer auch geschieht, selbst an ihrem Unglück schuld sind. Der selbstverschuldete „Zorn Gottes" sollte sich erstmals 388 zeigen, als in Kallinikon, einer kleinen Stadt am Euphrat, die Synagoge brannte. Die Brandstifter waren in den Reihen der Christen zu suchen. Als Kaiser Theodosius die Bestrafung der Übeltäter und die Wiedergutmachung des Schadens forderte, erhob niemand Geringerer als der hl. Ambrosius seinen Protest. Er war ein angesehener Bischof in der kaiserlichen Residenzstadt Mailand und ein Lehrer des hl. Augustinus. „Ich erkläre, daß ich die Synagoge in Brand gesteckt, ja, daß ich ihnen dazu den Auftrag gegeben habe, damit kein Ort mehr sei, an dem Christus geleugnet wird."

Daß die Synagoge brannte, war ein mehr als nur betrübliches Zeichen, es scheint aber ein wenig der allgemeinen Grundbefindlichkeit der Zeit entsprochen zu haben, denn auch Juden zerstörten Kirchen in Damaskus, Gaza, Askalon, Beirut und Alexandria. Was hingegen viel mehr aufrütteln sollte, ist das dahinterstehende Gedankengebäude: Christen begehen eine Gewalttat, die Schuldigen aber sind die Opfer. Denn sie haben ja zuvor das viel größere Verbrechen begangen: den Gottesmord.

Übrigens, der hl. Ambrosius setzte sich gegen den Kaiser durch, die Täter brauchten keine Wiedergutmachung zu leisten und wurden auch nicht verurteilt. Und er selbst kommentierte: „Das Recht der christlichen Frömmigkeit steht über jedem staatlichen Recht."

Waren die antijüdischen Äußerungen bis ins 3. Jh. ohne gravierende gesetzliche oder staatsrechtliche Auswirkungen geblieben, so sollte sich dies im 4. Jh. deutlich ändern. Der bereits erwähnte Kaiser Theodosius hatte nämlich im Jahr 380 das Christentum zur Staatsreligion gemacht. Darin sah die Kirche einen Sieg, den es zu nutzen galt. Und zwar, indem man versuchte, die antijüdische Theologie in die Formulierung staatlicher Gesetze einfließen zu lassen. Was war dann aber der Grund gewesen für die Schärfe der antijüdischen Verbalinjurien zu einer Zeit, als das Christentum selbst noch verfolgt worden war? Wahrscheinlich, so meinen Theologen, war es der Status des Judentums, das im römischen Reich als „religio licita" (erlaubte Religion) galt. Offenbar lag für viele Judenchristen die Verlockung nahe, sich in Zeiten der kirchlichen Verfolgung wieder der Synagoge zuzuwenden, über der der Schutz des Staates lag.

Das Spektrum der Anschuldigungen gegen das Judentum ist breit. Der Urgrund eines jeden christlichen Antijudaismus liegt aber in dem Vorwurf, den Bischof Meliton von Sardes im ausgehenden 2. Jh. folgendermaßen formuliert: „Getötet hast du, Israel, den Herrn inmitten Jerusalems." Es ist dies die denkbar schwerwiegendste Anschuldigung; dementsprechend zeigte sie auch Wirkungsgeschichte. Nicht selten

*Eine immer neue und doch so alte Frage: Sind Juden am Haß gegen sich auch selbst schuld?*

brannten an Karfreitagen Synagogen, nicht selten erschallte gerade in der Karwoche der Ruf: „Unser Kampfgeschrei sei hepp, hepp, hepp! Aller Juden Tod und Verderben, Ihr müßt fliehen oder sterben!"

Es gibt eine Reihe verschiedenster philosophischer und theologischer Entgegnungen zu dem Vorwurf, die Juden hätten den Sohn Gottes getötet. Halten wir uns an eine geographisch-historische Erklärung, die sehr einfach ist und die jeder Israel-Reisende selbst überprüfen kann. Sie wurde von dem Theologen und Judaisten Clemens Thoma entwickelt und findet sich in Franz Mußners Buch „Traktat über die Juden". Dort heißt es: „Außerdem ist es schlechthin unmöglich, daß das ganze Volk der Juden mit den Hohenpriestern und den Ältesten vor Pilatus versammelt war. Als Ort kommt (zwar nach heute umstrittener Tradition) hierfür ein mit Kalkstein belegter Innenhof von ca. 2500 Quadratmetern in der Burg Antonia in Frage. Entsprechend der Bodenfläche des Hofes könnten in diesem höchstens 4000 bis 5000 Menschen Platz gefunden haben. Nach vorsichtig angestellten Berechnungen ist anzunehmen, daß Jerusalem zur Zeit Jesu ungefähr 25.000 bis 30.000 Einwohner zählte, daß aber zur Osterfestzeit infolge des Pilgerstroms aus der ganzen jüdischen Diaspora jeweils rund 180.000 Menschen in Jerusalem weilten. Der Volkshaufen vor Pilatus, von dem Matthäus berichtet, könnte also 2 bis 3 Prozent aller zu diesem Zeitpunkt in Jerusalem befindlichen Menschen ausgemacht haben."

Daran schließen sich zwei Fragen: Wie kann man als Gegner der Kollektivschuld – und als solcher versteht sich der überwiegende Teil der Deutschen und Österreicher – über zwei Jahrtausende hinweg noch die Juden für den Tod Jesu von Nazaret verantwortlich machen? Und wie können Christen so viele Vor-Urteile und so wenig Kenntnis ihrer eigenen Bibel haben, in der geschrieben steht: „Er (Jesus) ist die Sühne für unsere Sünden, aber nicht nur für unsere Sünden, sondern auch für die der ganzen Welt" (1. Johannesbrief 2,2).

Es ist modern geworden, christliche Judenverachtung zu thematisieren und sich mit einem billigen antikirchlichen Affekt in die Bestsellerlisten zu pushen. Zugleich ist diesen Autoren sehr daran gelegen, jüdische Anfeindungen gegenüber Christen zu unterschlagen. Wenn ich hier darauf eingehe, dann keineswegs, um aufzurechnen oder gar um das Judentum zu „entlarven", sondern um jenen Kritikern einen Riegel vorzuschieben, die meinen, die negativen Seiten des Judentums würden aus irgendwelchen dubiosen Schuldgefühlen heraus ohnehin immer verschwiegen.

Im Sinne der Ausgewogenheit gilt es also, beide Seiten darzustellen. Nicht vergessen darf allerdings die Wirkungsgeschichte des christlichen Antijudaismus werden, der in den völkischen und rassischen Antisemitismus Eingang gefunden hat. Herr Hitler konnte seinem Selbstverständnis nach zu Recht an Pius XII. schreiben: „Wir setzen nur die Arbeit der katholischen Kirche fort."

An ihren übermächtigen Feinden konnten sich die Juden nicht durch Taten rächen – also wählten sie den Weg des Wortes. So vermehrten sich Märchen und Legenden, die von Haß und Feindschaft und oft von beißendem und stechendem Spott über das Christentum und seine Gründer erfüllt waren. Die berühmteste derartige Geschichte, eine Schöpfung der Volksphantasie, die im 5. Jh. erstmals in Buchform vorgelegen haben dürfte, ist die Erzählung „Toledot Jeschu". Ihr stark verkürzter Inhalt: Jochanan, ein „Torakundiger", verlobt sich mit Mirjam aus Betlehem. Doch das „bescheidene und sitt-

*Fluch der Kollektivschuld? Verantwortlich für eine Tat, die sie nicht begangen haben.*

same Mädchen" gefällt auch dem bösen Pandera, der in einer Sabbatnacht während der Menstruation zur ihr kommt. Mirjam hält den Mann für ihren Bräutigam und gibt sich nach vergeblichem Widerstand diesem hin. Sie wird daraufhin schwanger, und nachdem Jochanan nicht beweisen kann, daß er nicht der Vater ist, flieht er nach Babylonien. Jeschu, wie der „Bastard" genannt wird, lernte zwar die Tora, er hatte aber keinerlei Respekt vor den Rabbinern und zog nach Obergaliläa, wo er zahlreiche Wunder vollbrachte und viel Volk abtrünnig machte. Der Zauberei und Irreführung beschuldigt, wird er dann zum Tode verurteilt. Am Tag vor dem Pessah-Fest, das auf einen Freitag fiel, hängen die Weisen Israels Jeschu an einen Kohlstengel. Warum an einen Kohlstengel? Jeschu hatte zu Lebzeiten nämlich alle Bäume beschworen, seinen Körper, wenn man ihn hängen wolle, nicht anzunehmen. Sein Leichnam wurde noch vor Beginn des Festes abgenommen und sofort begraben. Aber Jehuda, der Gärtner, holte ihn aus dem Grab, warf ihn in einen Wasserkanal seines Gartens und ließ Wasser darüberfließen. „Als seine Jünger kamen und den Leib nicht mehr im Grabe fanden, verkündeten sie, daß Jeschu von den Toten auferstanden sei." Das eigentlich Interessante an dieser Geschichte:

*Orthodoxe Juden prüfen, ob Früchte rituell rein oder unrein sind: Die religiösen Rituale der Juden waren schon immer bevorzugte Angriffspunkte ihrer Feinde.*

### DIE MUNITION LAG SCHON LANGE BEREIT

Jede Heirat zwischen Christ und Jude ist dem Ehebruch gleichzustellen.

Aus dem Codex Theodosianus um das Jahr 427

Eheschließungen zwischen Juden und Staatsangehörigen deutschen oder artverwandten Blutes sind verboten. Trotzdem geschlossene Ehen sind nichtig, auch wenn sie zur Umgehung dieses Gesetzes im Ausland geschlossen wurden.

§ 1 des Gesetzes zum Schutz des deutschen Blutes und der deutschen Ehre, 1935

\*\*\*

Vom Gründonnerstag an vier Tage lang dürfen die Juden nicht unter den Christen erscheinen.

Kanon 30 der dritten Synode zu Orleans (538 n. Chr.)

Juden bedürfen zum Verlassen ihrer Wohnung und zur Benutzung von Verkehrsmitteln besonderer Erlaubnis.

NS-Gesetz vom 10. Oktober 1941

Die Erzählung leugnet nie etwas von den Worten der Evangelisten, sondern sie versieht bloß vieles mit negativen Vorzeichen.

So sehr diese Geschichte auch dazu angetan sein mag, religiöse Gefühle zu verletzen, so sehr ist sie nur eine Einzelerzählung geblieben, die sich Juden zum Beweis der Lächerlichkeit des Christentums weitergaben. Sie zeigte aber nie eine große Wirkungsgeschichte.

Ein System kann man hingegen in dem 18-Bitten-Gebet sehen, das seit rund 2000 Jahren, und eben auch heute noch, mehrmals täglich gebetet wird. In der zwölften Bitte (Berakha) heißt es: „Den Verderbten sei keine Hoffnung. Alle Ketzer und Verräter mögen wie ein Augenblick zugrunde gehen! Entwurzle und zerbrich das Reich der Überheblichkeit schnell in unseren Tagen! Gelobt seist du, Ewiger, der die Feinde zerbricht und die Überheblichen niederhält."

Dieses Gebet, das nach neueren Erkenntnissen in die vorchristliche Zeit zurückgeht, wurde auf der Synode von Yavne im Jahre 90/100 n. Chr. von den pharisäischen Rabbinern möglicherweise so redigiert, daß es die Judenchristen aus der Synagoge ausschloß. Deswegen heißt es auch in manchen Versionen des Ketzersegens: „Die Nazarener und die Ketzer mögen wie ein Augenblick zugrunde gehen." Auch wenn die Christen ausdrücklich Erwähnung finden, so gehen Historiker davon aus, daß zu diesem Zeitpunkt nicht diese, sondern radikale Messianisten, gnostizierende Juden oder solche, die die rabbinische Lese- und Gebetsordnung nicht anerkannten, viel gefährlicher für das orthodoxe Judentum waren.

Gegen wen sich also die zwölfte Bitte auch immer richtet und wenn sie auch, durch die Verpflichtung, sie täglich zu beten, zum System wurde – so ist sie doch nicht zur Gefahr angewachsen. Denn die rabbinischen Gemeinden wollten – im Gegensatz zur byzantinischen Kirche – nicht selbst gegen ihre inneren und äußeren Feinde in den Kampf ziehen. Sie überließen dies ganz Gott: „Gelobt seist du, Ewiger, der die Feinde zerbricht..."

Um zu dem Titel „Es gibt ihn nicht mehr: den Antisemiten" nicht von der falschen Seite mit Beifall bedacht zu werden, eine abschließende Mutmaßung, die sich ebenfalls bei dem eingangs erwähnten Pál Bodor findet: „Manche behaupten, der Unterschied zwischen einem Antisemiten und einem Nicht-Antisemiten bestehe nur darin, daß der erste aufrichtiger ist."

# DER CHRISTEN JERUSALEM – IM HIMMEL UND AUF ERDEN

Leise wimmert er vor sich hin. Nur wenn die Peitsche des Soldaten auf ihn niedergeht, schwillt das im Stakkato gepreßte „ah" zu einem gezogenen und deutlich vernehmbareren Ton an. Verhalten bleibt es allemal, denn auch Christus hat alle Leiden mit großer Geduld ertragen.

Nur Jeffs Vater muß mit der Videokamera näher heran. Sonst funktioniert das mit dem Ton nicht. Und Jeff würde man dann später zu Hause in Washington D. C. am TV-Schirm nur leiden sehen, nicht aber hören. Zudem übertönt an der Ecke Via Dolorosa und El-Wad-Straße gerade der Imam mit seinem „Allahu akbar" das Stöhnen, das Jeff ausstößt, um zu erinnern: „Dritte Station: Jesus fällt zum ersten Mal unter dem Kreuz."

Ergriffen zieht die Gruppe weiter. Immer wieder schlägt der mit Brustpanzer und Helm bewehrte Soldat – im Zivilberuf Feuerwehrmann – auf Jeff ein. Und immer wieder entfährt es Jeffs Vater: „It's great" – „Einfach großartig". Jetzt, wo der Ton stimmt und das leichte Nieseln die rote Schminke der Geißelungswunden in eine lange, dünne Blutspur zerrinnen läßt, hat er leicht zufrieden zu sein. Selbst der hohe Preis des Flugtickets ist nun keine Diskussion mehr wert.

Am Ende der Leidensstraße wird Jeff sein Mietkreuz wieder an einen Franziskanerpater abgeben, und er wird sich am nächsten Tag vielleicht sogar wieder das Haar schneiden lassen, das er sich wachsen ließ, um El Grecos Christus möglichst ähnlich zu sein.

Hollywood hätte es wohl kaum echter inszenieren können. Es „verdammt echt" ausschauen zu lassen – das war Jeffs und seiner Familie Absicht. Die Betonung von soviel vermeintlicher Historizität provozierte natürlich die Frage, ob er nicht daran gedacht hatte, sich kreuzigen zu lassen. Natürlich nicht wirklich, vielleicht aber so, wie in einem Passionsspiel. Höchste Entrüstung war die Antwort, von Gotteslästerung des Fragenden war die Rede. Die Grenzen des Geschmacks sind eben verschiebbar.

Was von dieser höchst ungustiösen Show irgendwelcher amerikanischer Christen blieb: das Bedürfnis, Gott möglichst nahe zu sein. Dort zu gehen, wo auch er ging, dort zu beten, wo auch Jesus betete, dort betrübt zu sein, wo auch er litt. Das schafft ein mystisches Band,

*Amerikanische Christen beim Passionsspiel in der Via Dolorosa: Echt muß es sein – ganz echt, damit sich das Flugticket lohnt.*

dessentwegen man die Anstrengungen einer Pilgerschaft auf sich nimmt.

Die räumliche Nähe zu den biblischen Ereignissen war auch der Hauptgrund, warum sich die Kreuzzugsbewegung so vehement entfalten konnte. Nach der Niederlage der „Pilger im Harnisch" verlor das „Heilige Land" für die Christen allerdings lange Zeit seine Bedeutung. Erst der geographische Forschergeist des 19. Jh.s ließ erneut ein theologisches Interesse an der Umwelt Jesu erwachen. Wissenschaftler der unterschiedlichsten Disziplinen kamen ins Land der Bibel und versuchten den Spuren Jesu und auch denen des biblischen Volkes zu folgen.

Dabei wurde nicht selten übers Ziel geschossen: Wie auf Sinai, wo Forscher die am Fuße des Berges Horeb liegende Fläche vermaßen, um sie dann durch die Anzahl der Quadratmeter Platz zu dividieren, von denen sie glaubten, daß sie ein Mensch zum Leben in der Wüste bräuchte. Daraus folgerten sie ernsthaft, wie viele Israeliten den Exodus aus Ägypten mitgemacht hatten. Das nicht gelöste Problem: Wie sollten die wenigen Tausend, die vor dem Horeb Platz fanden, später das Gelobte Land einnehmen?

Der Forschergeist des vorigen Jahrhunderts führte aber auch dazu, daß in ganz Palästina arabische Orte auf ihre neutestamentliche Vergangenheit hin untersucht wurden. Wurde man fündig, dann kauften die großen Kirchen vermeintlich „heiliges Land", untersuchten es archäologisch und segneten es mit Kirchenbauten. Denn jedes Wort Christi sollte wie eine Reliquie in Stein gefaßt sein. Dadurch stieg die Anzahl der christlichen Sakralbauten allein in Jerusalem auf 150 an.

Das massive Festhalten an heiligen Stätten, sei es durch die Kreuzzüge, sei es durch die Errichtung von Bauten oder auch durch Pilgerreisen, ist nur der eine Aspekt christlicher Beziehungen zum Heiligen Land: jener der Materialisation. Der andere ist der der Vergeistigung, im Sinne einer Entterritorialisierung. Es ist dies eine Bewegung des Herzens, die der Bewegung des Körpers nicht bedarf: Jerusalem lag für Christen viele Jahrhunderte lang nicht in den Bergen Judäas, sondern es war nach dem Galaterbrief (4,26) „unsere Mutter Kirche". Deswegen konnte Anfang des 12. Jh.s der Abt des Klosters von Clairvaux dem Bischof von Lincoln auch schreiben, daß der aus England ins Heilige Land aufgebrochene Priester Philip sicher und rasch an seinem Bestimmungsort angelangt sei: „Er ist in die Heilige Stadt eingetreten und hat sich für seinen Teil entschieden … Er ist kein wißbegieriger Zuschauer mehr, sondern ein ergebener Bewohner und eingetragener Bürger Jerusalems." Doch dieses Jerusalem, „wenn Sie es wissen wollen, ist Clairvaux. Es ist jenes Jerusalem, das mit dem himmlischen vereint ist durch wahre Frömmigkeit des Herzens, Gleichförmigkeit des Lebens und eine gewisse geistige Übereinstimmung".

Jerusalem ist in christlicher Sicht sowohl ein geographischer wie auch ein persönlicher Mittelpunkt. Der in jedem Fall die letzten Stunden Jesu und die Auferstehung zum Inhalt hat.

## DIE LETZTEN STUNDEN JESU

### Die Quellen:

Die vier Evangelisten sind als historische Zeugen des Lebens Jesu weitgehend unbrauchbar. Denn weder den drei Synoptikern (Matthäus, Markus, Lukas) noch Johannes war daran gelegen, eine Biographie Jesu zu verfassen. Angaben über seinen Geburtsort oder die Schilderung der „verborgenen Jahre" erschienen ihnen ebenso unwesentlich wie juridische Details aus dem Prozeß gegen den Galiläer. Und dennoch:

Wir müssen uns an sie halten, denn es gibt keine besseren Quellen.

Die Evangelisten wollten nicht Geschichte, sondern Heilsgeschichte verkünden, und somit sind sie nicht historische, sondern religiöse Zeugen. Als solche berichten sie aber bereits aus der Erfahrung der ersten christlichen Gemeinden. Konkret: Wenn sie über das Letzte Abendmahl schreiben, das möglicherweise keiner der vier als Augenzeuge miterlebt hat, dann referieren sie nicht nur jene Worte Jesu, die sie von den Aposteln übernommen haben, sondern sie re-

*Pater Noster-Kirche: Die Evangelisten wollen nicht Geschichte, sondern Heilsgeschichte verkünden.*

flektieren auch bereits die in ihren Gemeinden geübte Abendmahlspraxis. Zudem kommt, daß sie in ihren Schriften auch noch das geistige Umfeld ihrer potentiellen Leserschaft berücksichtigen. Das bedeutet: Matthäus, der sich an judenchristliche Gemeinden wendet, mißt Ereignissen eine ganz außerordentliche Bedeutung zu, die Markus nicht einmal eine Erwähnung wert sind. Für dessen heidenchristliche Leser ist der matthäische Stammbaum Jesu keineswegs relevant. Judenchristen hingegen dient er als Beweis, daß Jesus der Christus ist.

Aus dem zeitlichen Abstand der Evangelisten zum Leben Jesu, aus dem Desinteresse, historische Fakten zu übermitteln, und aus der bereits beeinflussenden Gemeindesituation ergeben sich in den Texten sehr verschiedenartige Darstellungen von ein und demselben Ereignis. Gerade was die letzten Tage Jesu anbelangt, ist dies besonders deutlich. Allen Evangelisten ist in diesem Fall allerdings gemeinsam: Nicht die Schilderung des Prozeßablaufes, sondern die Auferstehung steht im Vordergrund.

Daraus ergibt sich, daß die „Letzten Stunden Jesu" nur aus der Zusammenschau von drei Quellen dargestellt werden können: aus den Evangelien, der Archäologie, aber auch aus dem Glauben der Kirchen.

Dabei bleiben viele Fragen offen, und wenn es Antworten gibt, dann sind sie oft voll Widersprüchlichkeit. Jerusalem – dies ist unverrückbar – besteht eben nur jemand, der wirklich gläubig ist. Oder jemand, dem alle Religionen suspekt sind. Alle anderen, die Zauderer und jene, die in der Heiligen Stadt eine Bestätigung ihres Glaubens suchen, werden verzweifeln.

**Das Letzte Abendmahl:**

Für die drei Synoptiker ist das Letzte Abendmahl mit dem Pessahmahl der Juden gleichzusetzen, bei dem der Befreiung Israels aus der Knechtschaft Ägyptens gedacht wird (vgl. Exodus 12,1–13,16). Der Evangelist Johannes hingegen stellt einen anderen Zusammenhang zwischen den Lämmern, die im Tempel geschächtet werden, und dem Gottessohn her. Er läßt den Kreuzestod zeitlich mit der Tötung der Tiere zusammenfallen, um theologisch zu sagen: Jesus ist das eigentliche Lamm Gottes, das durch seinen Tod die Schuld der Welt hinweggenommen hat.

Anläßlich des Pessahfestes kamen zumindest 150.000 Menschen aus dem ganzen Land nach

Jerusalem, um dort ihr Pessahlamm zu essen. Tischgemeinschaften von zehn bis zwanzig Menschen fanden sich zusammen, um sich je ein einjähriges, fehlerloses Lamm zu teilen. Woraus sich ergibt: Es wurden etwa 12.000 bis 15.000 Lämmer im Tempel getötet. Einige Historiker, die übrigens gute Argumente für sich haben, meinen gar, daß bis zu einer Million Menschen in die Heilige Stadt gepilgert waren. Auf jeden Fall hat in diesen Tagen die Anzahl der Wallfahrer jene der 60.000 Einwohner um ein Mehrfaches überstiegen. In der ganzen Stadt waren Zelte aufgestellt, deren Türpfosten blutverschmiert waren. Dies geschah in Erinnerung an den „Vorübergang des Todesengels", der die Erstgeborenen Ägyptens getötet, jene Israels aber verschont hatte. An diesem Fest aß man eine Woche lang auch nur ungesäuerte Brote, sogenannte Mazzes, denn in der Eile des Aufbruchs hatte man in Ägypten keine Zeit mehr gefunden, den Brotteig zu säuern.

Höhepunkt des Festes war der Abend, an dem das junge Lamm verzehrt wurde. Dieses Festmahl feierte auch Jesus mit seinen Jüngern. Der jüdischen Tradition entsprechend wurden dabei vier Becher Wein gereicht, wobei zum dritten der Herr des Hauses das Segensgebet über das Mahl sprach: „Der Barmherzige, er würdige uns der Tage des Messias und des Lebens der künftigen Welt. Er stifte Frieden über uns und über ganz Israel." Dieser dritte Becher wird in den Evangelien zum wichtigsten, denn Jesus sagt zusätzlich: „Trinkt alle daraus; das ist mein Blut, das Blut des Bundes, das für viele vergossen wird zur Vergebung der Sünden." Damit gab er, wie schon zuvor dem Brechen der ungesäuerten Brote – „Das ist mein Leib" –, dem Genußmittel Wein einen neuen Inhalt. Und mit den Worten „Tut dies zu meinem Gedächtnis" setzte er das Sakrament der Eucharistie ein.

Am Zionsberg, nahe dem Benediktinerkloster der Dormitio Mariae und über dem Davidsgrab, befindet sich das „Obergemach", in welchem des Letzten Abendmahls gedacht wird. Es schaut mit den zwei Säulen, die das frühgotische Spitzbogengewölbe aus dem 14. Jh. tragen, dem Saal des Leonardo da Vinci ähnlicher als einem Raum aus der Zeitenwende. Wo Jesus tatsächlich mit seinen Jüngern bei Tisch gesessen hat, bleibt jedoch ungewiß, denn die Evangelisten hüllen sich über den Ort in Schweigen. Für den Zionsberg spricht allerdings eine früh-

christliche Tradition, die übrigens das Pessahmahl und das Pfingstereignis in ein und demselben Haus lokalisiert.

**Verrat und Verhaftung:**
Das Festmahl wird von einer schlechten Nachricht überschattet: „Amen, ich sage euch: Einer von euch wird mich verraten und ausliefern. Da waren die Jünger sehr betroffen, und einer nach dem anderen fragte Jesus: Bin ich es etwa, Herr?" Wir wissen es: Es war Judas Iskariot, der den Meister verraten sollte. Ungeklärt bleibt allerdings das Motiv seiner Untreue. Sollte er es getan haben, weil er von Jesus enttäuscht war? So wie das Volk auch, das dem Galiläer noch kurz zuvor zugejubelt hatte, um sich dann von dem Gegeißelten und Gekreuzigten abzuwenden. Denn diese armselige Kreatur konnte doch unmöglich der befreiende Messias sein. Hatte sich auch Judas mehr von Jesus erwartet? Oder hat er diesen um 30 Silberlinge verkauft, weil er Rache nehmen wollte? Kurz zuvor war er nämlich des Griffs in die Gemeinschaftskasse überführt worden. Unbeantwortet bleibt auch die Frage, warum Judas, der offenbar etwas gegen Jesus einzuwenden hatte, nicht konsequent genug war und als Zeuge der Anklage im Prozeß aufgetreten ist. Ganz im Gegenteil: Plötzlich möchte er den Bluthandel ungeschehen machen. Er wirft dem Hohen Rat (Synedrium) den Sack voll Geld vor die Füße und erhängt sich.

Unklar ist auch, was Judas der obersten richterlichen Behörde unter dem Vorsitz des Hohenpriesters verraten hat. Vermutlich war es aber der Aufenthaltsort Jesu in der von Pilgern überquellenden Stadt. Freilich hätte man den Mann aus Nazaret schon Tage zuvor während seiner Lehrgespräche im Tempel verhaften können. Aber das wäre nicht im Sinn des Synedriums gewesen. Diesem war daran gelegen, die Sache schnell und unauffällig über die Bühne zu bringen. Denn man fürchtete Unruhen unter den Pilgern, die Jesus kürzlich noch einen triumphalen Einzug in die Stadt bereitet hatten. Noch mehr fürchteten die Hohenpriester, die Schriftgelehrten und die finanziell und politisch einflußreichen Ältesten – eben der gesamte Hohe Rat – aber den Galiläer selbst, der mit Wundern und auch mit markigen Sprüchen auf sich aufmerksam gemacht hatte: „Ich sage euch: Ehe Abraham ward, bin ich." Oder: „Brecht diesen Tempel ab und in drei Tagen werde ich ihn wieder aufrichten." Auch mit den Pharisäern selbst war der Galiläer ziemlich grob umgesprungen. Eine „Natternbrut" und ein „Schlangengezücht" hat er sie genannt und von ihrem „heuchlerischen Glauben" gesprochen.

*VORHERGEHENDE SEITEN
Blick vom Ölberg auf die Altstadt: Jesus zog sich häufig auf den 809 m hohen Berg zurück, um mit seinen Jüngern allein zu sein.*

Jetzt sahen sie den Zeitpunkt gekommen, um sich zu rächen. „Dieser Mensch tut viele Zeichen", mokiert sich der Hohe Rat. „Wenn wir ihn gewähren lassen, werden alle an ihn glauben. Dann werden die Römer kommen und uns die heilige Stätte und das Volk nehmen. Einer von ihnen, Kajaphas, der Hohepriester jenes Jahres, sagte zu ihnen: Ihr versteht überhaupt nichts. Ihr bedenkt nicht, daß es besser für euch ist, wenn ein einziger Mensch für das Volk stirbt, als wenn das ganze Volk zugrunde geht" (Johannes 11,45ff).

Damit ist für die Evangelisten erwiesen: Noch vor Eröffnung der Verhandlung stand das Urteil bereits fest.

„Gat Schemanim", dürfte also Judas dem Hohen Rat geflüstert haben. „Nach Gat Schemanim (Getsemani – „Ölkelter"), jenseits des Kidrontales, zieht er sich heute abend zurück, dort könnt ihr seiner habhaft werden."

Aber noch ehe die Henker kommen, betet Jesus im Wissen um seinen bevorstehenden Tod: „Vater, wenn du willst, nimm diesen Kelch von mir. Aber nicht mein, sondern dein Wille soll geschehen."

Diese Todesangst Jesu, dieser Versuch auszubrechen, um sich dann doch seiner Bestimmung zu fügen, und diese unendliche Einsamkeit des Todgeweihten – die befreundeten Jünger sind nur „einen Steinwurf entfernt" eingeschlafen – fängt der italienische Architekt Antonio Barluzzi in der 1924 fertiggestellten „Kirche der Nationen" ausgezeichnet ein. Den Namen trägt der Bau, weil viele Nationen zu seiner Errichtung künstlerisch und finanziell beigesteuert haben.

Auch wenn sich der Ort, wo Jesus gebetet hat, nicht mehr mit Sicherheit eingrenzen läßt, so hat der Platz der heutigen Kirche starke Traditionen für sich. Sie reichen bis in die frühe „ecclesia elegans" (um 380) zurück, von der noch Mosaikreste zu sehen sind. Diese erste dreischiffige Kirche Palästinas – sie soll an das dreimalige Gebet Jesu erinnern – wurde wie die meisten anderen Kirchen des Landes 614 von den Persern zerstört. Die Tradition aber war so stark an den Ort gebunden, daß die Kreuzfahrer knapp 500 Jahre danach dort wie-

*Kirche der Nationen, der Ort, an dem Jesus verhaftet wurde: „Da ergriff ihn Angst und Traurigkeit."*

der eine dreischiffige Basilika errichteten. Im Unterschied zur ersten und zur heutigen Kirche war diese um 13 Grad nach Süden versetzt, so daß der Felsen, an dem Jesus zu seinem Vater gebetet haben mag, außerhalb des Sakralbaus lag. Heute stellt er den Mittelpunkt der Kirche dar. Hinter ihm illustriert ein Apsismosaik eindrucksvoll: „Da ergriff ihn Angst und Traurigkeit, und er sagte zu ihnen: Meine Seele ist zu Tode betrübt … Und er ging ein Stück weiter, warf sich zu Boden und betete." Die Stimmung des späten Gründonnerstags geben die dunklen Alabasterfenster wieder, die den Raum in gedämpfte Blautöne hüllen, von denen sich nur das Gelb des Felsens abhebt.

Die Olivenbäume im Garten, so glauben Biologen festgestellt zu haben, könnten mit ihrem Umfang von bis zu 8 m durchaus 2000 Jahre alt sein. Genau ließe sich das aber deswegen nicht feststellen, da die Bäume durch eine ganz-

jährige Vegetationsphase keine Jahresringe bilden. Auch wenn sie noch so knorrig und ehrfurchtsvoll aussehen – es spricht ein Indiz dagegen, daß es sich tatsächlich um jene Bäume handelt, zwischen denen Jesus gewandelt ist. Wie nämlich Josephus Flavius berichtet, hatte Titus bei der Einnahme der Stadt erhebliche Probleme, Holz für verschiedene Befestigungen beizustellen, denn im „Umkreis mehrerer Stadien" waren schon alle Bäume gefällt worden. Und das war im Jahre 70 n. Chr.

In diesem Olivenhain fand also die Verhaftung Jesu durch die jüdische Tempelpolizei statt, und sie verlief ohne größere Probleme. Nur Simon Petrus glaubte, seinen Meister beschützen zu müssen. Er zog sein Schwert und hieb einem gewissen Malchus, der ein Knecht des Hohenpriesters war, das rechte Ohr ab. Von dieser Begebenheit berichtet nur der Evangelist Johannes, und auch nur er ist es, der mit der Verwendung des Ausdrucks „Kohorte" die Vermutung nahelegt, es seien Römer zur Verhaftung Jesu ausgerückt. Dies ergibt aber aus mehreren Gründen keinen Sinn: Eine Kohorte hatte eine Stärke von 600 Mann. Ist es aber tatsächlich vorstellbar, daß eine derart große Truppe ausrückte, um einen einzelnen Menschen zu verhaften? Selbst wenn das Kommando davon ausgehen mußte, daß die Jünger mehr Widerstand leisten würden, als er dann von Petrus tatsächlich ausgegangen ist. Aber ein zweiter Grund ist noch überzeugender: Wäre Jesus unter Mithilfe der Römer verhaftet worden, dann hätten ihn diese sicher in ihr eigenes Gefängnis und nicht zu Hannas, dem Schwiegervater des amtierenden Hohenpriesters Kajaphas, gebracht. Auch hatten die Römer gar keinen Grund, gegen Jesus vorzugehen. Und erst recht hatten sie kein Interesse, sich zu Helfern des Hohen Rates zu degradieren.

**Das Vorverhör:**
Was nun folgte, war ein Willkürakt. Nach geltendem Gesetz hätte man den gefesselten Jesus nun einer jüdischen oder auch einer römischen Justizbehörde übergeben müssen. Er wurde aber – nach Berichten des Johannes – dem Hannas vorgeführt. Einem Privatmann also, der schon eineinhalb Jahrzehnte zuvor seines Amtes als Hoherpriester von den Römern enthoben worden war und der nur noch den Titel eines solchen trug. Hannas sollte offenbar in einem privaten, nicht zum Prozeß selbst gehörenden Vorgespräch die Beweislage ausloten und zu klären versuchen, welche Anklagepunkte man in der Hauptverhandlung erheben könnte, um das bereits gefällte Todesurteil auch durchzubringen.

Dabei ist Hannas aber nicht sehr erfolgreich, denn auf die Frage nach seiner Lehre und seinen Jüngern antwortet Jesus abweisend: „Ich habe offen vor aller Welt gesprochen. Ich habe immer in der Synagoge und im Tempel gelehrt, wo alle Juden zusammenkommen. Nichts habe ich im geheimen gesprochen. Frag doch die, die mich gehört haben, was ich zu ihnen gesagt habe; sie wissen, was ich geredet habe."

Nach dem wenig ergiebigen Vorverhör ließ Hannas Jesus zu seinem Schwiegersohn Kajaphas bringen. Dort aber wartete bereits der Hohe Rat, um den religionsgesetzlichen Prozeß aufzunehmen.

**Vor dem Hohen Rat:**
Es war in der Nacht von Donnerstag auf Freitag, und der Prozeß mußte rasch abgeführt werden. Denn von dem vorgefaßten Ziel, Jesus zu töten, wollte man keinesfalls abweichen. Also galt es noch in der Nacht zu verhandeln, denn am nächsten Tag war Sabbat, und da war es unmöglich, ein Todesurteil zu vollstrecken.

Zum Verständnis: Bei dem religionsgesetzlichen Prozeß vor dem Synedrium ging es nicht um die Erläuterung der Schuld oder Unschuld des Angeklagten, sondern einzig und allein um die Frage, nach welchem Gesetzesparagraphen man Jesus zum Tode verurteilen könnte. „Das ganze Synedrium suchte Zeugnis gegen Jesus, um ihn zu töten", heißt es bei Markus (14,55).

Dafür wurden zunächst einmal Zeugen gehört. Diese aber verhedderten sich in Widersprüche: „... Sie fanden nichts. Viele machten zwar

*In der Via Dolorosa überschattet Alltagsleben die religiösen Gefühle der Pilger. Nur hie und da lassen religiöse Zeichen aufblicken.*

falsche Aussagen über ihn, aber die Aussagen stimmten nicht überein." Und als Jesus befragt wurde, ob er gegen die Anschuldigungen nichts vorbringen wolle, schwieg er.

Man kann sich die Verzweiflung der Anklagebehörde leicht vorstellen. Sie baut den Prozeß über die Zeugen auf, da erweisen sich diese nicht als stichhältig, und plötzlich scheint die ganze Verhandlung zu scheitern, denn auch die Indizien reichen zu einem Todesurteil nicht aus. Und ein Geständnis? Das gibt es erst recht nicht. Unverrückbar fest steht nur eines: Jesus zu töten.

In dieser Situation scheint es dem vorsitzenden Hohenpriester Kajaphas zuviel zu werden. Er verliert die Nerven. Er erhebt sich von seinem erhöhten Platz, tritt auf Jesus zu und fordert ihn mit der Frage heraus, auf die er eigentlich mit gar keiner Antwort rechnen konnte. Sie lautete: „Ich beschwöre dich bei dem lebendigen Gott, sag uns: Bist du der Messias, der Sohn Gottes?" Banges Warten. Gespannte Ruhe für Sekundenbruchteile. Wird der Angeklagte antworten und sich damit selbst ausliefern, oder wird er erneut schweigen? Dann endlich die Antwort Jesu: „Du sagst es." Das war der Durchbruch, nun hatte man die Anklage stehen, das Schuldeingeständnis und die Urteilsbegründung zugleich.

Ein höchst zufriedener Kajaphas triumphiert: „Wozu brauchen wir noch Zeugen? Ihr habt die Gotteslästerung gehört. Was ist eure Meinung? Und sie fällten einstimmig das Urteil: Er ist schuldig und muß sterben." Und zum Zeichen des Entsetzens, das ihn bei dieser Gotteslästerung befällt, zerreißt Kajaphas sein Obergewand.

Während der Hohe Rat drinnen über Jesus zu Gericht saß, sollte sich im Vorhof des Hauses eine menschliche Tragödie abspielen. Petrus, der Fels, der immer behauptet hatte, so unverbrüchlich seinem Herrn treu zu sein, hat diesen dreimal verleugnet. „Und sogleich krähte der Hahn." Dies wird in der 1931 geweihten Kirche „St. Peter in Gallicantu", der „Kirche zum Hahnenschrei", am Südhang des Berges Zion tradiert. Die Verehrung des Ortes beruft sich auf eine byzantinische Kirche (6. Jh.), die über einer Höhle errichtet wurde. In dieser sehen Gläubige das „Verlies Jesu", in dem er die Nacht von Donnerstag auf Freitag verbracht hatte. Archäologisch wahrscheinlicher ist es allerdings, daß das Haus des Kajaphas an der Spitze des Berges Zion, im Areal der heutigen armenischen Kirche, lag.

Der Hohe Rat hatte Jesus also zum Tode verurteilt. Er konnte aber das Urteil nicht vollstrecken, sondern mußte es noch dem Statthalter der Römer vorlegen. Und dieser hieß Pilatus.

### Pontius Pilatus:

Es ist Freitag früh am Morgen. Das Synedrium kommt mit dem der Blasphemie überführten Jesus zum Statthalter Roms ins Prätorium. Pontius Pilatus stehen zwei Möglichkeiten offen: der Entscheidung des Hohen Rates zu folgen und dessen Urteil zu bestätigen oder den Prozeß völlig neu abzuführen. Pilatus entscheidet sich für letzteres. Der Grund: Er, der Judenhasser, der alles getan hatte, um das Volk Israel zu demütigen, wollte sich nicht von dessen Führung vorschreiben lassen, wen er ans Kreuz zu schlagen und wen er freizulassen habe. Pilatus, der einmal mit der Aufstellung römischer Feldzeichen am Tempelplatz, ein anderes Mal mit einem Griff in die Tempelkasse gezeigt hatte, was er von den Juden und deren Religion hält, verachtet die offiziellen Volksvertreter wahrscheinlich mehr als den angeklagten Jesus.

Die Frage des Römers „Welche Anklage erhebt ihr gegen diesen Menschen?" mag noch einen juridischen Hintergrund haben. Aber in der Antwort des Kajaphas kommt bereits deutlich die Feindseligkeit zwischen den beiden Parteien zum Ausdruck: „Wenn er kein Übeltäter wäre, hätten wir ihn dir nicht ausgeliefert." Natürlich hatte der Hohe Rat Jesus nicht unter der Anklage der Blasphemie zu Pilatus schicken können. Diese innerjüdische Angelegenheit hätte den

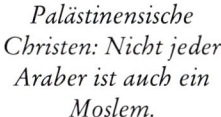

*Palästinensische Christen: Nicht jeder Araber ist auch ein Moslem.*

Statthalter Roms wohl kaum berührt. Da mußte aus diesem Jesus schon ein Aufwiegler, ein Unruhestifter, ein Staatsfeind gemacht werden. „Wir haben festgestellt, daß dieser Mensch unser Volk verführt, es davon abhält, dem Kaiser Steuern zu zahlen, und behauptet, er sei der Messias und König."
Pontius Pilatus beginnt nun die Anschuldigungen zu prüfen und kommt zu dem Schluß: „Ich finde keine Schuld an ihm." Diese Äußerung war aber weniger ein Ausdruck der Feinsinnigkeit des Römers als vielmehr einer oppositionellen Haltung gegenüber dem Hohen Rat, der Jesus rasch gekreuzigt wissen wollte.

**Die Kreuzwegstationen:**
Wo aber lag nun das Prätorium des Pilatus? Von der Beantwortung dieser Frage hängt nicht zuletzt der Verlauf der Via Dolorosa ab. Von den 14 Stationen, an denen heute des Leidensweges Jesu gedacht wird, stammen neun aus den Evangelien. Der dreifache Fall Jesu unter dem Kreuz, die Begegnung mit seiner Mutter und das Schweißtuch der Veronika sind Glaubenstraditionen unterschiedlichen Alters, die zum Teil aus Europa „importiert" wurden.
Der Kreuzweg ist nicht durch die Geschichte, sondern durch den Glauben geprägt: So nimmt er auch erst im 18. Jh. seinen heutigen Verlauf; einige Stationen werden gar erst im 19. Jh. festgelegt.

*I. Station:* Jesus wird zum Tod verurteilt (Matthäus 27,22–26). Ort: Omariya-Schule.
*II. Station* (drei Abschnitte): Jesus nimmt das Kreuz auf sich (Johannes 19,16b–17). Ort: Geißelungskapelle der Franziskaner. – „Dann legten sie ihm einen Purpurmantel um und flochten eine Dornenkrone" (Markus 15,17). Ort: Lithostrotos. – „Pilatus sagte zu ihnen: Ecce homo" (Johannes 19,5). Ort: „Ecce homo"-Bogen.
*III. Station:* Jesus fällt zum ersten Mal unter dem Kreuz. Ort: Kreuzung Via Dolorosa / El-Wad-Straße.
*IV. Station:* Jesus begegnet seiner Mutter. Ort: Armenisch-katholische Kapelle in der El-Wad-Straße.
*V. Station:* Simon von Zyrene hilft Jesus das Kreuz tragen (Markus 15,2). Ort: Am ersten steilen Anstieg der Via Dolorosa.
*VI. Station:* Das Schweißtuch der Veronika. Ort: Kapelle der „Kleinen Schwestern Jesu".

*RECHTE SEITE*
*Blick von der Kapelle „Dominus Flevit" – „Der Herr weinte": Jesus beklagte die Stadt, die viele ihrer Propheten mißachtet hatte.*

*VII. Station:* Jesus fällt zum zweiten Mal. Ort: Kreuzung Via Dolorosa / Suq Khan ez-Zeit.
*VIII. Station:* Jesus tröstet die weinenden Frauen (Lukas 23,28). Ort: Lateinisches Kreuz an der Außenmauer des griechisch-orthodoxen Charalambos-Klosters.
*IX. Station:* Jesus fällt zum dritten Mal. Ort: Nahe dem Dach der Grabeskirche.
*X. Station:* Jesus wird seiner Kleider beraubt. Ort der letzten fünf Kreuzwegstationen ist die Grabeskirche.
*XI. Station:* Jesus wird ans Kreuz geschlagen (Johannes 19,17).
*XII. Station:* Jesus stirbt am Kreuz (Johannes 27,50).
*XIII. Station:* Jesus wird vom Kreuz genommen (Lukas 23,53).
*XIV. Station* (zwei Abschnitte): Jesus wird ins Grab gelegt (Matthäus 27,59) – Jesus steht vom Grabe auf (Markus 16,6).

Der Kreuzweg geht also von der Vorstellung aus, daß die Burg Antonia der Ort der Verurteilung gewesen sei. Diese Burg, im Norden des Tempelplatzes gelegen, wurde von Herodes dem Großen als großartige Palastfestung ausgestaltet. Sie erhob sich auf einem etwa 25 m hohen Felsplateau und bedeckte eine Fläche von 150 x 90 m. Sie wurde im Jahre 70 n. Chr. bei der Einnahme Jerusalems völlig zerstört.
Groß war die Freude der Zions-Schwestern, als sie in den fünfziger Jahren glaubten, ein eindrucksvolles Kalksteinpflaster mit dem „Lithostrotos" aus dem Johannesevangelium (19,13) identifizieren zu können. Die Freude kam aber zu früh, denn es sollte sich herausstellen, daß das Pflaster, von dem man glaubte, das es jenes des Antonia-Hofes sei, erst aus dem 2. Jh. n. Chr. stammte.
Wo war das Prätorium nun tatsächlich? Eine archäologische Schule meint es in der zweiten herodianischen Burg, der heutigen Zitadelle, lokalisieren zu können. Aber auch gegen diese These sprechen mehr Argumente, als dafür aufzubringen sind. Jüngsten Erkenntnissen zufolge dürfte es im ehemaligen Hasmonäer-Palast, am Rande des heutigen jüdischen Viertels in der Altstadt gelegen sein.
Wo das Prätorium auch gewesen sein mag: Es war immer dort, wo der Statthalter Roms Recht sprach, denn es handelte sich dabei primär um ein Rechtsinstitut und erst in zweiter Linie um ein Gebäude.

**Herodes Antipas:**

Als Pilatus erfuhr, daß Jesus ein Galiläer war, nutzte er dies, um ihn seinem eigentlichen Landesherrn, dem seit 34 Jahren regierenden „Vierfürsten" Herodes Antipas zu übergeben. Warum der Römer den Fall abgab, ist umstritten. Einige Theologen meinen, die Causa wäre ihm lästig geworden. Andere wiederum neigen zur Annahme, Pilatus habe aus diplomatischer Höflichkeit gehandelt. Er wollte eine Besserung der Beziehungen zu Herodes erreichen, da dieser wiederum nicht ganz ohne Einfluß auf Rom war.

Wie auch immer: Lukas berichtet, daß sich Herodes darauf gefreut hatte, Jesus kennenzulernen. Zum einen, weil er geglaubt hatte, er habe den wiedergeborenen Johannes den Täufer, den er wenige Jahre zuvor hatte köpfen lassen, erneut in seiner Macht. Und zum anderen: Er hatte von den Wundern Jesu gehört. Nun hoffte er, selbst ein solches zu sehen. Jesus aber dachte nicht im geringsten daran, sich zu Schauzwecken herzugeben, er rührte sich nicht und antwortete auch nicht. Darüber erbost, ließ Herodes den Angeklagten wieder an Pilatus zurückstellen.

**Erneut vor Pilatus:**

Der Statthalter Roms hat sich mit diesem Prozeß und seiner Vorstellung, dem Hohen Rat das Opfer zu entreißen, auf eine Verhandlung eingelassen, der er nicht gewachsen schien. Er, der sonst Härte zu demonstrieren gewohnt war und dem das Schwert ziemlich locker saß, sollte nun als Richter in einer äußerst heiklen Materie entscheiden. Noch dazu gegen den Hohen Rat, der sich offensichtlich besser auf die Anklage vorbereitet hatte als er selbst. Auch bekam

Pilatus von dem Angeklagten keine rechte Antwort. Wenn er ihn fragte: „Bist du der König der Juden?", dann erwiderte dieser: „Sagst du das von dir aus oder haben es andere über mich gesagt?" Und wenn er ihn endlich mit der Aussage „Also bist du doch ein König?" festzunageln gedachte, dann gab Jesus kryptisch zurück: „Du sagst es, ich bin ein König. Ich bin dazu geboren und dazu in die Welt gekommen, daß ich für die Wahrheit Zeugnis ablege. Jeder, der aus der Wahrheit ist, hört auf meine Stimme." Diese Worte müssen dem Richter abstrus erschienen sein. War es ihm denn je schon einmal untergekommen, daß sich ein Beschuldigter überhaupt nicht verteidigte? All das, was dieser Jesus von sich gab, reichte aber bei weitem nicht aus, um ihn wegen staatsfeindlicher Umtriebe zu verurteilen. Also trat Pontius Pilatus, der offenbar immer weniger wußte, was er mit Jesus machen sollte, erneut vor das Volk, um mit diesem einen Kompromiß zu suchen. Dabei stützte er sich auf das Gewohnheitsrecht, den Juden anläßlich des hohen Festtages einen Gefangenen freizugeben. Das sollte sich allerdings als taktischer Fehler erweisen, denn das vom Hohen Rat beeinflußte Volk rief nach der Entlassung des Barabbas, der ein Straßenräuber war.

Pilatus sah keinen Grund, Jesus zu verurteilen, und der Trick, ihn „gnadenhalber" mit Unterstützung des Volkes freizulassen, funktionierte nicht. Also nimmt er erneut einen Anlauf. Er läßt den Beschuldigten geißeln in der Hoffnung, das Volk würde mit einem blutüberströmten und geschundenen Mann Mitleid haben. Und er könnte ihn dann ohne Gesichtsverlust freilassen.

Bisher war Pilatus ein schwacher Richter gewesen. Nun aber machte er sich mitschuldig. Denn obwohl er keinen Grund findet, Jesus zu verurteilen, läßt er ihn auspeitschen.

Die Geißelung war eine besonders brutale Strafe. Der Delinquent wurde entkleidet, über einen Pfahl gebunden und mit Lederriemen, in die Knochensplitter oder Bleikugeln eingearbeitet waren, so lange geschlagen, bis er zusammenbrach. Zusätzlich, so berichten die Evangelien, haben die Soldaten diesen Jesus auch noch schmerzhaft eine Krone aus Dornen auf den Kopf gepreßt und ihn mit einem Purpurmantel umhüllt. So geschlagen und zugerichtet konnte Pilatus zum Volk sagen: „Ecce homo!" Was interpretierend übersetzt werden kann: Seht euch doch diesen Menschen an! So schaut doch kein Messias aus und auch kein Staatsfeind. Keinesfalls ist das „Ecce homo" im Sinn von „Mitleid" wiederzugeben. Manche Autoren, die über den Prozeß Jesu gearbeitet haben, sehen in der Geißelung und dem „Ecce homo" nicht mehr als „das letzte Angebot an die Juden, auf die Hinrichtung Jesu zu verzichten". Aber die Hohenpriester und das Volk riefen bloß: „Kreuzige ihn, kreuzige ihn!"

Von der sich schleppenden Verhandlung gereizt, entfährt es dem Richter: „Nehmt ihr ihn und kreuzigt ihn..." Worauf der Hohe Rat antwortet: „Wir haben ein Gesetz, und nach diesem Gesetz muß er sterben, weil er sich als Sohn Gottes ausgegeben hat." Damit war etwas eingetreten, was Pilatus versucht hatte auseinanderzuhalten: nämlich die Vermischung von jüdisch-religiösen Vorstellungen mit der aktuellen politischen Situation. Solch eine Mixtur konnte sehr gefährlich sein. Tatsächlich: „Als Pilatus das hörte, wurde er noch ängstlicher."

Abermals zieht er sich zu einem Gespräch mit Jesus zurück. Dabei versucht er, den Angeklagten offenbar zur „Mitarbeit" zu bewegen. Pilatus sagt: „Weißt du nicht, daß ich Macht habe, dich freizulassen, und Macht habe, dich zu kreuzigen?" Worauf Jesus antwortet: „Du hättest keine Macht über mich, wenn sie dir nicht von oben gegeben wäre; darum liegt größere Schuld bei dem, der mich dir ausgeliefert hat." Diese Worte haben den Römer offenbar zur Verzweiflung gebracht. Trotz aller Widerstände ist er nun endgültig entschlossen, den Angeklagten freizulassen. Da ziehen seine Kontrahenten den letzten Trumpf: „Wenn du ihn freiläßt, bist du kein Freund des Kaisers." Diesen Ehrentitel „Amicus Caesaris" zu riskieren, war Pontius Pilatus natürlich nicht gewillt. Wir wissen: Persönlicher Ehrgeiz besiegt oft andere Einsichten. Also ließ er dem Hohen Rat seinen Willen: „Da lieferte er ihnen Jesus aus, damit er gekreuzigt würde."

Damit war der Justizmord perfekt. Obwohl es kein Delikt gab, das zur Verurteilung ausgereicht hätte, obwohl keine Entlastungszeugen gehört wurden und obwohl es schließlich auch keinen Schuldspruch gab, überantwortete Pontius Pilatus den Angeklagten dem Synedrium, während er seine Hände in Unschuld wusch. Womit er sich vielleicht vor sich selbst, nicht aber vor der Geschichte exkulpiert haben mag. Schuldig in einem hohen Maße sind die Haupt-

*Das Kreuz als Symbol: Es läßt nicht mehr viel erahnen von der unendlichen Grausamkeit dieser Hinrichtungsmethode.*

betreiber des Prozesses: der Hohe Rat. Aber nicht als Institution, sondern als der Hohe Rat, wie er zur Zeit Jesu eben dessen Tod gefordert hat. Schuldig gemacht haben sich auch die namenlosen Menschen, die mit dem „Kreuzige ihn" den Tod des Angeklagten gefordert haben. Aber keineswegs, auch wenn dies ganz gut in eine lange kirchliche Tradition paßt, sind „die Juden" kollektiv schuld. Schuld ist aber auch Pontius Pilatus, der sich als Richter nicht an die römische Prozeßordnung gehalten hat.

### Die Kreuzigung:

Die Evangelisten berichten ausführlich über das Letzte Abendmahl, den Prozeß Jesu und seine Auferstehung. Der Grund dafür: In diesen Begebenheiten steckt viel Theologie. Die Kreuzigung hingegen verzeichnen sie nur lapidar. Das geschah unter anderem auch deswegen, weil man dem Publikum des ersten nachchristlichen Jahrhunderts keine Details der sicher brutalsten Art der Hinrichtung zu schildern brauchte. Zu bekannt waren diese wohl gewesen. In Syrien waren nur wenige Jahrzehnte zuvor 2000 Juden auf einmal gekreuzigt worden; im 1. Jh. v. Chr. wurden in Palästina vom Hasmonäerkönig Alexander Jannäus ebenfalls Hunderte Juden ans Kreuz geschlagen. Josephus Flavius berichtet darüber: „Als er nämlich mit seinen Buhldirnen an einem in die Augen fallenden Orte schmauste, ließ er gegen 800 dieser Gefangenen kreuzigen und, während sie noch lebten, ihre Frauen und Kinder vor ihren Augen niedermetzeln."

Aber nicht nur die ungeheuren Schmerzen, sondern auch das Bewußtsein, daß nach dem Buch Deuteronomium (21,23) „jeder, der am Holz hängt, von Gott verflucht ist", ließ den Hohen Rat für Jesus unbedingt den Kreuzestod fordern. Die vier jüdischen Todesstrafen – Steinigung, Verbrennung, Enthauptung und Erdrosselung – schienen für den Galiläer nicht ausreichend zu sein.

Mit dem Querbalken des Kreuzes – der Längspfahl war bereits in die Erde gerammt – trieb man den zum Tode Verurteilten durch die belebtesten Straßen der Stadt. Strafe sollte ja nicht nur persönliche Sühne sein, sondern auch den Zweck der abschreckenden Generalprävention erfüllen. Dabei war der von Verhaftung, Verhören, Prozeß und Geißelung gezeichnete Jesus so schwach, daß er selbst den Querbalken nicht mehr tragen konnte. Immerhin hatte sich all dies in weniger als 24 Stunden ereignet. Damit das Exekutionskommando dem blutverschmierten Delinquenten nicht etwa bis zur Kreuzigungsstätte noch helfen mußte, zwangen sie einen gewissen Simon von Zyrene, Jesus das Kreuz zu tragen.

Welch wunderbares Glück der Archäologen: Der Mann, von dem nur der Name bekannt ist, findet plötzlich eine außerliterarische Bestätigung. Und zwar durch einen Fund eines 70 x 20 x 30 cm großen Knochenkästchens („Ossuarium") mit der Aufschrift: „Alexander, der Sohn des Simon von Zyrene". Ein weiteres Ossuarium, das aus dem ersten nachchristlichen Jahrhundert stammt, wurde Anfang der neunziger Jahre nahe von Jerusalem gefunden. Es enthielt die Aufschrift: „Joseph Bar Kajaphas"… Ob es sich dabei um den Hohenpriester selbst, um seinen Sohn oder Enkelsohn gehandelt hat, ist nicht zu eruieren.

Auch wenn es sich die Evangelien ersparen, Details über die Kreuzigung zu berichten, so ist doch recht genau zu rekonstruieren, wie diese übrigens von den Persern „erfundene" Todesart vollzogen wurde. Das Wissen beziehen Historiker aus einem Fund, der aus dem Jahr

1968 datiert und im Norden von Jerusalem gemacht wurde. Auch wenn Gerhard Kroll in seinem Buch „Auf den Spuren Jesu" eine betont nüchterne Analyse gibt, ist diese immer noch erschreckend brutal.

**Der Tod Jesu:**
„So kamen sie an den Ort, der Golgota genannt wird, das heißt Schädelhöhe" (Matthäus 27,33). Da hing Jesus nun „zwischen Himmel und Erde" und litt einen Todeskampf, den der römische Philosoph Seneca mit den Worten beschreibt: „Dem so Verurteilten schwand das Leben Tropfen für Tropfen dahin." Schließlich starben die Gekreuzigten an Ersticken, Erschöpfung oder auch an Schock. Damit das Ringen aber möglichst lange hinausgezögert würde, ließ man in den Längsstamm eine Sitzplatte ein. Ohne Stützung wäre der schwer nach unten ziehende Körper wohl auch aus den Nägeln gerissen.

Über dem Kopf des Gekreuzigten befand sich eine Tafel, die der Verurteilte auf seinem Leidensweg umgehängt hatte, die nun aber deutlich sichtbar angenagelt war. Auf ihr fanden sich Name, Herkunft und Delikt des Delinquenten: „Jesus von Nazaret, König der Juden". Darin war alles aufgeführt.

Ehe Jesus sein Leben aushauchte, fand er nach den Berichten der Evangelisten noch die Kraft zu sprechen. Zu dem einen Schächer, der mit ihm gekreuzigt wurde, sagte er: „Wahrlich, ich sage dir, noch heute wirst du mit mir im Paradiese sein." Und an seinen Lieblingsjünger Johannes und seine Mutter gewandt: „Frau, siehe, dein Sohn" bzw. „Siehe, deine Mutter". Seine Peiniger aber beschämte er mit Großmut: „Herr, vergib ihnen, denn sie wissen nicht, was sie tun." Diese aber verstehen ihn nicht, werfen das Los über seine Kleider und verspotten ihn: „Wenn du Gottes Sohn bist, hilf dir selbst und steig herab vom Kreuz!"

„Um die neunte Stunde rief Jesus laut: Eli Eli, lema sabachtani?, das heißt: Mein Gott, mein Gott, warum hast du mich verlassen?" Es ist beinahe unvorstellbar, daß Jesus in dieser tiefen Verzweiflung gestorben sein soll. Das ist trotz der erlittenen Qualen unverständlich, denkt man an die vielen Märtyrer, die ohne ein Klagen in den Tod gegangen sind. An den hl. Laurentius, von dem man erzählt, er habe am Feuerrost sitzend seine Peiniger gefragt: „Wann dreht ihr mich um, auf dieser Seite bin ich schon gebraten!" Oder auch an die Qumran-Essener, von denen viele „leichten Herzens" in den Tod gegangen sind. Oder auch an Rabbi Akiba, der auf die Frage seines Folterers, warum er lächle, geantwortet hatte: „Ich habe mein ganzes Leben lang gebetet: Du sollst den Herrn, deinen Gott, von ganzem Herzen, mit deiner ganzen Seele [was Leben bedeutet] und mit deiner ganzen Kraft lieben. Ich konnte ihn bis zu diesem Augenblick nie mit meinem ganzen Leben lieben."

Und Jesus Christus soll, selbst wenn er in seiner Todesstunde mehr Mensch als Gott war, sich mit einem Ausruf der Verzweiflung aus dem Leben verabschiedet haben? Das ist kaum zu glauben, und es ist tatsächlich nicht so. Was er getan hat – vielleicht zur innneren Stärkung: Er hat den 22. Psalm gebetet, der lautet:

„Mein Gott, mein Gott, warum hast du mich

---

### DIE „TECHNIK" DER KREUZIGUNG

Nach dem Befund geschah die Kreuzigung dieses Mannes in der Weise, daß die Füße durch eine gewaltsame Linksdrehung beider Knie seitlich parallel gestellt wurden und dann der Nagel, nachdem er in die Holzleiste geschlagen war, erst durch das rechte, dann durch das linke Fersenbein in den Balken getrieben wurde. Da die Deformierung des Nagels in unserem Falle für eine relativ lockere Befestigung der Füße spricht, dürfte ein Sitzbrett vorhanden gewesen sein, das aber auch sonst bei einer festeren Fixierung der Füße wohl erforderlich war.

Die Arme waren jeweils mit einem im unteren Drittel zwischen Elle und Speiche eingetriebenen Nagel an dem Querbalken befestigt. Die Frakturen an dem rechten Schienbein und dem linken Waden- und Schienbein erinnern an den brutalen Henkersbrauch, dem Sterbenden am Kreuz noch die Beine zu zerschlagen. Schnittverletzungen am rechten Sprungbein lassen sich wohl so erklären, daß die Henker bei der Abnahme des toten Körpers die Füße einfach abhackten, um sich die Arbeit zu erleichtern. Dann wurden die angenagelten Füße mit dem Nagel entfernt. So sind die Knochenreste mitsamt dem Nagel ein erschütterndes Zeugnis für die Brutalität und Grausamkeit der Kreuzigung.

Gerhard Krolls Beschreibung der von Kreuzigungsnägeln durchbohrten Knochen eines ca. 26jährigen Mannes, die 1968 im Norden Jerusalems gefunden wurden. Aus Gerhard Kroll: Auf den Spuren Jesu, Innsbruck, 5. Auflage 1974, S. 458

*Der Kreuzweg: Nicht alle Stationen sind auch biblisch gesichert.*

verlassen, bist fern meinem Schreien, den Worten meiner Klage?
Mein Gott, ich rufe bei Tag, doch du gibst keine Antwort; ich rufe bei Nacht und finde doch keine Ruhe...
Man kann all meine Knochen zählen; sie gaffen und weiden sich an mir.
Sie verteilen unter sich meine Kleider und werfen das Los um mein Gewand."
Dieser Psalm ist aber nicht ein einziger Ausruf der Verzweiflung, sondern die Klage eines unschuldig Leidenden, der Gott aber selbst noch im Tode vertraut:
„Deine Treue preise ich in großer Gemeinde; ich erfülle meine Gelübde vor denen, die Gott fürchten.
Die Armen sollen essen und sich sättigen; den Herrn sollen preisen, die ihn suchen. Aufleben soll euer Herz für immer..."
Nach diesem Psalm, den Jesus nach jüdischer Sitte mit den ersten Worten zitierte, schrie er noch einmal laut auf. „Dann hauchte er den Geist aus."

**Das Begräbnis:**
Obwohl Pontius Pilatus den Mann aus Galiläa dem Hohen Rat zur Kreuzigung übergeben hatte, mußte der Römer doch gesondert gefragt werden, ob auch der Leichnam abgenommen und beigesetzt werden dürfe. Denn es gab im Altertum eine über den Tod hinausgehende Strafe, nämlich die Vorenthaltung der Grabesruhe durch das Bestattungsverbot.
Angesichts des Todes Jesu scheint Josef von Arimatäa, der ein Mitglied des Hohen Rates und dennoch „ein geheimer Jünger Jesu" gewesen war, keine Angst mehr vor seinen Kollegen gehabt zu haben: Er geht zu Pilatus und bittet ihn um den Leichnam Jesu. Und er bekommt ihn auch.
Gemeinsam mit einem gewissen Nikodemus nimmt darauf der Mann aus Arimatäa bei Lod den Leichnam ab. Sie waschen und balsamieren ihn mit wohlriechender Myrrhe und Aloë. Dann wickeln sie den Toten in mehrere lange Leinwandstreifen, wobei die Hände eng an den Körper angelegt und die Beine zusammengebunden werden. Kein Stückchen Haut oder Haar durfte aus den Binden schauen. Den so Umhüllten legten sie dann „in ein neues Grab, das er [Josef von Arimatäa] für sich selbst in einen Felsen hatte hauen lassen. Er wälzte einen großen Stein vor den Eingang des Grabes und ging weg."
Damit endet die Geschichte des historischen Jesus. Und es beginnt jene, die nur im Glauben erfaßbar ist.

**Die Auferstehung:**
Es ist aus, vorbei. Jesus ist tot, er ist begraben. Verzweifelt ziehen sich die Jünger zurück. Sie wissen: Jesu Gedanken würden sich nicht weiterführen lassen wie die irgendeines Rabbis, der eben sein Ende gefunden hat und dessen Jünger nun eine „Schule" gründen, um im Sinne ihres Meisters weiterzulehren. Nein, bei Jesus war es anders. Die Verheißung vom Kommen der Gottesherrschaft war so sehr an seine Person gebunden, daß es keinen Zweifel geben konnte: Des Galiläers Ende bedeutete auch unwiderruflich das Aus für seine Lehre.
„Am ersten Tag der Woche", so berichtet Markus (16,2f), „kamen sie in aller Frühe zum Grab, als eben die Sonne aufging." Maria aus Magdala, und Maria, die Mutter des Jakobus, fragen sich noch, wer ihnen den schweren Rollstein wegwälzen würde. Doch die Frage bedurfte keiner Beantwortung mehr, denn der Stein war weg, das Grab war leer. Dafür sahen sie in der Grabkammer einen jungen, weißgekleideten Mann sitzen, der zu ihnen sagte: „Erschreckt nicht! Ihr sucht Jesus von Nazaret, den Gekreuzigten. Er ist auferstanden; er ist nicht hier."
Die Auferstehung Jesu ist der Angelpunkt des christlichen Glaubens. Das weiß auch die junge Kirche. So schreibt Paulus in seinem ersten Brief an die Korinther: „Ist aber Christus nicht auf-

*Griechisch-orthodoxer Kreuzigungsaltar in der Grabeskirche: „Mein Gott, mein Gott, warum hast du mich verlassen?"*

erweckt worden, dann ist unsere Verkündigung leer und euer Glaube sinnlos." An der Auferstehung kann es aber keinen Zweifel geben, ist Jesus seinen Jüngern in seiner neuen, verborgenen Existenz doch mehrmals erschienen: am See Gennesaret beim Fischen, dem ungläubigen Thomas, dem Petrus, dem er das Hirtenamt übergibt, den Jüngern am Weg nach Emmaus…

Viele Fragen tun sich angesichts dieser gedanklich nicht nachvollziehbaren Auferstehung von den Toten auf. Dicke Bücher sind geschrieben, lange Disputationen darüber gehalten worden. Aber kaum ein Text legt so klar dar, was die Auferweckung Jesu bedeutet, wie der des deutschen Konzilstheologen Karl Rahner. Er schreibt: „Die Auferstehung ist das vollendete und vollendende Ende des Todes am Kreuz. Sie ist deshalb nicht ein anderes Ereignis nach dem Leben und nach dem Leiden Jesu, sondern das, was im Tod zutiefst geschehen ist: die getane und erlittene Übergabe des einen leibhaftigen Menschen an Gott und die erbarmend liebende Annahme dieser Hingabe durch Gott. Die Auferweckung ist gleichsam die göttliche Tiefendimension des Kreuzes, da Gott endgültig beim Menschen und der Mensch endgültig bei Gott ankommt."

## GRABESKIRCHE – ZU WENIG EINHEIT IN DER VIELFALT

Vor dreißig Minuten hat er mit dem Türklopfer des rechten Flügels geschlagen, vor zwanzig hat er dies wiederholt. Jetzt ruft Wajeeh Nusseibeh nur noch einmal laut „yallah" in den düsteren Raum. Was heißen soll: „Kommen Sie! Ich sperre zu." Dann wartet er noch zwei Minuten.
Nach Ablauf der Zeit setzt der Mittvierziger ein weiteres, ein gedämpftes „yallah" nach. Es

klingt wie eine Selbstaufforderung, die Grabeskirche nach einem langen besucherreichen Tag doch endlich zu schließen. Geschickt verriegelt er von außen die beiden hoch liegenden Schlösser; mit Schwung schiebt er die Leiter durch ein Fenster in das Innere der Kirche zurück, wo sie ein griechisch-orthodoxer Mönch entgegennimmt. Zwei Franziskaner und ein armenischer Bruder schauen dabei zu. Gemeinsam werden sie die Nacht in der Grabeskirche verbringen. Die aus der Türkenzeit stammende Regelung des „Status quo", in der minuziös und auf den Zentimeter genau die Rechte der einzelnen Konfessionen festgelegt sind, will es so. Was sie drinnen machen? – fragen Touristen den israelischen Polizisten. „Etwa die ganze Nacht beten?" Verschmitzt gibt dieser zurück: „Wohl eher schlafen."

Es ist 19.02 Uhr, und Wajeeh Nusseibeh verabschiedet sich rasch. Er gehe sofort nach Hause, werde noch etwas essen und sich dann wohl bald hinlegen. Denn um 4 Uhr morgens müsse er die Kirche ja wieder aufschließen. Auch das will der „Status quo" so.

Das an sich schon reichlich aufwendige und seit Jahrhunderten eingeübte Ritual wirkt noch um eine Nuance befremdender, wenn man weiß: Wajeeh Nusseibeh ist ein Moslem. Seiner Familie wurde, so sagt er, im 7. Jh. „persönlich vom Kalifen Omar" die Schlüsselgewalt übertragen. Tatsächlich hat der äußerst einflußreiche Jerusalemer Clan aber erst seit 1244 das Privileg, Tür und Tor zu öffnen. Das Recht, den Schlüssel aufzubewahren, steht hingegen der ebenfalls moslemischen Familie der Jodehs zu.

Moslems schienen jedenfalls als unbefangene „Hüter der heiligsten Stätte der Christenheit" geradezu prädestiniert zu sein. Denn die sechs christlichen Konfessionen in der Grabeskirche, die Griechisch-Orthodoxen, die Katholiken, die Armenier, die Kopten, die Syrer und die Äthiopier, waren untereinander zu sehr in Händel verstrickt. Dabei ging es nicht nur um Bilder, Gottesdienstzeiten, Ewige Lichter und Prozessionen, sondern auch um die Interessen weltlicher Großmächte aus ganz Europa – Rußland eingeschlossen.

Ist nun die Grabeskirche tatsächlich jener Ort, an dem Jesus gekreuzigt und 40 m davon entfernt bestattet wurde? Für viele Besucher ist dies kaum vorstellbar, denn sie erwarten sich von der wichtigsten Kirche der Christenheit entweder die Klarheit französischer Gotik oder den Reichtum deutschen Barocks. Was sie aber finden, ist ein stilloses Konglomerat von Kapellen, Kirchen und Altären.

In dem Wissen, daß Todesstrafen nur jeweils vor den Mauern einer Stadt vollstreckt werden durften, fragen die Pilger zu Recht: Kann diese im Herzen Jerusalems gelegene Kirche denn überhaupt jener der letzten Stationen des Kreuzwegs sein? Sie kann. Denn sowohl christliche wie auch israelische Archäologen stimmen darin überein: Der Felsen mit der Flurbezeichnung Golgota („Schädel") lag zur Zeit Jesu außerhalb der Mauern.

Das zweite Indiz für die Authentizität der Kirche ist ein religionsgeschichtliches: Bereits im ersten nachchristlichen Jahrhundert war die Verehrung des Platzes durch die judenchristliche Gemeinde so stark gewesen, daß sich Kaiser Hadrian um 135 veranlaßt sah, ausgerechnet über Golgota seiner Lieblingsgöttin Aphrodite einen monströsen Tempel zu errichten. Dieser bedeckte mit 150 m Länge und 75 m Breite das Grab Jesu und auch den ganzen Kreuzigungsfelsen. Zwischen den beiden christlichen heiligen Stätten bestand aber ein Niveauunterschied von zumindest 8 m, der mit Zehntausenden Kubikmetern Gestein ausgeglichen werden mußte. Erst auf dieser Plattform konnte das römische Heiligtum errichtet werden. Mit diesem aber wollte Hadrian die Erinnerung an die biblischen Ereignisse auslöschen.

Was ihm aber nicht gelang. Denn als Kaiser Konstantin im Jahre 326 den Befehl gab, „mit reicher und königlicher Pracht einen Bau zu errichten", war die Erinnerung an die heiligen Stätten immer noch wach.

Also begannen die Bauleute die hadrianische Aufschüttung wieder abzutragen. Wofür sie auch belohnt wurden. Denn bald stießen sie auf den Felsen Golgota, bald danach auch auf das Grab. Die mündliche Lokalisation der heiligen Stätte hatte also ihre Bestätigung gefunden. Zweifelsohne wäre es für Konstantin leichter gewesen, 100 m in die eine oder andere Richtung abzuweichen oder auch die Plattform des Aphrodite-Tempels selbst zu nutzen. Aber das war ihm zuwenig authentisch. Er wollte seine Kirche über den Orten errichtet wissen, an denen Jesus tatsächlich gestorben und auferstanden war.

Im Jahre 336 wurde Konstantins Basilika geweiht. Sie bestand aus drei der Leidensgeschichte entsprechenden Teilen: dem fünfschif-

*Griechischer Bischof: Die Orthodoxen haben die meisten Rechte in der Grabeskirche.*

*Die Grabeskirche: Weit entfernt vom Ideal einer Vielfalt in der Einheit.*

figen Martyrion in Erinnerung an die Passion, dem inneren Atrium mit dem Felsen Golgota und der Auferstehungsrotunde, in deren Mittelpunkt das Grab stand. Der Zugang zur Kirche erfolgte vom Cardo Maximus aus, der großen vom Damaskustor nach Süden führenden Straße.

Im Inneren war die Basilika von so reichem Schmuck und von so harmonischer Architektur, daß sie selbst nach ihrer Zerstörung durch die Perser im Jahre 614 und einem nur mangelhaften Wiederaufbau den Bauherren des Felsendoms als Vorbild diente. Der Kirchenvater Eusebius schreibt: „Die Innenflächen des Baus decken Platten aus buntem Marmor. Die äußere Seite der Mauern aber, die von geglätteten, genau aneinandergepaßten Steinen strahlte, gewährte einen außerordentlich schönen Anblick, der dem des Marmors in nichts nachstand … Die Innenseite des Daches bildete eine kunstvoll geschnitzte getäfelte Decke, die sich mit ihren aneinanderstoßenden Verbindungen wie ein großes Meer über die ganze Basilika ausdehnte; mit leuchtendem Gold über und über verziert, ließ sie den ganzen Tempel wie von Lichtstrahlen erglänzen."

Im Jahre 614 kommt es zum Überfall der Perser auf Palästina. Wie brutal die Schlacht um Jerusalem gewesen sein muß, entdeckte der israelische Archäologe Ronnie Reich bei Grabungsarbeiten nahe dem Jaffa-Tor. Anfang der neunziger Jahre stieß er auf eine ausgedehnte Höhle, in der sich Knochen bis zu einer Höhe von eineinhalb Metern fanden. Sie stammten von jenen 25.000 Christen, die allein bei der Schlacht im Westen der Stadt ihr Leben lassen mußten. Die Toten waren von einem Überlebenden des Massakers beigesetzt worden, der als „Timotheus der Leichenbestatter" in die Geschichte Eingang gefunden hat.

Wenn auch der Kalif Omar 638 bei der Eroberung Jerusalems das Heiligtum nicht antastete, so sollte es doch von Moslems zerstört werden. Am Beginn des 10. Jh.s nahmen Anhänger des Kalifen jenen Vorhof der Grabeskirche in Beschlag, in dem Omar 300 Jahre zuvor gebetet hatte. Sie brachten ein Schild an, das Christen das Betreten des Ortes untersagte, worauf es zu Ausschreitungen kam. Dabei ging, exakt am Palmsonntag des Jahres 936, die Konstantinische Basilika in Flammen auf. Zu einem zweiten Brand kommt es im Jahre 969, zur völligen Verwüstung der Kirche 1009, als Kalif El-Hakim den Befehl gab, die Kirche „bis auf das, dessen Zerstörung schwieriger war", niederzureißen. Dabei blieb nicht viel übrig. Auch das bis dahin noch erhaltene Grab des Josef von Arimatäa wurde zertrümmert.

Im Jahre 1048 begann unter Kaiser Konstantin Monomachus der Wiederaufbau. Es ist dies aber ein ziemlich armseliges Unterfangen, denn das Martyrion, die fünfschiffige Basilika Konstantins, blieb als Ruine liegen. Man begnügte sich mit der Errichtung des Heiligen Grabes und einiger Kapellen im Anschluß daran. Ein Augenzeuge berichtet: „Alles sehr bescheidene Bauten."

Erst die Kreuzfahrer beginnen 1099 mit einem großartigen Neubau der Kirche, in den sie die vorhandenen Teile integrieren. Diese am 11. Juli 1149, dem 50. Jahrestag der Eroberung der Stadt, eingeweihte Basilika sollte in ihrer Würde bis ins frühe 19. Jh. erhalten bleiben. 1808 ist es dann ein betrunkener Pilger, der durch seine Unachtsamkeit mit einer Kerze einen Brand entfacht. Der Erzählung nach soll er diesen mit Schnaps zu löschen versucht haben. Nur war dieser so hochprozentig, daß er das Feuer nicht zum Erlöschen, sondern erst recht zum Auflodern brachte. Bis auf Golgota, den Turm, die Südfassade und einige Kapellen brannte die stolze Kirche völlig aus. Den Befehl für den Wiederaufbau – dem übrigens fünften – erteilten die türkischen Behörden zwei griechischen Architekten. Sie errichteten ohne das geringste Stilgefühl eine von bombastischen Häßlichkeiten strotzende Kirche. Durch ein schweres Erdbeben im Jahre 1927 wird diese erneut in Mitleidenschaft gezogen.

Nach jahrelangem Gezänk zwischen den „großen Drei", den Griechen, den Katholiken und den Armeniern, beginnen 1962 endlich die Restaurierungsarbeiten. Von ihnen heißt es in einem 1980 erschienenen archäologischen Führer, sie würden „bald abgeschlossen" sein. 15 Jahre später, bei Drucklegung dieses Buches, kann man davon ausgehen, daß es noch Jahre dauern wird, bis zumindest die vordringlichsten Arbeiten vollendet sein werden. Bis auf weiteres kann man also getrost den deutschen Theologen Gerhard Kroll zitieren, der bereits Anfang der siebziger Jahre geschrieben hat: „Ein Gang durch die Grabeskirche ist mühsam, die Lektüre ihrer Baugeschichte nicht weniger."

### Vielfalt in der Einheit:

Der Slogan der ökumenischen Bewegung soll zeigen: Das Christentum ist breit, bunt, multikulturell. In ihm gibt es nichts, was einengt, nichts, was nicht möglich wäre. Charismatische Bewegungen lassen den Geist wehen, und politisch orientierte Befreiungstheologen haben

*Eingang zum Grab Christi: Die Tradition reicht sehr weit zurück, nicht aber der Bau selbst.*

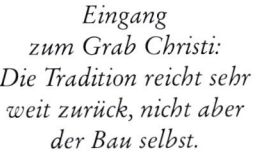

*Kreuzabnahme-Mosaik: Theologisch richtiger wäre es, von der Auferstehungskirche und nicht von der Grabeskirche zu sprechen.*

ebenso ihren Platz wie sich zu Christus bekennende Juden. Die in den Slums dieser Welt engagierten Orden sind genauso Kirche wie die kontemplativen Gemeinschaften in den Wüsten Ägyptens.

Zudem scheint das Christentum nach Jahrhunderten interner Zwistigkeiten eine Religion geworden zu sein, in der das Bild vom einen Leib und den vielen Gliedern nicht länger ein Ärgernis über die Trennung, sondern eine Freude über die Verschiedenartigkeit ist.

Auch zeigen die einzelnen Kirchen, daß sie ausreichend gefestigt sind, um die Vergangenheit zu überwinden. So finden sich in der evangelischen Erlöserkirche Jerusalems Ikonen zur Verehrung, und in der Dormitio Mariae am Zionsberg wird von den deutschen Benediktinern eine katholische Liturgie gefeiert, die deutlich von der Ostkirche geprägt ist.

Die Kirchen scheinen dem Ideal von der Vielfalt in der Einheit näher gekommen zu sein. Betrachtet man aber das Verhältnis der Konfessionen in der Grabeskirche zueinander, dann muß man jedoch mit Bedauern feststellen, daß dieses immer noch dem Vers 19 aus dem Psalm 22 entspricht. Er lautet: „Sie verteilen unter sich meine Kleider und werfen das Los um mein Gewand." Wer dies nicht glaubt und die Konflikte innerhalb der wichtigsten Kirche der Christenheit nur der Vergangenheit zuweist, der möge am Freitag nachmittag zur Sterbestunde des Herrn das Heilige Grab aufsuchen. Er wird nicht ein Nebeneinander von Liturgien, sondern eine Kakophonie miteinander streitender Gesänge hören.

## ISLAMISCHES JERUSALEM – DORT, WO ANDERE SCHON FRÜHER WAREN

Der Glaube einiger Beduinen und wohl kaum eine Weltreligion – dies wäre der Islam für lange Zeit geblieben, hätte er im 7. Jh. nicht den Sprung nach Jerusalem gewagt. Dorthin, wo das Judentum bereits eine eineinhalbtausendjährige Tradition und das Christentum eine hohe kulturelle Entwicklungsstufe erreicht hatte.

Denn Ansehen erlangt immer nur, wer die Konfrontation mit dem Bestehenden sucht und dieses zu überwinden trachtet.

Religionswissenschaftler illustrieren diese Auseinandersetzung gerne mit dem Bild vom sich ändernden Verhältnis des Kindes zu den Eltern. Erst lernt das Kleine und nimmt Wissen dankbar an. So akzeptierte auch der junge Islam Werte, die im Judentum und im Christentum fest verankert waren: den Glauben an einen einzigen Gott, den Tag des Gerichts, die Vorstellung vom Himmel und vom Weiterleben nach dem Tod, die moralische Verantwortung des Menschen für sein Tun ...

Auf diese erste Phase folgt – der Pubertät entsprechend – eine Zeit des Aufbegehrens. Diese hat eine innere Dimension – erstmals wird der eigenständige Wert betont –, aber auch eine äußere Signifikanz: Um sich vom Judentum, das mit dem Schofarhorn zur Liturgie blies, und dem Christentum, das die Gläubigen mit Glocken oder dem Schlagen auf Holzbalken zum Gebet rief, deutlich abzuheben, setzte man ein Zeichen: Man verzichtete auf alle Hilfsmittel und benutzte nur die menschliche Stimme. Das Amt des Muezzin war geboren.

Ebenso schuf man sich einen eigenen heiligen Tag. Feierten die Juden ihren Sabbat am Samstag, die Christen den Tag des Herrn am Sonntag, so legten die Moslems ihren „Tag der Versammlung" für den Freitag fest. Gemäß der Sure 62,10, in der es heißt: „O Gläubige, wenn ihr am Tage der Versammlung [am Freitag] zum Gebet gerufen werdet, so eilt zum Gedächtnis Allahs hin und laßt ab von allen Handelsgeschäften." Daß die Gebetsrichtung (qibla) der Moslems ursprünglich nach Jerusalem gewandt war und sich erst später nach Mekka ausrichtete, paßt ebenfalls in das Schema von Anpassung und Absetzung.

Die Phase der endgültigen Überwindung der beiden Religionen, die sich in Jerusalem bereits etabliert hatten, erfolgt zunächst einmal theoretisch. In der Koransure 17,2 heißt es: „Lob und Preis sei dem, der seinen Diener des Nachts entführte von der heiligen Kaaba zu der entfernten

*Der Islam mußte dorthin, wo sich bereits zwei monotheistische Religionen etabliert hatten: nach Jerusalem.*

*Der Felsendom: Der Ort, von wo Mohammed gegen den Himmel aufgestiegen sein soll.*

Anbetungsstätte (al-masjid el-Aqsa), deren Ursprung wir gesegnet haben, um ihm manche unserer Wunderzeichen zu zeigen..."
Die Auslegung dieses Verses besagt, daß Mohammed auf seinem imaginären Pferd al-Burak („Blitz") in einer Nacht des Jahres 621 nach Jerusalem geritten sei. An der Westmauer des zerstörten Tempels (Klagemauer) habe er sein Reittier angebunden; ein wohlerwogener politischer Schritt, um den Anspruch der Juden auf diesen Platz zu konterkarieren.
Vom Felsen aus, über dem später der Felsendom errichtet wurde, hat der Prophet dann mit Hilfe des Erzengels Gabriel seine Himmelfahrt unternommen. Sie führte ihn durch alle Sphären der Hölle und des Paradieses. Auf dem Stein glauben fromme Moslems noch die Fingerabdrücke des Erzengels zu sehen, der den Felsen zurückhielt, als Mohammed aufstieg. Vor der visionären Himmelfahrt soll der Prophet noch gebetet haben, wobei er sich plötzlich von Abraham, Mose und Jesus umgeben sah, die sich eigens aus dem Paradies zu ihm bemüht hatten.
Für die Religionsgeschichtler steht zweifelsfrei fest: Mohammed war nie in Jerusalem gewesen. (Detail am Rande: Jerusalem wird im gesamten Koran nicht ein einziges Mal erwähnt, es gibt nur indirekte Hinweise auf die Stadt.) Warum der Prophet dennoch dorthin kommen mußte, beantwortet der vergleichende Religionswissenschaftler Zwi Werblowsky in der „unehrerbietigen Sprache des modernen Flugverkehrs": „Es gibt keine Direktflüge von Mekka zum Himmel, es muß in Jerusalem eine Zwischenlandung eingeschaltet werden." Und: „Die Heiligkeit der Stadt war ein Bestandteil eines jüdisch-christlichen Erbes, das der Prophet anzutreten gedachte."
Mohammed genügte dazu aber nicht irgendein Platz in der Juden und Christen heiligen Stadt. Um den Anspruch zu dokumentieren, daß der Islam die neue beherrschende Religion sei, die die anderen zwar unter sich duldet, aber nie neben sich akzeptiert, mußte es schon jener Ort sein, der schon seit beinahe 2000 Jahren ein heiliger war: der Platz, an dem der kanaanäische Stadtgott verehrt wurde und an dem der salomonische und auch der herodianische Tempel gestanden hatten.
In ihrer reichen Phantasie verbanden die frommen Moslems noch weitere Ereignisse mit dem Ort: Adam war, so glauben sie, hier aus Lehm geformt worden, Noachs Arche war hier gestrandet, Abraham hatte sich hier auf das Opfer seines Sohnes vorbereitet. Und an diesem Platz habe auch König Salomo die Dämonen gezwungen, Edelsteine für den Tempel zu brechen...
Der Ort der Himmelfahrt des Propheten war also kein zufälliger, sondern er sollte beweisen, daß der Islam sehr wohl inmitten der abrahamitisch-biblischen Tradition steht, daß er diese aber zugleich auch korrigiert und erfüllt. Der Islam tritt am Tempelberg somit die sichtbare Erbschaft von Juden und Christen an, und Jerusalem wird zur „El-Quds", zur „Heiligen", der Tempelberg zum „Haram es Sharif", zum „vornehmen Heiligtum".

In der Zeit des Propheten lag Jerusalem außerhalb des Herrschaftsgebietes der Moslems. Nun war es aber nur allzu verständlich, daß man eine derart heilige Stadt in das „Dar al-Islam", das islamische Haus, miteinbeziehen wollte. Dazu sollte es im Jahre 638 kommen, als der Kalif Omar die Stadt einnahm. Womit neben der theologischen Begründung der zweite Schritt zur völligen Unterordnung von Judentum und Christentum gesetzt wurde.

Über die Eroberung der Stadt gibt es die unterschiedlichsten Berichte. Wahrscheinlich ist aber, daß der weithin unbekannte Scheich Khalid Ben Thabit al-Fahmi sie eingenommen hatte und nach Tributzahlungen unzerstört ließ. Viel pathetischer – die Geschichte bedarf offenbar großer Gestalten – klingt hingegen die Legende von der Übergabe der Stadt durch den Patriarchen Sophronius an den Kalifen Omar. Demnach sollen sich die beiden am Ölberg getroffen haben, wo der greise Patriarch dem Kalifen noch das Versprechen abringen konnte, die Bewohner der Stadt zu schonen und die Kirchen unversehrt zu lassen. Dann ritten Sieger und Besiegter durch das Osttor in die Stadt ein, der Kalif auf einem weißen Kamel, der Patriarch auf einem Esel. Denn Demütigung und Unterwerfung mußten deutlich erkenntlich sein.

Der Patriarch zeigte dem neuen Herrscher das Sehenswerte der Stadt. So auch die Grabeskirche, wo Sophronius dem Kalifen anbot, zu beten. Weitsichtig soll dieser darauf geantwortet haben: „Wenn ich in deinem Tempel beten würde, würdest du ihn später verlieren, denn die Muselmanen würden ihn dir nach meinem Tod wegnehmen, indem sie sagten: Hier hat Omar gebetet."

Statt dessen wünschte der Kalif, der mit dem sechs Jahre zuvor verstorbenen Propheten eng verbunden war, den Platz zu sehen, wo dieser in den Himmel aufgefahren war. Nur zögernd soll Sophronius diesem Wunsch nachgekommen sein, denn die Christen hatten den Platz als Müllhalde benutzt. Zum einen sollte damit das Wort Jesu, es werde kein Stein auf dem anderen bleiben, veranschaulicht werden, zum anderen wollten sie Rache an den Juden nehmen, die den persischen Eroberern ein Vierteljahrhundert zuvor massive Assistenz bei der Einnahme der Stadt geleistet hatten. Auf diesen von Esel- und Ziegenmist überhäuften Platz kam nun der Kalif. Aber anstatt nun seinerseits Rache für die Entweihung des Ortes zu neh-

*Kuppel des Felsendoms: Golden, wie der Himmel auch golden sein wird.*

men, soll Omar als erster begonnen haben, den Mist und das Geröll eigenhändig in das Kidrontal zu werfen.

Die theologische Grundlegung und die praktische Inbesitznahme von Jerusalem waren in den ersten beiden Jahrzehnten des Islams erfolgt. Was noch fehlte, war die optische Manifestation dieser beiden Schritte. Dafür wurde noch im späten 7. Jh. eine der prächtigsten Zierden religiöser Architektur erbaut: der Felsendom.

Auch wenn der Islam den religionsgeschichtlich seltenen Weg geht, der aus Glauben und Frömmigkeit religiöse Tatsachen schafft, so ist doch Jerusalem für jeden Moslem nach Mekka und

Medina die drittheiligste Stadt. Ganz insgeheim darf diese sogar den Anspruch erheben, die heiligste zu sein. Denn am Jüngsten Tag wird die Kaaba aus Mekka sich in die Lüfte erheben, um dem Tempelfelsen in Jerusalem mit einer Höflichkeitsvisite ihre Reverenz zu erweisen.

## DER FELSENDOM – GEOMETRIE DES GEISTES

Sie ist es, und die Phantasie läßt es auch gar nicht anders zu: Die Kuppel des Felsendoms von Jerusalem ist golden und hat golden zu sein. Ansichtskarten sind nur dann gut, wenn sich auf ihnen die Abendsonne im Halbrund des Domes kräftig widerspiegelt. Und das Lied „Jeruschalajim, Stadt von Gold" wurde nicht deshalb zur geheimen Staatshymne Israels, weil Noemi Shemer darin den großen Rabbi Akiba besingt, sondern weil selbst Juden an das moslemische Heiligtum denken, wenn sie die Worte hören: „Von Kupfer und von lichtem Schein! Ich will für deine Lieder die Harfe sein!"

Dabei ist die goldene Kuppel ein sehr später Schmuck: Erst Mitte der sechziger Jahre wurden die Bleiplatten, die das Heiligtum jahrhundertelang gekrönt hatten, von solchen aus Kupfer abgelöst. Und erst im Jahre 1993 wurden diese mit rund 100 kg 24karätigem Gold überzogen. Die letzte Restaurierungsarbeit ist als eine Bestätigung des altgriechischen Philosophen Heraklit zu werten, der gesagt hatte: „Der Krieg ist der Vater aller Dinge." Tatsächlich war es so, daß das saudiarabische Königshaus, das nach dem Golfkrieg in der arabischen Welt geächtet war, versuchte, seine Reputation wiederherzustellen. Und dies gedachte es über die höchst dringliche Vergoldung der Kuppel zu tun. Die alte kupferne Hülle hatte nämlich schon lange Wasser durchgelassen, das die wertvollen Mosaike im Inneren zerstörte.

Gegen diese Form der „Einmischung" verwehrte sich allerdings König Hussein von Jordanien, der sich stets als Hüter der heiligen islamischen Stätten in Jerusalem erachtete. Er reagierte rasch, verkaufte aus seinem Privatbesitz Liegenschaften in England und erbrachte somit die Restaurierungskosten von insgesamt zehn Millionen Dollar.

Das Gold schafft zweifelsohne eines: eine weitgehende Annäherung an eine vollkommene Ausgewogenheit, die durch die Architektur vor-

gegeben und durch die Komposition der Farben abgerundet wird.
Errichtet wurde der Felsendom unter dem Kalifen Abd el-Malik in den Jahren 687 bis 691 über dem heiligen Felsen Moria, wo der Tradition nach schon Abraham bereit gewesen war, seinen Sohn Isaak zu opfern, und von wo Mohammed in den Himmel aufgefahren sein soll. Der Zweck des Gebäudes: den heiligen Felsen zu schützen und das Gedächtnis an die Geschehnisse aufrechtzuerhalten. Nie aber war der Felsendom eine Moschee, in der gemeinsame Liturgie gefeiert worden wäre. Dazu hatte man sich stets in der nahen El-Aqsa versammelt.
Nicht Moslems, sondern Christen waren die Baumeister dieses beeindruckendsten Gebäudes der islamischen Welt. Darauf läßt die oktogonale Bauweise schließen, die sich in syrischen Kirchen des 6. Jh.s, aber auch in Ravenna, Mailand und Konstantinopel findet. Die Zahl 8 zerlegten die Christen immer in ihre Bestandteile 7 + 1: in die Vollendung der Schöpfung und deren Neubeginn.
Ohne daß man es auf den ersten Blick zu ergründen vermag – es ist aber die Lage des Felsendoms, die zunächst fasziniert. Erhaben thront er auf einer 4 m hohen Plattform; über weißgraue steinerne Freitreppen steigt man zu ihm empor. Und er ist – bis auf den kleinen Kettendom im Osten – völlig frei von Umgebungsbebauung, was seine dominante Wirkung noch verstärkt. Zudem ist das Oktogon so ausgerichtet, daß die vier Seiten, an denen sich die vier Tore befinden, mit den Außenmauern des Haram es Sharif und auch mit den Himmelsrichtungen korrespondieren.
Zu dieser harmonischen Komposition kommt noch die absolute Spiegelbildlichkeit des Bauwerks selbst. Die sieben Fenster, die die Fassade an jeder Seite des Oktogons auflockern, sind in ihren Farbtönen so gestaltet, daß vom mittleren Fenster ausgehend sich die gleichfarbigen Paare jeweils gegenüberstehen. Auch ist die kufische Zierschrift, die sich in Quadraten über allen Toren befindet, spiegelbildlich auf der jeweils gegenüberliegenden Seite wiedergegeben. Durch diese Maßnahmen war es möglich, daß das Oktogon mit einem Gesamtumfang von 168 m und einem Durchmesser von 54,8 m (von Ecke zu Ecke) dennoch einen zierlichen Eindruck erweckt.
Man betritt den Felsendom durch das Westtor. Das erste Gefühl des empfindsamen Besuchers:

*VORHERGEHENDE SEITEN
Der Felsendom: Vollkommene Ausgewogenheit zwischen Farbe, Form und Materialien.*

*Zwei Gesichter eines moslemischen Mädchens: Einmal religiös bedeckt, dann wiederum westlich-feminin.*

Überwältigung, für die sprachliche Superlative nicht mehr ausreichen. So mancher Betrachter glaubt die mathematische Ausgewogenheit des Raumes gar leiblich zu verspüren. Warum nicht? Sollte es tatsächlich nur Johann Sebastian Bach und Placido Domingo vergönnt sein, Körper in Schwingungen zu versetzen?
Der Raum wird von zwei Wandelgängen strukturiert. Getrennt sind diese durch 8 Pfeiler und 16 Marmorsäulen, auf denen 24 Rundbogen ruhen. Alle Säulen stammen aus spätrömischen oder byzantinischen Bauten, manche von ihnen sind sogar mit Kreuzen verziert.
Der erste Blick gilt immer der Kuppel: Etwa 50 m erhebt sie sich über den Felsen. Ihre Arabesken in Schleifenform sind golden und heben sich zart vom roten Hintergrund ab. Aus ihrer Mitte fällt eine goldene Kette auf den Felsen, den „Nabel der Welt". Etwa auf halber Höhe der 20,48 m hohen Kuppel (mit einem Durchmesser von 20,2 m) läuft ein goldenes Schriftband mit kufischen Zeichen, eingefaßt von reichen pflanzlichen Ornamenten. Es enthält den berühmten Thronvers aus der Sure 2,256: „Allah ist Allah! Es gibt keinen Gott außer ihm. Er ist der Lebendige, der Ewige. Nicht ergreift ihn Schlummer und nicht Schlaf. Sein ist, was in den Himmeln und was auf der Erde ist. Wer ist es, der Fürsprache einlegt bei ihm ohne seine Erlaubnis? Er weiß, was zwischen ihren Händen ist und was hinter ihnen, und nicht begreifen sie etwas von seinem Wissen, außer, was er will. Weit reicht sein Thron über die Himmel und die Erde, und nicht beschwert ihn die Erhaltung von beiden. Denn er ist der Hohe, der Erhabene."
Getragen wird die Kuppel von einer zylindrischen Trommel, die mit reichen Mosaiken geschmückt ist. Ihren Glanz erhalten sie durch das Licht, das durch 16 goldumrahmte Fenster einströmt, sowie durch einen einfachen Kunstgriff: Die goldenen Steine des Hintergrunds sind um 30 Grad nach vorne geneigt und erscheinen deshalb heller als die Motive. Die Trommel selbst wird wiederum von 4 Pfeilern aus Granit und den 12 Säulen des inneren Kreises gestützt.
Im Zentrum steht aber der Fels selbst. Nackt und unbändig steht der Stein in deutlicher Spannung zu all den kunstvollen Verzierungen, die seinetwegen gearbeitet wurden. 17,94 m ist er lang, 13,19 m breit, und er ragt zwischen 1,25 und 2 m über das Bodenniveau hinaus. Auf diesem Stein soll der Opferaltar des Zweiten

Tempels gestanden sein. Gesichert ist dies freilich nicht, da die moslemische Tempelverwaltung keinerlei archäologische Untersuchungen zuläßt.

Unter dem Fels befindet sich eine niedrige Höhle, der „Brunnen der Seelen", der nur wenig über dem „Schlund des Chaos" liegt, von wo aus das ganze Süßwasser der Erde entspringen soll. Es heißt auch, die Seelen der Verstorbenen versammelten sich dort zweimal wöchentlich zum Gebet. Damit aber die Lebenden daran gehindert werden, sich mit den Toten zu unterhalten, hat man mit einer weißen Marmorplatte die vorhandenen Ritzen im Boden abgedeckt.

In der Decke der Höhle befindet sich eine kreisrunde Öffnung (80 cm Durchmesser), die schon der Pilger von Bordeaux im Jahre 333 als „Lapis pertusus", als „durchlöcherten Stein" bezeichnete. Diese Öffnung soll zur Zeit des Tempels als Abfluß des Blutes vom Brandopferaltar gedient haben. Links vom Abgang in die Höhle befindet sich noch ein hoher Reliquienschrein, in welchem ein Barthaar des Propheten aufbewahrt ist.

Der Felsendom ist das einzige Bauwerk des Vorderen Orients, das seit seiner Errichtung vor 1300 Jahren keinen signifikanten Umbauten oder Zerstörungen ausgesetzt war. Selbst die Kreuzfahrer, die ihn 1099 in eine Kirche umwandelten, deckten den Felsen behutsam mit Marmorplatten ab und stellten darauf einen Altar. Und den Halbmond auf der Spitze der Kuppel ersetzten sie durch ein Kreuz. So wurde der Dom zu einer Kirche, die sie „Templum Domini" – „Tempel des Herrn" nannten. Ein Umstand, den sich so mancher Kreuzfahrer reichlich entlohnen ließ. Denn wenn es ihm doch gelang, ein Stück von dem Felsen abzubrechen, dann konnte er sich dieses von frommen Christen in Konstantinopel und Europa tatsächlich in Gold aufwiegen lassen.

Alle diese Umbauten der Kreuzritter wurden wieder rückgängig gemacht, nachdem 1187 Saladin die Stadt für die Moslems zurückerobert hatte. Die einzige Änderung gegenüber dem Urzustand war, daß Suleiman der Prächtige im 16. Jh. die desolaten Außenmosaike des ursprünglichen Bauwerks durch 45.000 Fayencefliesen ersetzen ließ, die ebenfalls 1963 erneuert wurden.

Der Felsendom ist ungeheuer verschwenderisch ausgestattet. Die El-Aqsa-Moschee, ein 15schiffiger Bau (errichtet im Jahre 715), war es

*Frau beim Studium des Korans: Religion ist nicht nur Männersache.*

auch. Was war der Grund, Jerusalem für die Moslems so aufzuwerten? Die Antwort gibt der arabische Geograph und Historiker Al-Mukkaddasi, der im 10. Jh. gelebt hat. Er sagt, der Felsendom sei errichtet worden, damit die Pracht der Grabeskirche die Moslems nicht verwirre. Der moslemische Schrein sollte also ein Gegengewicht zur Grabeskirche darstellen. Und tatsächlich: Die Kuppel des Felsendoms wurde in Form und Dimension genau jener der Grabeskirche angeglichen.

Die El-Aqsa-Moschee, errichtet als das „fernste Heiligtum" (Sure 17,2), ist der älteste Bau am Tempelplatz. Sie wurde als schlichte Holzkon-

*Moslem-Frauen beim Gebet am Haram es Sharif: Streng abgesondert von den Männern, damit keine begierigen Blicke ausgetauscht werden können.*

struktion bereits im Jahre 638 vom Kalifen Omar errichtet. Insgesamt sind am Gebäude sechs Entwicklungsstufen festzustellen, von denen die großartigste aus dem Jahre 715 stammt, als Kalif Walid I. einen 15schiffigen Bau errichten ließ. 140 Säulen trugen das 7900 m² große Dach. Im Jahre 1033 durch ein Erdbeben zerstört, wird die El-Aqsa nur mehr fünfschiffig aufgebaut. Den Kreuzfahrern diente sie als Königspalast, später als Hauptquartier des Templerordens, der von dem Ausdruck „Templum Salomonis" auch seinen Namen herleitet. 1187 fällt das Bauwerk wieder in muslimische Hände, und Saladin läßt es mit einer schönen Holzkanzel schmücken und mit Marmor auskleiden. In den Jahren 1938 bis 1942 wurden zwei altersschwache Seitenschiffe abgerissen und originalgetreu wieder aufgebaut. Die Säulen dazu stiftete Mussolini, die Deckenbemalung finanzierte der ägyptische König Faruk. 1951 fiel König Abdallah, der Großvater des 17jährigen Hussein von Jordanien, einem Attentat zum Opfer. Er erlag seinen Verletzungen im österreichischen Hospiz in der Via Dolorosa, das damals das nächstgelegene Krankenhaus war. Hussein wird daraufhin zum König gekrönt. 1969 wird die von Saladin gestiftete Holzkanzel bei einem Brandanschlag zerstört, den ein Fanatiker mit christlich-fundamentalistischem Hintergrund ausführte, der meinte, der Messias werde kommen, wenn der Tempelplatz von Ungläubigen „gereinigt" sei.

Am Haram es Sharif („vornehmes Heiligtum"), der beinahe ein Viertel der Fläche der Altstadt einnimmt, finden sich noch zahlreiche weitere kleine Moscheen und Erinnerungsbauten. Die auffälligsten unter ihnen: die „Waagschalen" am oberen Ende der Treppen zum Felsendom, wo am Tag des Jüngsten Gerichts die Seelen der Menschen gewogen werden sollen. Unscheinbar nimmt sich hingegen der Kettendom aus. Dieser um das Jahr 700 erbaute Schrein hat möglicherweise einmal als Schatzhaus gedient. Geschützt sollen die in der Kuppel aufbewahrten Pretiosen durch eine Kette des Königs Salomo worden sein, von der man sagte, daß jeder vom Blitz getroffen werde, der sie auch nur berühre. Wann allerdings der erste Dieb bemerkte, daß dies nur eine leere Drohung war, ist nicht überliefert.

# Das Judäische Bergland

Betlehem – Emmaus – Hebron – Herodeion

# DIE WÜSTE JUDA – EIN PLÄDOYER FÜR EINE EXAKTE SPRACHE

Bald hinter dem Ölberg, wenige Fahrminuten vom Zentrum Jerusalems in Richtung Osten, beginnt die Wüste. Jene Landschaft, die von Europäern gemeinhin mit Einsamkeit und Strukturlosigkeit, ja sogar mit Desaster und Wirrnissen in Verbindung gebracht wird. Unsere Sprache verrät unsere Einstellung: Wir sprechen von einer „Großstadtwüste", von einer „Wüste in uns" und auch davon, daß man manchmal am liebsten jemanden „in die Wüste schicken" möchte.

Der Landschaft, die wir bezeichnen wollen, werden wir damit freilich nicht gerecht. So überraschend es auch klingen mag: Die Wüste ist zunächst einmal der Ort der Kommunikation. Niemand geht an einem anderen vorbei, ohne mit ihm ein paar Höflichkeiten ausgetauscht und ihm Wasser angeboten zu haben. Und passiert etwas Unvorhergesehenes, dann weiß es die ganze beduinische Bevölkerung der Umgebung. In der Großstadt erfährt es hingegen oft nicht einmal der Nachbar.

Zugleich ist die Wüste aber der Ort der Kommunikationsverweigerung. In ihr ist man ganz und gar auf sich selbst zurückgeworfen, in ihr gibt es nichts, womit man sich von sich selbst ablenken könnte. Es ist ein Suchen nach dem eigenen Ich durch die Reduktion von außen kommender Reize. Orienterfahrene sprechen nicht umsonst davon, daß man die Wüste „bestehen" muß.

Die Wüste Juda war auch immer ein Ort der Revolution, jenes Aufbegehrens gegen das Establishment, das Leute still in sich ausgetragen haben. Wie die Qumran-Essener, die alle Formalismen der Jerusalemer Pharisäer und Sadduzäer zurückwiesen, um völlig losgelöst ihren eigenen Weg zu Gott zu suchen.

Ihnen und den christlichen Mönchen ist gemeinsam: „Sie suchten einen Weg zu Gott, der nicht vorgegeben, sondern frei gewählt war, nicht ererbt von anderen, die vorher einen festen Weg entworfen hatten. Sie suchten einen Gott, den nur sie allein finden konnten, nicht einen, der in einer festen, stereotypisierten Form von einem anderen vorgegeben war." So beschreibt Thomas Merton in seinem 1961 erschienenen Buch „The Wisdom of Desert" („Die Weisheit der Wüste") die Gottsuchenden.

Diese Reduktion auf das Wesentliche, so glaubt ein französischer Religionsforscher erkannt zu haben, war auch dafür verantwortlich, daß der Glaube an einen Gott in der Wüste entstand. „Die Wüste ist monotheistisch", stellte er fest, und er begründete dies damit, daß das Judentum, das Christentum und der Islam von der Kargheit jener Landschaft geprägt worden seien, in der es keine Möglichkeit gegeben habe, die Götter der Natur, der Pflanzen und der Tiere anzubeten. Während im Gegensatz dazu die meisten polytheistischen Religionen, wie etwa der Hinduismus und der Shintoismus, in Gebieten entstanden sind, in denen eine üppige Vegetation den Glauben an viele Götter begünstigt habe.

Sprachliche Inhalte ändern sich nicht rasch: Es geht also nicht darum, den Begriff Wüste völlig neu zu interpretieren, es reicht schon, wenn man neue, positive Inhalte bei dem Wort mitschwingen läßt, das bisher nur einen negativen Beigeschmack gehabt hat.

## BETLEHEM – IM HAUS DES GUTEN BROTES

Ob sich jemand bückt oder verneigt, ist eine Frage der Einstellung. Auf jeden Fall muß jeder, der die Geburtskirche betritt, dies gebeugten Hauptes durch das niedrige „Tor der Demut" tun.

Christen halten dies an dem Ort, an dem sich der unbeschränkte und unendliche Gott unter die Begrenztheit der Materie und die Endlichkeit der Zeit gestellt hat, für durchaus angebracht.

*SEITEN 120/121*
*Wüste Juda mit Totem Meer: Zugleich Ort der Kommunikation und der Verweigerung.*

*VORHERGEHENDE SEITEN*
*Griechisch-orthodoxes Kloster Mar Saba: Es bietet jenen Menschen Schutz, die nichts zwischen sich und Gott dulden.*

*Der Stern in der Geburtsgrotte: Wo sich Gott unter die Endlichkeit und Begrenztheit der Materie begab.*

Aber auch wenn jemand nicht gläubig ist, so ist es zumindest religionsgeschichtlich von Interesse, welche Revolution sich im Gottesbild im Jahr 7 oder 6 v. Chr. an diesem kleinen Ort ereignet hat: Im Judentum durfte und darf der Name Gottes nicht ausgesprochen werden, und man fand Synonyme wie „adonai", „elohim" oder „shaddai", um den respektgebietenden Schöpfer doch bezeichnen zu können. Nur ein einziges Mal im Jahr war es an einem einzigen Ort – und auch da nur einem einzigen Mann aus dem Volke Israel – gestattet, das Wort „Jahwe" zu betonen: dem Hohenpriester am Großen Versöhnungstag (Yom Kippur) in der Cella des Tempels.

Auch im Islam soll der Schöpfergott zum Teil unbekannt bleiben. Die Moslems sagen, Gott habe 100 Namen, wobei jeder für eine Eigenschaft steht: für Ewigkeit oder Langmut, Gerechtigkeit oder lebenspendende Kraft … 99 dieser Namen kennen die Menschen, den letzten nur das Kamel. Dies, so die Legende, sei auch der Grund, warum es seinen Kopf so stolz und erhaben trägt.

Dieser Gott der Christen bringt nun eine völlig neue Dimension ein: Er überwindet die Distanz des entfernten und unaussprechlichen und auch jene des unbekannten Gottes durch seine irdische Geburt, um so seinen Geschöpfen nahe und ihnen „in allem gleich" zu sein, „außer der Sünde".

Hat man das „Tor der Demut" hinter sich, befindet man sich in einer der ältesten Kirchen der Christenheit, die zwar auch mehrere Verwüstungen, nie aber eine völlige Zerstörung über sich hat ergehen lassen müssen.

Der erste Bau wurde von Helena, der Mutter Kaiser Konstantins, errichtet, die im Jahre 324 n. Chr. nach Betlehem kam. Diese Basilika war fünfschiffig, die Decke wurde von 40 Säulen getragen, und die Fußböden waren reich mit Mosaiken versehen. Das Hauptschiff endete in einem Oktogonalbau, der sich über der eigentlichen Geburtsgrotte erhob.

„Die fromme Kaiserin schmückte die Niederkunft der Gottesmutter mit wunderbaren Denkmälern aus … Bald danach ehrte der Kaiser gleichfalls diese Stätte mit Weihegeschenken, um mit silbernen und goldenen Kleinodien und buntgewirkten Teppichen die herrlichen Gaben seiner Mutter zu vermehren." Von diesem Prunk, wie ihn Bischof Eusebius beschreibt, sollte nicht viel bleiben, denn die Kirche brannte um 529 nie-

*Betlehem: Zur Freude der Touristen weihnachtet es ganzjährig.*

der, worauf Kaiser Justinian sie wiederherstellen und vergrößern ließ. Es entstand jener Bau, den wir auch heute noch im wesentlichen sehen. Denn den Sturm der Perser im Jahre 614, dem beinahe alle Gotteshäuser des Landes zum Opfer gefallen waren, überstand die Geburtskirche unbeschadet. Die Begründung findet sich in einem Brief der Jerusalemer Synode, der allerdings erst 200 Jahre nach dem Ereignis verfaßt wurde. In ihm heißt es: „Als die Perser alle Städte Syriens zerstört hatten und nach Betlehem kamen, sahen sie mit Erstaunen die Bilder der Magier aus Persien. Aus Hochachtung und aus liebender Ehrfurcht vor ihren Vorfahren verehrten sie die Magier und verschonten die Kirche."

Der für seine Toleranz bekannte Kalif Omar, der 640 mit seinen Truppen in Betlehem einmarschierte, wertete die Kirche für die Moslems dadurch auf, daß er in ihrer Südapsis zum „Propheten Jesus" betete. Fortan diente die Kirche zwei Religionen als heilige Stätte. Ein außerordentliches ökumenisches Experiment, das mit dem Einfall der Seldschuken, einem zum Islam übergetretenen türkischen Reitervolk, 1071 abrupt enden sollte. Ihre wiederholten Angriffe auf christliche Pilger stellten übrigens auch einen der Hauptgründe für die Kreuzzugsbewegung dar.

In der Zeit der bewaffneten Wallfahrten wurde die Kirche zum Ort der Krönung mehrerer Könige, die sich nicht dort die goldene Krone aufsetzen lassen wollten, wo Christus jene aus Dornen ertragen mußte: in der Grabeskirche zu Jerusalem.

Die Heiligkeit des Ortes schien bei den Moslems bald wieder in Vergessenheit geraten zu sein, denn die Mamelucken behinderten die Restaurierungsarbeiten und ließen die Basilika so verkommen, daß ein Pilger im 15. Jh. sie als „eine Scheune ohne Heu" oder als „Apotheke ohne Salbentöpfe" oder eine „Bibliothek ohne Bücher" beschreibt. Unter osmanischer Herrschaft (ab 1517) sollte es sogar noch schlimmer werden: Um den Haram es Sharif (Tempelplatz in Jerusalem), wo der Ritt des Propheten Mohammed gen Himmel lokalisiert wird, prächtig ausstatten zu können, werden Marmorplatten aus der Geburtskirche entwendet. Dies ist auch

*Griechisch-orthodoxe Weihnachten: Eine farbenprächtige Huldigung des Kindes in der Krippe.*

stehenden Bau heute auch ein armenisches, ein franziskanisches und ein griechisch-orthodoxes Kloster sowie die lateinische Katharinenkirche, die 1881 in ihrer jetzigen Form erbaut wurde.

Im Inneren des justinianischen Baus ist dann doch noch ewas von der gesuchten Würde zu verspüren, vorausgesetzt, man kommt am frühen Morgen, wenn noch nicht Hundertschaften in die Kirche drängen.

Die roten Säulen stammen wahrscheinlich noch aus der konstantinischen Zeit. An einzelnen von ihnen sind Gemälde aus der Kreuzfahrerzeit zu erkennen, die Heilige und biblische Gestalten sowie eine stillende Maria darstellen. Hölzerne Falltüren am Boden geben den Blick auf die Mosaiken aus der ersten Basilika frei, an denen man ersehen kann, das die euphorischen Worte des Eusebius über die konstantinische Basilika nicht übertrieben waren. Die Überreste von Mosaiken an den Wänden des Mittelschiffs stellen die sieben ökumenischen Konzilien sowie den Stammbaum Jesu Christi dar.

### Die Geburtsgrotte:

„Als sie dort [in Betlehem] waren, kam für Maria die Zeit ihrer Niederkunft, und sie gebar ihren Sohn, den Erstgeborenen. Sie wickelte ihn in Windeln und legte ihn in eine Krippe, weil in der Herberge kein Platz für sie war." So beschreibt Lukas in seinem Evangelium die Geburt Jesu.

Wie kam es nun aber zur Tradition der Höhle, die im ganzen Neuen Testament keine Erwähnung findet? Zunächst einmal gibt es eine ganz einfache Erklärung: Der Ausdruck „Herberge" in der deutschen Übersetzung ist schlecht gewählt – erweckt er doch die Assoziation von Karawanserei oder Hotel. Ein solches dürfte nun Josef keinesfalls aufgesucht haben, stammte er doch aus Betlehem, wo er wahrscheinlich noch Familie hatte. Keinen Platz dürfte es allerdings im „großen Zimmer" des Hauses mehr gegeben haben. Und als solches – und eben nicht als „Herberge" – wollen Theologen das im neutestamentlichen Urtext verwendete „katalyma" übersetzt wissen.

Da im „großen Zimmer" bei Josefs Verwandten aber kein Platz mehr war, zog sich das Paar eben in die Hinterräume zurück. Und das waren nicht selten Höhlen, die als Lagerräume oder auch als Ställe genutzt wurden. Auch heute findet man im judäischen Bergland noch Häuser, die vor solchen Höhlen errichtet sind.

jene Zeit, in der der große Eingang bis auf das „Tor der Demut" zugemauert wird. Denn den Türken sollte es nicht weiterhin möglich sein, mit ihren Pferden in die Kirche zu reiten und diese so zu entweihen.

Nicht selten macht sich beim ersten Besuch der Geburtskirche Enttäuschung breit. Die Vorstellung, daß einer der zentralsten Orte des Christentums auch baulich sich dementsprechend manifestieren müßte, ist verständlich; dieser Wunsch berücksichtigt aber nicht einen ganz anderen menschlichen Zug, nämlich jenen der von allen Konfessionen gesuchten Nähe zum Heilsgeschehen. Deswegen bedrängen den einst frei-

Die uns heute geläufige Höhlentradition ist sehr alt – geht sie doch bereits auf das Jahr 150 n. Chr. zurück, wo der Kirchenvater Justin von Nablus von einer solchen spricht und diese dann theologisch in Verbindung zu einem Vers des Propheten Jesaja setzt, der lautet: „Wer recht handelt ..., der wird in einer hohen Höhle aus hartem Stein wohnen."

Nun sollte diese Höhle, in der wir heute der Geburt Christi gedenken, aber bald eine gewaltsame Profanisierung erleben. Und zwar durch einen römischen Adonis-Kult. Die offene Frage ist nur: Wann kam er hierher? War diese Kultimplantierung eine gegen die Judenchristen gerichtete Maßnahme, dann kann sie unter Kaiser Hadrian nach der Niederschlagung des Zweiten Jüdischen Krieges (132–135) erfolgt sein; wurde das Andenken an den Geliebten der Aphrodite und der Artemis hingegen im Rahmen einer staatlich gelenkten Christenverfolgung hierher verlegt, so dürfte dies um 250 geschehen sein.

Für weit gefährlicher als den Adonis-Kult erachtete das junge Christentum den Mithras-Kult, für dessen Ausübung in Betlehem es ebenfalls Indizien gibt. Dieser Kult konnte bei oberflächlicher Betrachtung leicht mit dem Christentum verwechselt oder mit diesem vermischt werden. Von der Fruchtbarkeitsgöttin Mithras, der mit Orgien gehuldigt wurde, behauptete man, sie sei aus Stein geboren worden. Und ihre Anhänger trafen sich zur Kultinitiation ausgerechnet in einer Höhle.

Es gab aber auch noch andere Parallelen: Wie Mose mit einem Stab aus einem Felsen Wasser schlägt, so tut dies Mithras durch einen Pfeilschuß. Was aber das junge Christentum noch mehr verwirrte, war die Tatsache, daß auch die Mithras-Anhänger ein Festmahl hielten, das sie als Verbindung der Gläubigen untereinander und als deren Gemeinschaft mit der Gottheit verstanden. Bei solchen Festen wurden Brot und Wein in einer liturgischen Form gereicht; die kleinen runden Brote waren zudem noch mit einem Kreuz gekennzeichnet, damit sie durch die Einkerbung leichter zu brechen waren.

Dennoch: Historiker sind heute davon überzeugt, daß die Alternative Mithras oder Christus gar keine war, da sie aus christlicher Sicht eine Wettbewerbssituation konstruiert, die für die Mithras-Anhänger nie existierte. Letztere verfolgten nämlich nie das Ziel, ihre Religion zur „einzig wahren" des Römischen Reiches zu machen.

Mithras wurde auch in Verbindung mit dem Jupiter Sol invictus, dem unbesiegbaren Sonnengott, gebracht, dessen Hauptfest am 25. Dezember gefeiert wurde. Die Überwindung des Kultes geschah durch den hl. Hieronymus, der im Jahre 386 nach Betlehem kam und hier die lateinische Bibelübersetzung, die sogenannte „Vulgata", anfertigte. In einer Predigt sagte er: „Heute ist uns die Sonne der Gerechtigkeit geboren." Womit er das Weihnachtsfest terminisierte.

Zentrum der Geburtsgrotte ist der silberne Stern mit der Inschrift: „Hic de Virgine Maria Jesus Christus natus est" – „Hier wurde von der Jungfrau Maria Jesus Christus geboren". Dieser Silberstern liegt auch exakt auf der Mittelachse der Basilika, was beweist, daß diese auf diesen einen Zentralisationspunkt hin ausgerichtet war. Dem Geburtsaltar gegenüber befindet sich die etwas tiefer liegende Krippengrotte, wo die Hirten das Kind verehrten. Ein zweiter Altar erinnert an die Anbetung der Heiligen Drei Könige.

Wie der Raum zur Zeit Jesu ausgesehen haben mag, ist unklar – heute ist er jedenfalls etwa 12 m lang und 3 m breit, mit einem Fußboden aus Marmor und stark patinierten Vorhängen aus Asbest an den Wänden. Es ist trotz des verwendeten Marmors ein bescheidener Ort geblieben. Ein Ort der Besinnung, der nicht vom Wesentlichen ablenkt, das da ist: „Und

*Das Weihnachtsevangelium: Nur gebeugten Hauptes dringt man zu ihm vor.*

das Wort ist Fleisch geworden und hat unter uns gewohnt."

Die Geburtsgrotte ist nur ein kleiner Teil sehr weitverzweigter Höhlen, in denen u. a. das Gedächtnis an die Unschuldigen Kinder und den hl. Hieronymus aufrechterhalten wird.

Den Ruhm Betlehems, das aus dem Hebräischen mit „Haus des Brotes" übersetzt wird, begründete aber schon tausend Jahre zuvor ein anderer: nämlich König David, der hier geboren wurde. Auch wenn er bald darauf Jerusalem zur Hauptstadt seines Reiches machen sollte, so bleibt Betlehem doch immer mit ihm und in weiterer Folge mit dem Messias, der aus dem „Geschlecht Davids" stammt, verbunden. Ihre literarisch schönste Darstellung findet die Verbindung des kleinen Ortes mit dem „Gesalbten" beim Propheten Micha (5,1–3). Bei ihm steht geschrieben: „Aber du, Betlehem-Efrata, so klein unter den Gauen Judas, aus dir wird mir einer hervorgehen, der über Israel herrschen soll. Sein Ursprung liegt in ferner Vorzeit, in längst vergangenen Tagen. Darum gibt der Herr sie preis, bis die Gebärende einen Sohn geboren hat. Dann wird der Rest seiner Brüder heimkehren zu den Söhnen Israels. Er wird auftreten und ihr Hirt sein in der Kraft des Herrn, im hohen Namen Jahwes, seines Gottes. Sie werden in Sicherheit leben; denn nun reicht seine Macht bis an die Grenzen der Erde. Und er wird der Friede sein."

### GRÖSSE OFFENBART SICH NICHT IM PRUNK

O möchte es mir doch gestattet sein, jene Krippe zu sehen, in welcher der Herr einst lag. Jetzt haben wir Christen angeblich ehrenhalber die aus Lehm gefertigte Krippe entfernt und durch eine silberne ersetzt. Aber für mich ist jene, die man fortgeschafft hat, wertvoller. Die Heidenwelt erwirbt Gold und Silber, der christliche Glaube verdient jene Lehmkrippe. Derjenige, der in dieser Krippe geboren ist, verschmäht Gold und Silber. Ich verachte nicht diejenigen, welche der Ehre wegen die silberne Krippe aufgestellt haben, wie ich auch diejenigen nicht verachte, die für den Tempel goldene Gefäße angefertigt haben. Aber ich bewundere den Herrn, der, obwohl Weltenschöpfer, nicht zwischen Gold und Silber, sondern auf Lehm geboren wird.

Aus einer Weihnachtshomilie des hl. Hieronymus, der zwischen 386 und 420 in Betlehem lebte

### PALÄSTINAS MÖNCHE: DIE ANGST VOR DEM BISCHOF

*„Fremdverschulden ausgeschlossen" – so steht es im Grabungsprotokoll unter Berufung auf Experten für frühes monastisches Leben in Palästina. Und wenn sich diese auch über die Haltung des Skeletts erstaunt zeigten, so stimmten sie in ihren Befunden doch überein: Der Mann, dessen Gerippe mit einem unnatürlich weit nach hinten überstreckten Kopf bei der Trassierung einer Straße nach Betlehem freigelegt wurde, war keines gewaltsamen Todes gestorben. Wahrscheinlich*

Griechischer Mönch in Mar Saba: Acht Stunden Gebet, acht Stunden Arbeit, acht Stunden Schlaf.

ist, daß der Mönch in seiner Todesstunde noch einmal jenen Ort schauen wollte, an dem Jesus ihm in seinem Leiden und Sterben vorangegangen war: Jerusalem. Dabei dürfte der etwa 26jährige aber vermutlich nicht mehr die Kraft besessen haben, seinen Körper so weit umzulagern, daß er in einer natürlichen Haltung den Ort des Heils hätte schauen können.

Die Erziehung zum Fasten als vornehmstes Merkmal des Asketentums, durch das man sich von den irdischen Beschwernissen frei zu machen suchte, wurde im 5. und 6. Jh. weit vorangetrieben. So gibt es Berichte, nach denen Mönche von nur 8 Unzen Brot (218 g) täglich lebten. Von manchen wird sogar überliefert, daß sie mit dem Brot der hl. Kommunion das Auslangen gefunden haben sollen.

Vielleicht waren es aber nicht die Folgen der Kasteiung, sondern die in Kreuzesform um seinen Körper geschlungenen Eisenketten, die den namenlosen Mönch aus dem 5. Jh. daran gehindert hatten, sich noch einmal Jerusalem zuzuwenden. Das Skelett ist heute übrigens in einem Glassarg in dem griechisch-orthodoxen Kloster von Mar Elija beigesetzt.

Die Nachfolge Christi, verbunden mit der Forderung, die Leidenschaften in sich zu bekämpfen, hatte zu den abstrusesten Sonderformen monastischen Lebens geführt: Da gab es unter anderem die Styliten, die ihr Leben – abgehoben von der Welt – auf Säulen stehend verbrachten; da gab es die Dendriten, die auf Bäumen lebten, oder auch jene Asketen, die sich in Räume sperren ließen, die so klein waren, daß man in ihnen weder stehen noch liegen konnte. Und schließlich gab es auch noch Mönche, die ihr Leben im Wasser verbrachten und sich dort von Mücken halbtot stechen ließen.

Diese Formen von enthusiastischem Maximalismus, der bereits häretische Züge an sich trug, waren vor allem im syrisch-mesopotamischen Raum zu finden. In Palästina, wo die altgriechischen Werte von Maßhaltung („metron") und Besonnenheit („sophrosyne") besonders geschätzt wurden, sollte der gefesselte Mönch die Ausnahme an exzentrischem Asketismus bleiben.

Woran aber ausnahmslos allen Mönchen neben Armut und Keuschheit gelegen war, das war die Nachfolge Christi und der Märtyrer der frühen Kirche. Dazu war zunächst einmal der Auszug aus der urbanen Umgebung der Polis notwendig, was Flucht aus dieser Welt ebenso bedeutete wie den Verzicht auf Schutz und Bürgerrechte. Letzteres trifft für die Wüstenmönche der Gegenwart freilich nicht mehr zu; der Fluchtgedanke ist aber auch für sie wesentlich.

Immer wieder sind heute in Klöstern Menschen anzutreffen, die die Welt erfahren und diese auch genossen haben. Wie Father Luce in Mar Saba, der vor „seiner Befreiung durch die Wüste" in San Francisco gelebt hat. Er erzählt, sich trotz des Genusses aller zivilisatorischen Errungenschaften innerlich häufig leer gefühlt zu haben. Seinen Job als Buchhändler habe er zwar geliebt, und auch privat habe er keineswegs das

Dasein eines Sonderlings geführt. Und in religiöser Hinsicht? „Ich hatte mir irgendwie eine Privatreligion zurechtgezimmert. Wie viele meiner Alterskollegen aus der Post-Hippie-Generation auch."

Wenn Luce von seinem früheren Leben erzählt, dann mit einer derartigen Distanz, als würde er von einer zweiten Person sprechen. Zu einer engagierten Sprache kehrt er aber zurück, wenn er von seinem „neuen Leben" in dem 483 gegründeten griechisch-orthodoxen Kloster spricht: „Ich fühle mich trotz aller Härten, die ein Leben ohne Fließwasser und Elektrizität auferlegt, wohl und vor allem frei von allen externen Störungen, die meine Beziehung zu Gott behindern können." Er schlafe nur fünf Stunden und stehe mitten in der Nacht zum vierstündigen Gottesdienst auf. Dies sei zwar oft eine Überwindung für ihn, aber keineswegs eine Beeinträchtigung seines Wohlbefindens.

„Innere Störungen", die in der Mönchsliteratur als „Kampf gegen die Dämonen" beschrieben werden, müsse freilich auch er bekämpfen. Aber jeder noch so kleine Sieg stärke seine Spiritualität, und eine Niederlage lasse ihn erfahren, wie winzig er trotz aller ernsthaften Bemühungen vor Gott sei.

Als er einmal nach Jerusalem mußte, habe er einer „äußeren Versuchung" nicht widerstehen können. Er kaufte sich das verlockende Eis, um danach festzustellen: „Es ist doch nicht mehr als bloß gefrorene Milch mit Aromastoffen."

Die Wüste wird in Erinnerung an biblische Ereignisse erneut zum Ort der Gottesbegegnung: Jesus hat dort gefastet, die Propheten Elija und Elischa haben sich dorthin zurückgezogen, und Johannes der Täufer wurde gar als der Rufer in der Wüste bezeichnet.

Freilich war den Mönchen das Bewohnen der unwirtlichen Landschaft und das Fasten allein zu wenig. Um in der „ars spiritualis" wirklich zur Vollendung zu gelangen, die im vollkommenen In-sich-Ruhen bestand, bedurfte es auch des Gebetes. Geübt wurde vor allem das Jesus-Gebet, das lautet: „Herr Jesus Christus, Sohn Gottes, erbarme dich meiner!" Verbunden mit einer speziellen Atemtechnik wurden diese wenigen Worte bei manchen Asketen so sehr Bestandteil ihres Lebens, daß sie sie unentwegt rezitierten und dies sogar in einer Art Dämmerschlaf nicht unterließen. Daß derartige Praktiken auch heute noch zur Erlangung der „hesikia", der absoluten Seelenruhe, geübt werden, be-

*RECHTE SEITE*
*Klosterleben:*
*Das In-sich-Ruhen,*
*die oberste Form der*
*Vollendung, wird durch*
*Meditation und Gebet*
*erreicht.*

schreibt Erhard Kästner in seinem Buch „Die Stundentrommel vom Berg Athos".

Nur allzuleicht verkam die Seelenruhe aber zur „apatheia", zur Lustlosigkeit. Weswegen sich im zönobitischen Mönchtum Gebet und das Auswendiglernen der Bibel sehr bald mit körperlicher Arbeit verbanden. Diese wurde stets schweigend verrichtet und hatte neben dem Zweck der Eigenvorsorge auch einen sozialen Aspekt: Jeder sollte zugunsten der Gemeinschaft mehr arbeiten, als er selbst benötigte.

Für den Höhepunkt der monastischen Bewegung zwischen dem 5. und 6. Jh. sind allein in der Wüste Juda etwa 70 Klöster mit etwa 40.000 Mönchen nachzuweisen. Wobei es grundsätzlich zwei Formen zu unterscheiden gilt: die zönobitische und die eremitisch-anachoretische Form. In der ersten wird – in Erinnerung an die Urgemeinde – gemeinsam gebetet, gegessen und gearbeitet, in der letzteren ist jeder auf seinem Weg zu Gott sich selbst überlassen.

Den beiden Lebensformen entsprechend entwickelten sich die Mönchssiedlungen auch architektonisch. Die Anachoreten siedelten in Lauren. Laura (auch: Lawra) bedeutet im Griechischen soviel wie „Pfad", an dem sich zu beiden Seiten die Zellen der Eremiten befinden. Das Zentralgebäude ist die Kirche, in der man sich zur sonntäglichen Liturgie trifft. In der byzantinischen Periode hat es in der Wüste Juda etwa 20 Lauren gegeben.

Die zönobitischen Klöster, von denen rund 50 in der Wüste Juda nachzuweisen sind, waren hingegen so angelegt, daß alle Hauptgebäude um einen Innenhof gruppiert waren.

Bemerkenswert an der Architektur der drei in der Wüste Juda heute am häufigsten besuchten Klöster, dem Georgskloster im Wadi Qelt, Mar Saba und dem Qarantal bei Jericho, ist, daß sie alle an Abgründen erbaut wurden. Was der Theologie der Mönche entsprach, die vom beständigen Ausgesetztsein des Menschen und einer nie sicheren Beheimatung ausgeht.

Die Mönche, die von allem Anfang an in relativer Selbständigkeit in und mit der Kirche lebten, waren Laien. Pachomius, Schöpfer des zönobitischen Mönchtums in Ägypten (4. Jh.), verbot seinen Mönchen geradezu den Empfang von geistlichen Weihen und gewährte eintretenden Priestern keine Vorrangstellung in der Gemeinschaft. Und der hl. Hieronymus († 420) formulierte gar spitz: „Der Mönch muß Frauen und (die Weihehände der) Bischöfe meiden."

## EMMAUS – EINS AUS DREI

Qubeiba und Amwas – beide Orte haben gute Traditionen für sich, das Emmaus der Bibel zu sein. Aber nur Abu Gosh, wo die Jünger dem Auferstandenen wohl kaum begegnet sind, ist tatsächlich einen Besuch wert.

Diese dreifache Lokalisation ist selbst im Land der Bibel, in dem es zwei Kreuzigungs- und sogar zwei Grablegungsstätten Jesu gibt, eine Ausnahme. Zu erklären ist das Verwirrspiel leicht, zu klären hingegen nicht.

Es war am Tag der Auferstehung, an dem sich zwei Jünger Jesu nach Emmaus begaben. Unerwartet gesellt sich ein Fremder zu ihnen, den sie in ihr Haus einladen, „denn der Tag hat sich schon geneigt". „Und als er mit ihnen bei Tisch war, nahm er das Brot, sprach den Lobpreis, brach das Brot und gab es ihnen. Da gingen ihnen die Augen auf, und sie erkannten ihn, dann sahen sie ihn nicht mehr" (Lukas 24,13–35). Nun könnte sich das Geschilderte sowohl im heutigen Qubeiba wie auch in Amwas zugetragen haben, wäre da nicht bei Lukas auch noch der Vermerk, daß Emmaus von Jerusalem „sechzig Stadien" (ca. 12 km) entfernt ist und daß die beiden „noch in derselben Stunde" aufbrachen und nach Jerusalem zurückkehrten, wo sie „die Elf und die anderen Jünger versammelt" fanden.

Nun sind die im Evangelium genannten 60 Stadien eine Entfernung, die man durchaus am Abend noch bewältigen kann, was für Qubeiba spricht. Dennoch identifiziert Hieronymus (um 400) Emmaus mit dem 160 Stadien (ca. 32 km) entfernten Amwas, und auch Eusebius tut dies. Was war geschehen? Das armselige Qubeiba lag im Norden Jerusalems völlig im Abseits, Amwas hingegen an der Pilgerroute Jaffa – Jerusalem, und zudem war es sehr früh ein Ort mit einer blühenden christlichen Kultur. Die kleine Manipulation, die darin bestand, den 60 Stadien einen Einser voranzustellen und daraus 160 zu machen, wird allgemein dem Theologen Origenes (185–254) angelastet.

Die Kreuzfahrer wiederum haben diese Ungereimtheiten entdeckt und das Problem für sich so gelöst, daß sie keiner der beiden Lokalisationen den Vorzug gaben, sondern für sich einen dritten Ort zu jenem des biblischen Geschehens machten: Abu Gosh. Das paßte auch ganz gut in ihre theologische Konzeption. Jesus sollte ihnen – wie seinen Jüngern – an jenem Platz begegnen, an dem sie sich unter Gottfried von Bouillon im Juli 1099 versammelten, um von hier aus gen Jerusalem zu ziehen.

### Qubeiba:

In der zu Beginn dieses Jahrhunderts errichteten Franziskanerkirche zeigt man die Fundamente eines Hauses, das einem der beiden Emmausjünger, Kleopas, gehört haben soll. Eine Identifikation ist natürlich unmöglich. Tatsache ist, daß bei Grabungen im Klosterareal eine Straße sowie Mauerreste aus römischer, hellenistischer und byzantinischer Zeit sowie aus den Tagen der Kreuzfahrer freigelegt wurden.

### Amwas:

Dieser Ort ist der von der frühen Kirche favorisierte. Er liegt etwa am halben Weg zwischen Tel Aviv und Jerusalem, 1 km nördlich des 1927 von französischen Trappisten erbauten und weithin sichtbaren Klosters Latrun.
Amwas – der Name kommt von Emmaus – wird bereits bei den Makkabäern erwähnt. Im Jahre 40 v. Chr. verkauft Cassius, einer der Mörder Caesars, die Bewohner der Stadt in die Sklaverei, weil sie die von ihm in Silber geforderte Kriegsabgabe nicht aufbringen konnten. Im Jahre 4 v. Chr. wurde die Stadt von den Römern als Rache für einen jüdischen Angriff auf eine Kohorte völlig zerstört. „Varus ließ seinerseits Emmaus, das von seinen Bewohnern schon verlassen war, in Flammen aufgehen, um den dort Gefallenen ein feierliches Totenopfer zu bringen", schreibt Josephus Flavius. Geht man nun davon aus, daß die Stadt verwüstet war und die Bevölkerung deswegen auch nicht so rasch zurückgekehrt ist, dann ist es eher unwahrscheinlich, daß sich die bei Lukas geschilderte Begebenheit im Jahre 30 n. Chr. hier abgespielt hat. Was wiederum für Abu Gosh spricht. Geht man hingegen von der These aus, daß sehr wohl wieder eine bescheidene Ansiedelung existiert hat – Lukas spricht auch tatsächlich nur von einem Dorf –, dann spricht dies neben der starken frühchristlichen Tradition doch wieder für Amwas.
Die Frage nach der Authentizität des Ortes ist nicht zu klären, und sie ist für den Glauben auch ohne Belang. Sie nimmt hier nur deswegen einen so relativ breiten Raum ein, um wenigstens

*Kreuzfahrerkirche in Abu Gosh: Das einzige der drei Emmaus, das einen Besuch lohnt.*

an einem Beispiel zu exemplifizieren, wie schwer es ist, die von Pilgern und Touristen so oft gestellte Frage zu beantworten, die da lautet: „Fand dieses oder jenes biblische Ereignis tatsächlich hier statt oder nicht doch woanders?"
Im 3. Jh. war die Stadt, die nach dem Sieg der Römer von Emmaus auf Nicopolis (Siegesstadt) umbenannt worden war, bereits wieder voll blühenden Lebens. In diese Periode fällt auch der Bau der ersten dreischiffigen Basilika. Sie wird über den Resten einer römischen Villa errichtet, die ebenfalls für die des Kleopas gehalten wird. Die Kirche wird 529 während des Samaritaner-Aufstandes zerstört, danach als eigenes Gebäude neben der verwüsteten Kirche wiederaufgebaut und schließlich in eine Moschee umgewandelt. Obwohl den Kreuzfahrern

die Amwas-Tradition nicht besonders viel bedeutete, errichteten sie in der ursprünglichen Basilika eine einschiffige Kirche. Dieser Bau aus dem 12. Jh., der um 1830 in sich zusammenfiel, ist mit 23 m Länge freilich recht kümmerlich im Vergleich zu der ursprünglich dreischiffigen, 46,4 m langen Basilika, von der man die drei Apsiden heute noch gut sieht.

Zur ersten Kirche gehörte ein separates Baptisterium, dessen kreuzförmiges Taufbecken noch gut erhalten ist.

**Abu Gosh:**
In der 1142 errichteten dreischiffigen Kirche wird manifest: Die Kreuzritter dachten wohl, das Land für lange Zeit in ihrem Besitz halten zu können. Denn wer sonst baut eine Kirche mit Außenmauern von 3,7 bzw. 2,8 m Stärke?

Architektur als steingewordene Weltanschauung.

Der überwältigende Eindruck der frühgotischen Kirche mit ihrem Kreuzrippengewölbe liegt aber nicht in ihrer Massivität, sondern in ihrer Schlichtheit, die eine zusätzliche Bereicherung erfährt, wenn die Dominikaner des dazugehörigen Klosters im „tonus monasticus" ihre Choräle singen. Abu Gosh ist unbestritten – neben St. Anna in Jerusalem – eine jener wenigen Kirchen des Landes, in der man leicht besinnlich werden kann. Denn weder ein breiter Touristenstrom, der häufig von marktschreierischen „Guides" angeführt wird, noch der süßliche Kitsch religiöser Devotionalien lenken hier den Ruhesuchenden ab.

Unter dem Hauptraum der Kirche befindet sich eine mit drei Apsiden abschließende Krypta, in der eine Quelle entspringt, die schon von den Römern gefaßt wurde. Und zwar war hier, wie ein in die Nordmauer eingelassener Stein beweist, das Veteranenlager der zehnten Legion, die maßgeblich an der Eroberung Jerusalems im Jahre 70 und der Belagerung Masadas (73 n. Chr.) beteiligt war. „Vexillatio leg(ionis) X Fre(tensis)" steht auf dem Stein, der ursprünglich zum Wasserreservoir gehört hat.

In dem arabischen Dorf mit seinen 2000 Einwohnern wird noch eines weiteren biblischen Ereignisses gedacht: der Rückkehr der Bundeslade, wie sie im ersten Buch Samuel (6,19–7,2) beschrieben wird. Die Philister zogen gegen Israel in den Krieg und erbeuteten dabei die Bundeslade, die den Bund zwischen den Israeliten und Jahwe symbolisierte. Die aus Akazienholz gefertigte Lade, in der die beiden Gesetzestafeln vom Sinai sowie der Stab Aarons und auch Manna verwahrt waren, brachte den Philistern keinen Segen, sondern nur Krankheit und Seuchen, so daß sie diese Kriegsbeute gerne retournierten. Auf dieser Fahrt vom Gebiet des heutigen Askalon nach Jerusalem machte die Lade dann im biblischen Kiryat-Jearim, dem heutigen Abu Gosh, lange Station.

Wenn auch Abu Gosh bezüglich der Emmaus-Tradition keine überwältigenden Argumente für sich hat, so ist es durch einen der schönsten Sakralbauten des Landes doch ein Ort der Besinnung. Ein Ort, der sich durch seine leichte Erreichbarkeit an der Schnellstraße Jerusalem–Tel Aviv auszeichnet. Ein Argument, das schon Origenes zu nutzen wußte – wenn auch für ein anderes Emmaus.

# HEBRON – MODELL DES HASSES

Das ganze Land ist von Grenzen durchzogen. Sie verlaufen zwischen den besetzten Gebieten und dem Kernland Israel, sie teilen aber auch beinahe jede Stadt, in der Juden und Araber leben. Diese Grenzen sind zwar nicht markiert, sie werden von den Einheimischen aber dennoch respektiert. Weswegen sich auch ohne bauliche Behinderungen oder administrative Beschränkungen kaum ein Araber in die jüdischen und kaum ein Jude in die arabischen Viertel verirrt.

*Soldaten in der Stadt der Patriarchen: Sie halten Siedler und Palästinenser auseinander.*

Wenn diese Beschränkung auf den eigenen Bereich nicht akzeptiert wird, kommt es rasch zu Feindseligkeiten. So wie in Hebron. Dort sah sich die Regierung gezwungen, vorübergehend eine etwa 100 m lange und 2 m hohe Mauer zu errichten, um zu trennen, was nicht einmal nebeneinander existieren kann: 80.000 Palästinenser von 500 Siedlern.

Der aktuelle Grund für diese einmalige Visualisierung einer Grenze innerhalb einer Stadt: das Massaker, bei dem am Morgen des 25. Februar 1994 der jüdische Arzt und Siedler Baruch Goldstein 29 betende Moslems in der Abraham-Moschee getötet und weitere 90 verletzt hat.

Die Mauer selbst wird freilich von keiner der beiden Seiten akzeptiert. Die Araber sagen, sie sei ein „Angriff", die Meinung der Juden steht an den grauen Klotz gesprüht: „Berliner Mauer" steht ebenso zu lesen wie „Hoch lebe Baruch Goldstein".

Warum, so fragen sich viele Europäer, müssen Siedler sich provokant inmitten arabischer Städte niederlassen? Der Grund ist in diesem Fall ein denkbar einfacher: Hebron ist die Stadt der Patriarchen Abraham, Isaak und Jakob und zugleich jener Ort, an dem David seine erste Hauptstadt errichtete, ehe er nach Jerusalem wechselte. Was das Zentrum im südlichen Westjordanland berechtigt, sich neben Jerusalem, Zefat und Tiberias zu den vier heiligen Städten des Judentums zu zählen.

Wie bemerkt doch Friedrich Dürrenmatt zynisch und doch so unwiderlegbar wahr? „Der Glaube allein versetzt Berge. Unter ihnen sind Millionen Menschen begraben, Völker, Kulturen."

Nachdem Abraham von Ägypten nach Kanaan zurückgekehrt war, ließ er sich in der Gegend um Hebron nieder, wo er eine Höhle erstand, die fortan als Familiengruft diente: „Das ist die Zahl der Lebensjahre Abrahams: Hundertfünfundsiebzig Jahre wurde er alt, dann verschied er. Er starb in hohem Alter, betagt und lebenssatt, und wurde mit seinen Vorfahren vereint. Seine Söhne Isaak und Ismael begruben ihn in der Höhle von Machpela bei Mamre, auf dem Grundstück des Hetiters Efron, das Abraham von den Hetitern gekauft hatte. Dort sind Abraham und sein Frau Sara begraben" (Genesis 25,7–10). Aber nicht nur die beiden, sondern auch Isaak und Jakob und deren Frauen Rebekka und Lea sind der Tradition nach hier beigesetzt.

*Moschee und Synagoge über den Patriarchengräbern in Hebron: Der letzte unversehrt erhaltene Bau von Herodes dem Großen.*

Herodes der Große, der die Patriarchengräber mit einer prächtigen Umfriedung versehen ließ, tat dies aus zwei Gründen: Zum einen schmückte er damit seine Heimatstadt, zum anderen erwies er den Juden einen Gefallen, die ihn, den Nichtjuden, nur ungern als Regenten über sich sahen. Diese Mauer, die heute noch den Außenteil des Heiligtums bildet, wird allgemein als das „vollendetste Bauwerk der Antike in Palästina" eingestuft. Um das gewaltige Rechteck (34 x 59 x 18 m, Abweichungen nur 2 bis 4 mm) nicht zu wuchtig ausschauen zu lassen, haben sich die herodianischen Architekten einige optische Täuschungen einfallen lassen. „Jede Schicht tritt im Verlauf nach oben 1,5 cm zurück, und der obere Rand ist breiter als die anderen. Die Oberfläche der Mauer ist durch die absichtlichen Unregelmäßigkeiten der Fugen und die schön behauenen Bossen unterbrochen, deren zarter Schatten die glänzende Patina der Steine hervorhebt. Diese Wirkung wird von den Pilastern noch verstärkt." Derart charakterisiert der Archäologe Jerôme Murphy-O'Connor den Bau, den übrigens letzten des Herodes, der weitgehend unversehrt erhalten geblieben ist. Nur die Mamelucken (13./14. Jh.) haben geringfügige Veränderungen, wie neue Eingangstore oder die Erhöhung des herodianischen Baus sowie die Errichtung zweier Minarette, vorgenommen. Im Inneren, exakter: in der Ibrahim-Moschee, kann man auch noch Spuren der Kreuzfahrerkirche sehen. Beeindruckend sind die sechs Kenotaphe der Erzväter und ihrer Frauen, die im 14. Jh. aus farbigem Marmor gefertigt wurden. Darunter soll sich die in Genesis 25,7 ff. beschriebene Höhle Machpela befinden. Genaueres weiß man allerdings nicht, denn es ist striktest verboten, sie zu betreten – worauf die Moslems sehr genau achten. Aber schon im 2. Jh. n. Chr. war die Grabhöhle, so bezeugen es literarische Quellen, nicht mehr zugänglich. Erst die Kreuzfahrer sollten das Geheimnis um der Erzväter Gebeine lüften. Sie hoben den Boden und entdeckten tatsächlich Skelette, die sie als jene identifizierten, von denen sie sich wünschten, daß sie es auch tatsächlich seien: die der Patriarchen und ihrer Frauen. Jedenfalls wurde die Höhle zugänglich gemacht, was auch dazu führte, „daß man dort viele Körbe mit Knochen von Israeliten" abstellte, „die bei den Patriarchen begraben sein wollten".

Ab dem 13. Jh. versperrten die Moslems den Zugang zu den heiligen Stätten wieder, was heute religiös erklärt wird: Abraham würde in seiner Güte ein Eindringen zwar verzeihen, aber der eifernde Isaak würde auf jeden Eindringling losfahren.

„Tut er aber nicht", kann dazu nur ein im Jahre 1968 zwölfjähriges Mädchen sagen, daß in einer Nacht-und-Nebel-Aktion von israelischen Archäologen an einem Strick in die finstere Tiefe gelassen wurde. Sie sollte Klarheit über die Beschaffenheit der Höhle bringen. Was sie entdeckte, waren zwei kahle, durch einen niedrigen Gang verbundene Räume. Ihr Verwendungszweck liegt völlig im Dunkeln.

Aufgrund der offensichtlichen Heiligkeit des Ortes zog es seit dem 16. Jh. Juden nach Hebron. Kabbalisten aus Spanien kamen ebenso her wie Kaufleute aus Venedig und Amsterdam oder Chassiden aus Osteuropa.

Es war ein Sabbatabend im August 1929, als die Gemeinde ihr jähes Ende fand. Dem Ruf aus den Moscheen „Itbah al-yahud" – „Metzelt die Juden nieder" folgte die Tat. Araber erschlugen, angestachelt durch den Aufruf zur rituellen Schlachtung, brutalst den sephardischen Oberrabbiner und seine Frau und mit ihnen weitere 67 Personen. Die restliche Gemeinde wurde auf Befehl der britischen Behörden evakuiert. Für knapp 40 Jahre sollte es keine jüdische Kommunität in der Stadt mehr geben. Bis am 4. April des Jahres 1968, am Vorabend des Pessah-Festes, mehrere orthodox-jüdische Familien kamen, um sich „über die Feiertage" in einem kleinen Hotel einzuquartieren. In Wirklichkeit dachte die unter Führung der Rabbiner Moshe Levinger und Elieser Waldmann stehende Gruppe nicht im entferntesten daran, die Stadt jemals wieder zu verlassen. Die religiösen Juden wollten dort siedeln, wo ihr Urvater Abraham einst für 400 Silberstücke sein erstes Grundstück in Palästina erworben hatte. Sie leben noch immer dort, eine Zeitlang umgeben von der oben erwähnten Mauer, auf der auch aufgesprüht war: „Willkommen im Ghetto von Hebron." (Die Mauer wurde übrigens niedergerissen, nachdem Israel der Stationierung einer UNO-Beobachtertruppe zugestimmt hatte.)

Der Tag, den Goldstein für seine verabscheu-

ungswürdige Tat wählte, war kein Zufall: Es war der Tag nach Purim, einer Art jüdischem Faschingsfest. Und es war auch 1929 Purim gewesen, als sich die Araber nicht weniger verabscheuungswürdig an den jüdischen Mitbewohnern ihrer Stadt vergangen hatten. Goldstein wollte – und das ist auch der Grund, warum nicht wenige Radikale seine Tat gutheißen – einen späten Ausgleich vollzogen wissen. Und diese Extremisten meinten auch unmittelbar nach der Tat, es seien bei dieser Rechnung noch „40 Araber offen". Und nicht weniger Versessene unter den Palästinensern entgegneten: „Männer werden unter uns aufstehen, um zu vergelten." Nur leise sind unter dem Geschrei die Besonnenen zu vernehmen, die sagen: „Keine Grausamkeit rächt die andere."

Fromme Juden, Christen und Moslems in der ganzen Welt beten, daß sie das Gemeinsame in ihren Erzvätern erkennen mögen. Aber noch

*Israelische Siedlung im besetzten Westjordanland: Hohe Lebensqualität mit unsicherer Zukunft.*

## DIE SIEDLUNGEN: HERZ ODER KREBSGESCHWÜR DES HEILIGEN LANDES?

*Sufid, ein köstlicher Mischling, wie eben nur Mischlingshunde köstlich sind, japst. Und die drei Kinder hinter ihm her. Benny und Pini und auch die kleine Hanna. Wir überblicken vom Vorgarten des gepflegten Einfamilienhauses aus die judäische Wüste im blauen Licht des Morgens, schlürfen stark gesüßten Tee mit frischer Minze, gebraut nach Sitte der Beduinen, und genießen die erste Kühle nach einem langen heißen Sommer. Kein Autolärm, kein hysterisches Gehupe – bis auf die tollenden Kinder herrscht absolute Stille. Zwanzig Autominuten vor uns begrenzen die jordanischen Berge von Moab und Edom den Blick; zwanzig Fahrminuten hinter sich weiß man Jerusalem.*

*Tirtza L., die vor Jahren mit ihrem Mann Nissan aus dem gedrängten Tel Aviv hierher nach Allon gezogen ist, bräuchte es nicht zu betonen, denn es ist offensichtlich: „Die Kinder fühlen sich hier richtig wohl."*

*Es ist eine friedliche Stimmung, die die Mutter schließlich selbst mit der Frage unterbricht, die sie sich täglich stellt, seitdem sich die erstarrten politischen Fronten im Nahen Osten aufgeweicht haben: „Wie lange wird das noch so sein? Was stimmt an den Gerüchten, daß die Regierung gedenkt, etwa 100 Siedlungen aufzugeben und nur jene zu erhalten, die von unabdingbarem strategischen Interesse sind?"*

*Die Regierung gibt vorerst keine ausreichende Antwort. Und dies wohl aus guten Gründen. Fürchtet sie doch die aufgebrachten Siedler, die schon von zivilem Ungehorsam gegenüber dem Staat sprechen und auch davon, daß es zu einem Bürgerkrieg kommen könnte. Israelis gegen Israelis, die angeblich alle nur eines wollen: Frieden. Die einen sind allerdings nur bereit, Frieden gegen Frieden zu tauschen, die anderen sind auch willens, besetztes Land aufzugeben.*

*Der militante Kern der Siedler mag zwar nur äußerst klein sein, er glaubt aber, auf eine breite Sympathie in der Bevölkerung setzen zu können. Elyakim Ha'etzni, einer der Vordenker der Siedlerbewegung Gusch Emunim, rechnet sogar mit einer „ansehnlichen Unterstützung" von seiten der Armee. „Es werden sich viele Soldaten weigern, gegen uns einzuschreiten", meint der Rechtsanwalt aus Kiryat Arba.*

sind Berührungspunkte wie die Patriarchengräber nicht Orte der Vereinigung, sondern allzu oft Brennpunkte gefährlicher Zwietracht, an denen das Modell des Hasses konstruiert wird.

### ABGRÜNDE

„Das beweist wenigstens, daß selbst Araber ein Gehirn haben!"

Kommentar jugendlicher Anhänger der ultrarechten, verbotenen Kach-Gruppierung bei Betrachtung eines Bildes, das einen von Baruch Goldstein erschossenen Araber zeigt, aus dessen Schädel das Gehirn quillt.

„Sie sind ein Jude? Sie müssen wissen: Abraham war kein Jude, er war Moslem. Und sie müssen zum Islam übertreten, oder sie werden brennen."

Arabischer Gemüsehändler in Hebron zu einem israelischen Journalisten

In der festen Überzeugung, das Richtige zu tun, sehen sich die Siedler als potentielle Opfer einer rücksichtslosen Politik. Für deren politische Uneinsichtigkeit hätten sie eben selbst bis zum Äußersten zu gehen. Wie dies auch schon der Arzt und Siedler Baruch Goldstein bei seinem Attentat in Hebron getan hatte. Wie pries ihn doch der Siedlungs-Rabbiner von Kiryat Arba bei der Beisetzung? Als einen „heiligen Mann", der die „höchsten jüdischen Werte" verkörperte und der von der „Untätigkeit der Regierung gegen den arabischen Terror angetrieben war". Masada könnte also doch wieder fallen, auch wenn diesmal Belagerer und Verteidiger Juden sind.

Einmal dem schwermütigen Politisieren verfallen, kommt Tirtza L. nicht mehr davon los. „Wir Siedler haben den Friedensprozeß erst beschleunigt", meint sie und setzt nach: „Gäbe es uns nicht, die Araber wären nicht an den Verhandlungstisch zu bringen gewesen." Dabei belegt sie das Wort „Friedensprozeß" mit einem deutlich zynischen Unterton. Rasch hat sie auch die Zahlen der palästinensischen Übergriffe auf Juden bei der Hand: „2206mal wurden im Februar 1994 in Judäa und Samaria Steine und 58mal Brandbomben geworfen. Es kam zu acht Schießereien, zu einem Angriff mit Handgranaten und zu vier weiteren Explosionen." Das soll tatsächlich ein Friede sein?

Dieser Bewertung der säkularen Tirtza, die schlicht die gehobene Lebensqualität und die billige Wohnmöglichkeit in die Westbank gelockt haben, stimmen auch jene Siedler zu, die aus Geschichtsbewußtsein hierhergekommen sind. Und auch die ideologisch-strategischen Groß-Israel-Eiferer sehen es so: Die Araber seien erst bereit gewesen, Gespräche mit Israel aufzunehmen, nachdem sie zwei „realpolitische Einsichten" gewonnen hätten. Erstens: Sie würden nie mächtig genug sein, um ihrem ursprünglichen Ziel näher zu kommen, das lautet: „Werfen wir die Juden ins Meer!" Und zweitens: Sie hätten realisiert, daß sie sich rasch mit Israel arrangieren müßten, da es sonst bald kein Objekt der Verhandlungen mehr geben könnte. Denn die Siedlungen breiteten sich in den besetzten Gebieten ziemlich rasch aus: Zu Beginn des Tauwetters zwischen Israel und der PLO in den Jahren 1993 und 1994 gab es in der Westbank und im Gazastreifen bereits 144 Siedlungen, in denen etwa 140.000 Menschen lebten. An Expansion war gedacht.

Siedler:
Viele von ihnen glauben, für ein größeres Israel kämpfen zu müssen.

Der Ausdruck „Siedlung" vermittelt im Deutschen etwas von Flüchtigkeit und Kleinheit, wie dies auch deutlich in dem Wort „Streusiedlung" zum Ausdruck kommt. Die „settlements" der besetzten Gebiete sind aber oft auch befestigte Städte mit über 10.000 Einwohnern, umgeben von einem starken Drahtverhau und ausgestattet mit einer perfekt funktionierenden Infrastruktur. Kinos gibt es hier genauso wie Supermärkte und Bibliotheken, Turnhallen und Schwimmbäder.

Die Politik, Israelis in den besetzten Gebieten wohnhaft zu machen, wird meist mit dem konservativen Likud-Block und Namen wie Menachem Begin und Jitzhak Schamir in Verbindung gebracht. Es ist in Vergessenheit geraten, daß es die Arbeiterpartei war, die bald nach dem Sechstagekrieg ihre Zustimmung zu den ersten 32 Siedlungen gegeben hat. Diese wurden beinahe alle zwischen 1968 und 1977 im Jordantal als strategische Puffer entlang der jordanischen Grenze errichtet. Weitere 19 Siedlungen sowie den gesamten „Etzion-Block" zwischen Jerusalem und Hebron, der die Sicherheit der Hauptstadt gewährleisten soll, beschlossen Sozialisten und Likud gemeinsam.

Als 1977 der Likud an die Regierung kam, erteilte er 112 Genehmigungen. Diese „settlements" verfolgten eine neue Konzeption. Sie waren nicht mehr Wehrdörfer, sondern sie wurden nahe von palästinensischen Ballungszentren errichtet. Politische Beobachter sahen darin den Versuch, keine größeren zusammenhängenden arabischen Einheiten entstehen zu lassen. Dieser neue Typ von Siedlungen wurde auch häufig auf Anhöhen errichtet, über den im Tal gelegenen arabischen Dörfern. Die psychologische Wirkung auf die Palästinenser kann man sich leicht vorstellen.

Tirtza L. hat kein schlechtes Gewissen. Auf die Frage, wem denn das Land gehöre, auf dem sie siedle, antwortet sie ohne Umschweife: „der Regierung". Und damit hat sie formaljuridisch auch recht. Denn zum einen ist es Land, das noch vor der Staatsgründung vom „Jüdischen Nationalfond" aufgekauft wurde und von dem Juden während der Pogrome im Jahre 1929 vertrieben wurden. Zum anderen ist es „neuerer Regierungsboden". Es ist dies Land aus privatem palästinensischem Besitz, welches unter Berufung auf die Haager Konvention von der Regierung aus „öffentlichen Sicherheitsgründen" enteignet wurde. Zwar muß der Eigentümer dafür eine Entschädigung erhalten, aber das sind erstens keine Unsummen, und zum zweiten ist Geld nicht unbedingt ein Äquivalent zu nicht vermehrbarem Boden. Auch die Tatsache, daß der Enteignete Eigentümer bleibt, hat bloß theoretischen Wert. Was soll schon jemand mit Grund und Boden anfangen, den er nicht mehr nutzen kann?

„Regierungsland" ist generell auch all jener Boden, der nicht bearbeitet wird und der nicht registriert ist. Allerdings: Eine beduinisch-nomadische Gesellschaft fand auch ohne Grundbuchauszüge das Auslangen; die einzelnen Clans wußten auch ohne diese, wem welcher Weideplatz gehörte und wem die Nutzung welcher Quelle zustand. Wer als Palästinenser aber keine ausreichenden Besitzurkunden, die teils noch aus osmanischer Zeit datieren, beibringen kann, der hat juridisch gesehen eine sehr schlechte Ausgangsposition.

Es ist alles Recht, ob es deswegen auch schon rechtens ist?

Das Sicherheitsargument nutzten vor allem die Sozialisten mit ihren Siedlungen im Jordantal, die tatsächlich als Wehrdörfer konzipiert waren. Was so sauber aussieht, hat nur ein Manko: nämlich, daß die Grenzen des israelischen Sicherheitsbedürfnisses nicht ausreichend definiert sind.

Der kurioseste Streit um eine Siedlung entbrannte 1979, als der arabische Grundbesitzer und die auf seinem Land siedeln wollenden Israelis ein und dasselbe Argument vor den Obersten Gerichtshof brachten. Nämlich, daß das Sicherheitsargument nur ein Scheinargument sei. Die religiösen Siedler wollten nämlich nicht aus irgendwelchen taktischen Überlegungen nahe von Nablus ihre Häuser bauen, sondern sie wollten dorthin, weil es ihre „jüdische Heimat" sei. Die Bibel als Grundbuchauszug sozusagen. Worauf der Oberste Gerichtshof in Jerusalem entschied: „Die Siedlung hat keinen strategischen Wert." Wie sich darüber doch die Siedler freuten! Denn damit war ein für allemal klar: Mit jeder weiteren Siedlung würde man einen neuen Status erringen, der losgelöst sein würde von dem des „Wehrdorfes". Ein solches barg nämlich den Nachteil in sich, daß die Bewohner abziehen mußten, wenn auch das Militär abzog, weil die Dörfer dann ja nicht mehr länger als Objekte von besonderem öffentlichen Sicherheitsinteresse gelten konnten. Wehrdörfer konnten also aufgelöst oder verlegt werden, wie man eben auch ganze Verteidigungslinien auflöst

*Kinder in den „settlements": Fern von Alltagskriminalität, aber mit eingeschränkter Freiheit.*

oder verlegt. Die neuen Siedlungen würden hingegen gleichsam von Dauer sein.

Diese zweite Welle der Likud-Siedler begreift sich also nicht als Besatzer, sondern als Heimkehrer in jüdisches Land. „In Hebron und Betlehem, in Nablus und in Jericho sowie in der Altstadt von Jerusalem fand die Bibel statt und nicht im heutigen Tel Aviv und in Netanya", meint Ben Tzion Greenberger, Vize-Bürgermeister der Siedlung Ma'aleh Adumim.

Daß es aber heute palästinensische Einheimische mit Wohnrecht in eben diesen Orten gäbe, tut er als „eines der erfolgreichsten Schwindelmanöver in diesem Jahrhundert" ab. Diese Einschätzung würde nämlich vergessen lassen, daß die Araber Juden zwangen, blühende Gemeinden zu verlassen, in denen sie jahrhundertelang gelebt hatten.

Die Argumente stimmen, und sie sind bestechend – sie lassen immer nur eine Frage offen, nämlich: Wie weit kann man die Geschichte zurückverfolgen, um daraus aktuelle politische Forderungen abzuleiten?

Sie sind mit Pistolen und Gewehren bewaffnet, während Palästinensern selbst das Tragen eines Messers untersagt ist. Und diese Waffen, die sich nicht immer nur in den Händen ausgeglichener Personen befinden, werden dann auch eingesetzt. Wie die israelische Menschenrechtsorganisation B'Tselem untersucht hat, wurden in den Jahren der Intifada 48 Palästinenser von Siedlern erschossen. Das demokratiepolitisch Bedenkliche daran: Nur 11 dieser Fälle wurden vor Gericht verhandelt.

Tirtza und Nissan waren vor Jahren wegen der

Lebensqualität für die Kinder und auch der niedrigen Wohnungspreise wegen in die Westbank gekommen. Nachdem der Druck nun immer größer wird, haben sie sich entschlossen, wieder nach Tel Aviv zurückzugehen. Ohne finanzielle Hilfe schaffen es die beiden aber nicht mehr, denn all ihr Geld floß in das kleine Häuschen, das ob der unsicheren Lage täglich an Handelswert verliert. Die Regierung, so meinen sie, müßte Ablösen zahlen. Genauso, wie sie dies Anfang der achtziger Jahre schon bei den Siedlern am Sinai getan hatte. Daran will diese aber vorerst nicht denken.

---

**AUSSCHLIESSLICHE ANSPRÜCHE**

Das ganze Land gehört uns. Es gehört restlos uns allen, und es kann nicht an andere weitergegeben werden. Es ist ein Erbe unseres Vaters Abraham. Deswegen kann und wird es darüber nie einen Zweifel geben, daß es hier keine arabischen Territorien, kein arabisches Land gibt.

Rabbi Zvi Yehuda Kook, geistiger Vater der radikalen Siedlerbewegung Gusch Emunim

Das Land Palästina ist heiliges islamisches Eigentum, geweiht den künftigen moslemischen Generationen bis zum Tag des Gerichts. Dementsprechend hat niemand das Recht, auch nur auf einen Teil Palästinas zu verzichten.

Artikel 7 der Charta der islamisch-fundamentalistischen Bewegung Hamas

---

## DAS HERODEION – EINER VEREWIGT SICH SELBST

Das Wissen ist längst verlorengegangen. Was den Arabern blieb, ist ein Name und die Verwunderung darüber, daß sie einen Berg mit einem 12 m tiefen Loch an dessen Spitze als „Djebel el-Furedis" bezeichnen, als „Berg des kleinen Paradieses".

Die Kleinbauern nahe von Betlehem kennen Goethe nicht. Sie würden ihm aber zustimmen: Namen sind nur Schall und Rauch. Denn außer einigen Mauerfragmenten ist im Herodeion nicht mehr viel zu erkennen. Und doch lebt in der Bezeichnung ein wenig von jener Pracht und Frivolität fort, mit der sich Herodes der Große so gerne zu umgeben pflegte.

Die Palastfestung, der er – in aller Bescheidenheit – seinen eigenen Namen verlieh, ließ der

*RECHTE SEITE*
*Herodeion: Ein Gipfel wurde abgetragen, um den zweiten umso mächtiger erscheinen zu lassen.*

König der Juden auf einem Kegel errichten, der seine Umgebung um rund 100 Höhenmeter überragt. Ursprünglich waren es zwei benachbarte Erhebungen gewesen, die eine aber ließ Herodes abtragen, um mit dem daraus gewonnenen Erdreich die andere künstlich erhöhen zu können.

Errichtet hat Herodes den Palast in Erinnerung an den gefährlichsten Augenblick seines Lebens. Im Jahre 40 v. Chr. eroberten die Parther mit Unterstützung der Juden Jerusalem. Herodes, der sechs Jahre zuvor zum Präfekten der von Rom kontrollierten Provinz Galiläa ernannt worden war, floh aus der Stadt in Richtung Masada, wobei Juden und Parther dem „verfluchten Sklaven Roms", wie ihn erstere nannten, nachsetzten. Ungefähr 60 Stadien (12 km) von Jerusalem entfernt stellten sie ihn. Es kam zum Kampf, bei dem Herodes schließlich die Oberhand behalten sollte.

Zum Andenken an dieses glückhafte Unternehmen zeichnete er später den Ort mit einer prächtigen Anlage aus, zu der „200 blendendweiße Marmorstufen" emporführten und die „dem Ausmaß nach bloß ein Palast, im ganzen gesehen sich aber wie eine Stadt ausnahm". Soweit Josephus Flavius.

Die in den Jahren 24–15 v. Chr. erbaute Festung sollte übrigens nur eine von neun sein, die Herodes an den Grenzen seines Landes errichten ließ. Untereinander kommunizierten sie mittels Rauch- und Feuersignalen. Als starke Fluchtburg, wie wir sie in Masada finden, hätte das Herodeion wegen seiner ungeschützten Wasserzufuhr wenig getaugt – es dürfte vielmehr zur luxuriösen Erholung konzipiert worden sein. Eine solche bestätigen auch Graffiti und Ostraka (Tonscherben), auf denen u. a. zu lesen steht: Bewohnt wird die Palastfestung von „Lehrern und Hofpoeten, die sarkastische Gedichte verfassen", ebenso wie von „leichten Damen" und „galanten Jünglingen". Diese vornehme Gesellschaft hat sich an dem Ort der Annehmlichkeit entweder „Gesundheitskuren in der guten Mailuft" hingegeben oder ist den Aufforderungen zur „Leidenschaft im Frauenhaus" oder zur Masturbation gefolgt. Der Wein wurde übrigens aus Rhodos eingekauft. Und dies wahrscheinlich nicht zu knapp.

Das umbaute Areal von 2000 m² war streng in eine West- und Osthälfte geteilt. Im Osten befand sich ein Garten, dessen fruchtbare rote Erde aus der Shefela-Ebene sich prächtig von

den hellen Begrenzungssäulen abgehoben haben muß. Im Westen erstreckte sich der mehrstöckige Palast mit seinem Speisesaal und den Wohn- und Aufenthaltsräumen sowie den Thermen. Aber nicht nur die Räume des Bauherrn waren mit Mosaiken ausgestattet und in Fresko und Temperafarben bemalt, selbst das Wachlokal der Palastgarde läßt noch Reste derartigen Prunks erkennen – auch wenn diese zum Teil mit Obszönitäten überkritzelt sind. Das Vorbild dafür war ja gegeben, die Langeweile beim Wacheschieben wahrscheinlich auch.

Kein Wunder also, daß Herodes der Große, der für sein ausschweifendes Leben bekannt war, verfügte, hier beigesetzt zu werden. Dabei muß sein Ableben ein armseliges gewesen sein: „Die ganze Oberfläche des Körpers überzog jetzt ein unerträglicher Juckreiz; dazu wollten die Darmschmerzen nicht aufhören, die Beine schwollen an wie bei einem, der an Wassersucht leidet, am Unterleib bildete sich eine Entzündung, und an den Geschlechtsteilen entstanden Eiterbeulen, an denen die Würmer wuchsen" (Josephus Flavius).

Aber nicht einmal angesichts seines Todes im Jahre 4 v. Chr. konnte er die Verachtung, ja den Haß auf die von ihm regierten Juden überwinden. Damit sie nicht ein Freudenfest über sein Ableben feiern könnten, ließ er 15.000 von ihnen in seinem Winterpalast in Jericho einsperren, wo sie von Bogenschützen getötet werden sollten. Er wollte, daß das ganze Volk weint, und wenn schon nicht *wegen,* so doch wenigstens *anläßlich* seines Todes.

Soweit sollte es aber nicht kommen, ließ doch eine Verwandte des Verstorbenen die Gefangenen frei. Seinem Wunsch, im Herodeion beigesetzt zu werden, kam die Familie aber nach. Den Prunk des Trauerzugs beschreibt Josephus Flavius in seinem „Jüdischen Krieg": „Das Tragbett des Toten war aus purem Gold, mit Edelsteinen verziert, die Decke von Meerpurpur mit vielfarbigen Stickereien versehen, und auch der Tote obenauf war in Purpurgewänder eingehüllt. Auf dem Haupte lag das Diadem und darüber die goldene Krone, während in der Rechten das Zepter ruhte."

Erste Ausgrabungen Anfang der sechziger Jahre haben die herodianische Pracht, aber auch drei byzantinische Kirchen nördlich des einstigen Palastes zutage gebracht. Ein Geheimnis konnten aber auch sie nicht lüften: wo sich das Grab des „Kindermörders von Betlehem" befindet.

# Der Süden

Bar Kochba-Höhlen – Jericho – Masada
Qumran – Totes Meer

# DAS LEID GEBIERT HOFFNUNG

Bei aller Aufgeklärtheit: Auch der „homo technicus" des ausgehenden 20. Jahrhunderts ist noch immer geneigt, einen ursächlichen Zusammenhang zwischen seinem Handeln und seinem Schicksal zu sehen. Um so verständlicher ist es, daß dies zu biblischen Zeiten der Fall war. Die Zerstörung des salomonischen Tempels und das babylonische Exil im beginnenden 6. Jh. v. Chr. führten zu einer tiefen geistigen Erschütterung. Erstmals war das Volk weit von seinem Gott entfernt, getrennt durch endlose Wüsten vom Wohnsitz Gottes im Tempel von Jerusalem. Aber hatten nicht die Propheten immer wieder gewarnt? Hatten sie nicht Götzendienst und Verderbtheit des Volkes immer wieder gegeißelt? Hatte man sie nicht gehört oder vielleicht überhört? Deshalb mußte Israel nun leiden. „An den Strömen von Babel, da saßen wir und weinten, wenn wir an Zion dachten ... Dort verlangten von uns die Zwingherren Lieder, unsere Peiniger forderten Jubel: ‚Singt uns Lieder vom Zion!' Wie könnten wir singen Lieder des Herrn, fern auf fremder Erde?" Der Psalm 137 drückt die ganze Niedergeschlagenheit der Exilierten aus. Dennoch erschien Nebukadnezzar, der König Babyloniens, nur als der Vollstrecker göttlichen Willens. Durch ihn wurde die Sünde Israels gestraft, danach gewann das Volk sein seelisches Gleichgewicht wieder zurück.

Im Jahre 70 n. Chr., als Jerusalem von den Römern zerstört und der Tempel entheiligt und völlig niedergerissen wurde, war die geistige Orientierungslosigkeit zumindest ebenso tief. Nur mit dem einen Unterschied, daß sich das Volk diesmal keiner Schuld gegenüber dem angestammten Gott bewußt war. Das häufige Vergehen Israels, der Götzendienst, war vom Geschlecht der Hasmonäer aufs gründlichste ausgerottet worden, und das Volk fühlte sich schuldlos für eine Tat verfolgt, die es nie begangen hatte. Man identifizierte sich mit Hiob, einer der wenigen leidenden Gestalten der Bibel, bei der das Schema von „Tun und Ergehen" keine Gültigkeit hat.

Wenn aber die über das Volk Israel hereinbrechende Heimsuchung keine Vergeltung für eine Versündigung war, was war sie dann? Wahrscheinlich, so dachte man, konnte sie nur bedeuten, daß die messianische Zeit, samt der einleitenden Periode von Schmach und Leiden, ange-

*VORHERGEHENDE SEITEN
Die Wüste Juda und das Tote Meer:
Für viele Besucher heute ein Ort der Romantik, war das abgeschiedene Land einst von schweren Kämpfen geprägt.*

*Moslemischer Friedhof, der auch als Schrottplatz dient: Ein Ort des Todes und ein Ort der Erinnerung an die Vergänglichkeit.*

brochen sei. Das wußte schon eine Generation zuvor Herodes der Große, der vor den Juden, die ihm untergeben waren, stets ängstlichen Respekt hatte. Und das wußten auch die Römer, die feststellen mußten, daß der Messianismus zu einem politischen Faktor von großer Bedeutung geworden war. Israel schien fest davon überzeugt, daß die bestehenden politischen Verhältnisse keinen langen Bestand mehr haben würden. Die Brisanz der messianischen Naherwartung bestand aber darin, daß einflußreiche Teile des jüdischen Volkes meinten, man müsse zur Rettung des Volkes seine Zukunft selbst gestalten. Unter diesem Aspekt sind *Masada* und *Bar Kochba* zu verstehen, in einem eher geistig vorbereitenden Sinn fällt auch *Qumran* in diese Kategorie.

Trotz der harten Niederlagen, die die Zeloten auf Masada und auch Bar Kochba hinnehmen mußten: Vom historischen Standpunkt aus muß Israel heute diese Unternehmungen bejahen. Denn den Aufständischen gegen Rom blieb ein gewisser Erfolg nicht versagt. Die Zerstörung des Tempels (70 n. Chr.) und die völlige Einebnung der Stadt als Folge des Bar-Kochba-

Aufstandes ließen die schon bestehende Kluft zwischen dem Judentum und seiner Umwelt nur noch tiefer werden. Eine Überbrückung war weder auf dem Gebiet der bildenden Künste noch durch die Literatur mehr möglich. Die jüdische Religion hatte durch ihren Exklusivitätsanspruch ohnehin immer in die entgegengesetzte Richtung gewirkt.

Durch die Katastrophen igelte sich das Judentum innerhalb seiner Grenzen ein und löste sich aus der Schicksalsgemeinschaft der antiken Welt heraus. So kam es auch, daß das Volk Israel als einziges der seit dem Altertum existierenden Völker seine Eigenart bis in die Gegenwart herübergerettet hat.

## BAR KOCHBA – EIN HELD OHNE CHRONIST

Bar Kochba, der „Sohn des Sterns", hatte Pech. Anders als der zelotische Anführer Eleasar auf Masada hatte er keinen Chronisten, der seine Taten verewigen sollte. Und dennoch: Der Zweite Jüdische Krieg (132–135 n. Chr.) steht der Tragödie, die sich auf der herodianischen Trutzburg nur wenige Kilometer südlich und 62 Jahre zuvor ereignet hatte, in nichts nach. Selbst unter den Römern sollen die Verluste derart hoch gewesen sein, daß Kaiser Hadrian in seinem Schreiben an den Senat in Rom auf die übliche Eröffnungsphrase verzichtet hat, die lautete: „Wenn ihr und eure Kinder gesund seid, so ist es gut. Ich und die Legionen sind wohlauf."

Beginnen wir aber die Geschichte chronologisch. Im Jahre 70 n. Chr. war Jerusalem gefallen, drei Jahre später Masada. Der Widerstand der Juden gegen die Römer schien gebrochen. Dies glaubten jedenfalls die Römer und ließen deshalb auch Münzen mit dem Aufdruck „Judaea Capta" prägen. Wohl war das Land unterjocht, seine jüdischen Bewohner waren aber keineswegs bezwungen. Ganz im Gegenteil: Eine breite messianische Hoffnung im beginnenden zweiten nachchristlichen Jahrhundert führte zu einer Aufbruchstimmung, die Bar Kochba gegen die Römer auszunutzen wußte. Dabei verband er, der ein Widerstandskämpfer und zugleich eine charismatische Gestalt war, Worte mit Taten. Er zog im ganzen Land umher, predigte von der jüdischen Freiheit und der Notwendigkeit, für diese zu kämpfen. Zugleich sammelte er Waffen, legte Vorratslager an und rekrutierte Krieger.

Wie aber verhielten sich die Christen jener Zeit? Den Heidenchristen, meist Römern, war der Juden Kampf natürlich kein Anliegen, und auch die Judenchristen hielten sich abseits. Was Bar Kochba nach Eusebius (3./4. Jh.) veranlaßte, Christen zu töten und „sie auf alle Art" zu verfolgen, wenn „sie sich weigerten, ihm gegen die römischen Truppen zu helfen".

Strittig ist die eigentliche Ursache, die zum Ausbruch des Kampfes geführt hat. Manche Historiker meinen, es sei der Entschluß Hadrians gewesen, auf dem Platz, wo einst der jüdische Tempel stand, dem Jupiter ein Heiligtum zu errichten. Andere wiederum gehen davon aus, daß den Juden der Befehl mißfiel, der lautete, fortan nicht mehr „ihre Genitalien zu verstümmeln". Gemeint ist damit die Beschneidung.

Zunächst verlief der Aufstand für die Juden recht erfolgversprechend. Bar Kochba gelang es, Jerusalem einzunehmen. Er verlor es aber im Jahre 134 wieder an die Römer, die ihre besten Truppen nach Palästina beordert hatten, um niederzuschlagen, was nicht nur in dem kleinen Landstrich, sondern „im ganzen Erdkreis"

für Aufruhr sorgte. Nämlich, daß ein römischer Statthalter vor herannahenden Rebellen flüchtet, wie es Tinejus Rufus getan hat, und daß er eine Großstadt wie Jerusalem kampflos aufgibt. Diese Entwicklung wurde auch von anderen Freiheitsbewegungen mit Spannung verfolgt.

Das Königreich des Bar Kochba, der von Rabbi Akiba, einem der bedeutendsten Denker seiner Zeit, als „König Messias" bezeichnet wurde, sollte nur zweieinhalb Jahre Bestand haben. Die Taktik der Römer, die Rebellen nicht auf freiem Feld anzugreifen, sondern zu umzingeln und auszuhungern, war aufgegangen.

Der historisch zuverlässigste aller Berichte dürfte sich in der „Römischen Geschichte" von Dio Cassius (2./3. Jh.) befinden. In ihr heißt es: „So gelang es ihm [dem Befehlshaber Julius Severus], sie ziemlich langsam, aber auf ungefährliche Weise zu zerschlagen, zu erschöpfen, auszulöschen. Nur sehr wenige von ihnen überlebten. 50 ihrer wichtigsten Burgen und 985 ihrer berühmtesten Orte wurden geschleift. 580.000 Mann wurden bei den verschiedensten Überfällen und Schlachten getötet. So wurde fast ganz Judäa zur Wüste."

Diese literarische Quelle wurde eindrucksvoll durch die Ausgrabungen bestätigt, die unter der Führung von Yigael Yadin in den sechziger Jahren zwischen Ein Gedi und Masada in den verschiedensten Wadis durchgeführt wurden. Dort fand man neben Alltagsgegenständen, die heute im Israel-Museum zu besichtigen sind, auch Skelettreste von Menschen, die an Hunger und Durst in abgelegenen Höhlen verstorben sind. Und man fand Briefe, von denen einer, der leider nur in Bruchstücken erhalten ist, besonders dramatisch berichtet: „... bis zum Ende ... sie haben keine Hoffnung ... von ihnen fielen durch das Schwert ..."

In Jerusalem nahm Hadrian für den vorübergehenden Verlust der Stadt besondere Rache. Nicht nur militärisch, indem er das gesamte Areal schleifen ließ, sondern auch ideell: So ließ er an einem Stadttor ein marmornes Schwein aufstellen, das „die Unterwerfung der Juden unter die Oberhoheit Roms anzeigen sollte" (Eusebius). Zudem verbot er den Juden, die Stadt, die fortan Aelia Capitolina heißen sollte, überhaupt zu betreten.

Bar Kochba wurde von den Juden immer idealisiert und heroisiert. Er wurde in jenen Ländern, wo Juden besonders unterdrückt wurden, zu

*LINKE SEITE
Bar-Kochba-Höhle: Der „Messias" endete mit einer schweren Niederlage.*

einer Symbolfigur der Freiheit. Weswegen in Polen und Rußland Kinder Bar Kochba spielen wie ihre Altersgenossen im Westen Winnetou oder Robin Hood.

## MESSIAS – DAUERKRISE UND AUCH THEOLOGIE DER HOFFNUNG

*Der Messias starb in den frühen Morgenstunden des 12. Juni 1994. An Nierenversagen, wie aus dem Totenschein des „Beth Israel Medical Center" in New York hervorgeht.*

*Seit Tagen hatten Hunderte ultraorthodoxe Juden die Straßen vor der Klinik in Manhattan blockiert, um dort für die Gesundung und für ein „langes und glückliches Leben" des 92jährigen Menachem Mendel Schneerson zu beten. Sie taten es inbrünstig und trotz der großen Hitze selbstverständlich mit ihren schwarzen Hüten, den schwarzen Jacken und den langen schwarzen Mänteln. Und wie in der Synagoge, so waren auch hier die Frauen von den Männern streng getrennt.*

*Der „Reb", wie diese Chassiden den letzten Rabbiner der belorussischen Dynastie nannten, durfte nicht sterben. Denn mit ihm verbanden seine weltweit 200.000 Anhänger alle Hoffnungen: die Vorstellung, daß er als Messias alle Juden ins Land Israel führen werde, und auch die Zuversicht, daß er dort den Dritten Tempel erbauen und die Toten auferstehen lassen werde. Als Schneerson dann doch den Weg alles Irdischen ging, war die Trauer groß.*

*Dabei hatte sich der weltgewandte Absolvent der Pariser Sorbonne nie selbst als Messias bezeichnet. Er hatte im Januar 1951 lediglich gesagt, daß der „sehnlichst Herbeigesehnte" noch vor dem achten Lubawitscher Rebbe kommen werde. Wobei er selbst gerade als der siebente dabei war, Amt und Ehre zu übernehmen. Dieser Ausspruch vom baldigen Kommen des Erlösers war eher als ein Sprichwort und nicht so sehr als eine konkrete Weissagung zu verstehen. Schneersons Anhänger kümmerte dies wenig: Sie nahmen den Satz wörtlich und bezogen ihn auf ihren geliebten Rebbe. Wogegen dieser sich wiederum nur zaghaft wehrte.*

*Der Zusammenbruch des sowjetischen Imperiums und der damit verbundene jüdische Massenexodus nach Israel, die Luftbrücke für die äthiopischen Juden ins Gelobte Land, der Sieg über*

den Irak – all dies werteten die Chassiden als Anzeichen für den nahen Messias. Wie steht doch im Talmud (Sanhedrin 98a) geschrieben: „Ferner sagte Rabbi Jochanan: Der Sohn Davids kommt nur in einem Zeitalter, das ganz würdig oder ganz schuldig ist. In einem Zeitalter, das ganz würdig ist, denn es steht geschrieben: ‚Dein Volk besteht nur aus Gerechten, sie werden für immer das Land besitzen' (Jes 60,21); in einem Zeitalter, das ganz schuldig ist, denn es steht geschrieben: ‚Er sah, daß sich keiner regte, und war entsetzt, daß niemand einschritt' (Jes 59,16); ferner steht geschrieben: ‚Nur um meinetwillen handle ich jetzt' (Jes 48,11)."

Daß Schneerson den Titel eines „Gerechten" verdiente – daran konnte kein Zweifel sein. So ließ er unter anderem nach der Katastrophe von Tschernobyl 1000 Kinder aus der Ukraine zur medizinischen Behandlung nach Israel fliegen.

Die Verzweiflung unter den Anhängern des Lubawitscher Rebbe hatte sich bald gelegt. Wie aber halfen sie sich selbst über die Krise nach dem Tod Schneersons hinweg? Mit dem festen Vertrauen, daß der Verstorbene bald wieder-

*Religiöse Juden fragen: Ist der Messias eine Person oder vielleicht nur ein Zustand der „Schalomisierung" der Welt?*

kommen werde. Als Zeichen der Naherwartung trugen sie Ansichtskarten mit sich, die einen noch rüstigen Reb Schneerson zeigen, wie er ein Auto besteigt. Die Unterschrift unter dem Bild: „Bin gleich wieder da."

*In der jüdischen Geschichte hat es Hunderte Messiasse gegeben. Einer der ersten des nachbiblischen Judentums war Bar Kochba, der von dem gelehrten Rabbi Akiba als solcher proklamiert wurde, einer der letzten war Theodor Herzl, der von einem polnischen Rabbiner zum Erlöser erhoben worden war.*

*Trotz der Schneerson-Geschichte: Der Akzent der messianischen Theologie im Judentum liegt seit dem 19. Jh. auf dem Reich Gottes und nicht so sehr auf der Person des Messias. Die Erlösung wird zum Zentralbegriff, wobei es um Erlösung von dem Bösen in uns und außer uns, im Einzelmenschen, im jüdischen Volk und in der ganzen Menschheit, ja sogar in der Natur geht. Es soll ein neuer Äon anbrechen, der sich durch Gerechtigkeit und Liebe und eine absolute Harmonie des Menschen mit dem Willen Gottes auszeichnet.*

*Es geht aber, wie der mittelalterliche Religionsphilosoph Maimonides lehrt, nicht um die Veränderung der Naturgesetze: „Denke nicht, daß in der Zeit des Messias etwas von der Weltordnung aufgegeben wird oder daß ein Neues*

## IM AUFSCHUB

Die Größe der messianischen Idee entspricht der unendlichen Schwäche der jüdischen Geschichte, die im Exil zum Einsatz auf der geschichtlichen Ebene nicht bereit war. Sie hat die Schwäche des Vorläufigen, des Provisorischen, das sich nicht ausgibt. Denn die messianische Idee ist nicht nur Trost und Hoffnung. In der Hoffnung ist etwas Großes, aber es ist auch etwas Unwirkliches. Es entwertet das Eigengewicht der Person, die sich nie erfüllen kann, weil das Unvollendete an ihren Unternehmen gerade das entwertet, was ihren zentralen Wert betrifft. So hat die messianische Idee im Judentum das Leben im Aufschub erzwungen, in welchem nichts in endgültiger Weise getan und vollzogen werden kann. Die messianische Idee – darf man vielleicht sagen – ist die eigentliche antiexistentialistische Idee. Es gibt, genau verstanden, jenes Konkrete gar nicht, das von nichterlösten Wesen vollzogen werden könnte.

*Der jüdische Religionsphilosoph Gershom Scholem, 1919*

*Hoffen auf den Erlöser: Gleichviel, ob er morgen oder erst in Jahrhunderten kommt.*

im Schöpfungswerk eintritt; die Weltordnung bleibt, wie sie war, und das Wort des Jesaja (11,6), daß der Wolf beim Lamm, der Panther beim Böcklein lagert, ist nur ein Gleichnis dafür, daß Israel in Sicherheit unter den Völkern seßhaft wird." Um es mit einem gängigeren Ausdruck zu belegen: Es geht um die Humanisierung und die „Schalomisierung" der Welt. Wobei Schalom als ein polysemantischer Begriff für Frieden, Freude, Versöhnung und Seelenheil steht.

*Aus dieser Theologie der Hoffnung haben sich zwei Denkschulen gebildet: die des restaurativen und die des utopischen Messianismus. Die restaurative Richtung setzt ein goldenes Zeitalter an den Beginn der Geschichte, das es nun wieder herbeizuführen gilt. Es ist dies das Reich Davids, das als das ideale Königreich betrachtet wird und das wiedererrichtet werden soll. Die utopische Richtung hingegen orientiert sich stark an den Verheißungen bei den Propheten Jesaja (2. Kapitel) und Micha, bei dem geschrieben steht: „Er spricht Recht im Streit vieler Völker, er weist mächtige Nationen zurecht. Dann schmieden sie Pflugscharen aus ihren Schwertern und Winzermesser aus ihren Lanzen" (4,3).*

*Marx und Trotzki, Rosa Luxemburg und Gustav Landauer, einige der großen Denker des Sozialismus, waren Juden. Wenn auch keine religiösen. Aus ihrem Judentum ist ihnen aber doch eines geblieben: die Forderung, konsequent zu handeln. Gemäß dem chassidischen Wort, das fragt: „Auf wen wartet der Messias? Auf Dich!" Die sozialistische Utopie wird somit zur säkularisierten Form des utopischen Messianismus.*

*Ähnlich, wenn auch mit einem stark restaurativen Gedankengut ausgestattet, versteht sich der politische Zionismus. Ist er nun schon die verheißene messianische Sammlung aller Juden der Welt im Lande Israel? Die Meinungen darüber gehen auseinander. Der Religionswissenschaftler Schalom Ben-Chorin sagte 1975: „Geschichte und Heilsgeschichte sind vor allem im Judentum nicht scharf voneinander zu scheiden, gehen immer wieder ineinander über, so daß wir von einer heilsgeschichtlichen Komponente im Zionismus und bei der Entstehung des Staates Israel sprechen können." Der Philosoph Gershom Scholem hingegen meinte 1929 in der hebräischen Zeitung Davar: „Die Erlösung des jüdischen Volkes, welche ich als Zionist ersehne,* ist in keiner Weise identisch mit der religiösen Erlösung, welche ich mir für die Zukunft erhoffe. Das zionistische Ideal ist eine Sache, das messianische eine andere, und diese beiden Ideale berühren sich nicht, es sei denn in pompösen Phrasen und Massenaufzügen."

„Ich glaube mit vollkommenem Glauben an das Kommen des Messias, und wenn er auch zögert, so harre ich doch jeglichen Tages seines Kommens." So lautet der zwölfte Glaubensartikel des Maimonides. Ist es ein Hoffen wider jede Vernunft, eines, das dem „Warten auf Godot" entspricht? Oder ist es eines, das sich für die Juden nicht lohnt, wie es Kafka sieht, der meint: „Hoffnung, Hoffnung: aber nicht für uns"?

Die Antwort wird erst der Messias geben. Wenn er kommt.

*Messiaserwartung mit einer Tasse Tee: Oft verkommt der Glaube zur menschlichen Eitelkeit.*

## EINE TASSE TEE FÜR DEN ERLÖSER

„Worauf wartet der Jude täglich? Auf den Briefträger und den Messias." Der Witz Ephraim Kishons ist treffend. Der von dem Satiriker nicht verbalisierte Zusatz: Der eine kommt ohnehin, dem zweiten muß man – über Beschleunigungsversuche – ein wenig nachhelfen. Aber nicht nur Juden drängen den „Sproß aus dem Hause Davids" zur Ankunft, auch Christen bestürmen ihn, nach einer „kleinen Weile" doch endlich wiederzukommen. Bevorzugter Ort der menschlichen Ungeduld: Jerusalem.

Zu besagten Himmelsstürmern zählte ein jüdisches Ehepaar in den zwanziger Jahren, das seine ganze Messias-Theologie an die Vorstellung knüpfte, dem Erlöser gingen Vorzeichen in der Natur voraus. Als 1928 in Palästina die Erde tatsächlich bebte, eilte das Paar auf die Straße. Aber nicht, um das Weite zu suchen, sondern um dort zu feiern. Euphorisch tanzten die beiden so lange, bis sich ein Dachziegel löste und den frommen Juden seiner Erdenqualen enthob. Ob die Frau angesichts dieses Verlustes zu tanzen aufhörte oder ob sie in der Gewißheit, ein weiteres Signal der messianischen Nähe erfahren zu haben, weitermachte, ist nicht überliefert.

Der Vorstellung, der wiederkehrende Sohn Gottes schicke „gewaltige Zeichen" voraus, hing auch jene Engländerin an, die von 1921 bis 1928 alljährlich im Januar nach Jerusalem pilgerte und im März wieder abreiste. Nach ihren Visionen sollten Beben und Messias im Februar kommen; leider wußte sie nicht, in welchem Jahr. Wie groß war ihre Enttäuschung, als sich die Erde im Juni 1928 regte und sie davon in London erfuhr. Die völlige Verzweiflung soll sie aber ergriffen haben, als der Katastrophe der Messias nicht folgte.

Manche dieser nach Erlösung Heischenden müssen recht aufsässig gewesen sein. So eine Französin, die in die „Heilige Stadt" kam, um dort den Anti-Christus zu bekämpfen. Da sie ihn aber trotz intensiver Suche nicht finden konnte, bestürmte sie Passanten auf der Straße mit Fragen. Ihr fortgesetztes Drängen ließ einen der Belästigten auf die Antwort verfallen: „Ich habe ihn zuletzt in Jaffa getroffen!" Die Dame reiste dorthin und ward in Jerusalem nie wieder gesehen.

Der Messias muß wohl ein Brite sein, dürfte sich eine distinguierte Dame der Londoner Gesellschaft gedacht haben, der es nicht langweilig wurde, jahrelang tagtäglich mit ihrem Diener und ihrem Esel auf den Ölberg zu ziehen, um dort den Erlöser zu erwarten. Ausgerüstet mit Tee und Tasse – beides vom Feinsten, versteht sich. Der Genuß, vor ihren Freundinnen in London prahlen zu können, sie sei der erste Mensch gewesen, mit dem der Gesalbte seinen Five o'clock tea gehabt habe, blieb ihr trotz ihrer Ausdauer versagt.

Wenn das Maß jüdischen Leidens in dieser Welt voll ist, dann kommt der Messias. Dieser aus der Erfahrung der Verfolgung entstandenen Theologie folgte ein gottesfürchtiger Jude in Jerusalem. Was aber soll ein Frommer tun, der mit dieser und der anderen Welt in Eintracht lebt, um die Erlösung zu beschleunigen? Er prügelt täglich seine Frau. Der Hintergrund: Der Frau bereitete dies körperlichen Schmerz, dem Mann aber seelischen. Denn er liebte seine Gattin über alles.

*Viele Israelis sind heute des ewigen Messianismus überdrüssig. So auch der Jerusalemer Eisenhändler Ari C., der sich selbst als einen „Feiertagsjuden" bezeichnet: „Immer wenn es etwas zu feiern gibt – und das ist kaum öfter als zweimal im Jahr –, gehe ich in die Synagoge." Sonst reicht es ihm, daß der Staat jüdisch ist, der Wein und der Tennisklub, die Wissenschaft und die Armee. „Wenn ohnehin alles jüdisch ist, wozu brauche ich dann noch ein Bethaus?" pflegt er zu sagen. Was aber tut Ari C., wenn ihm die ultraorthodoxen Himmelsstürmer wieder einmal zuviel werden? Wenn sie eine Bushaltestelle zerstören, nur weil dort freizügige Bademodeplakate affichiert sind? Oder wenn ein Wortführer der religiösen Fundamentalisten einen Busunfall, bei dem mehrere Kinder ums Leben gekommen sind, mit den Worten kommentiert: „Es war Gottes gerechte Strafe, weil der Bus am Sabbat unterwegs war."*

*Wenn Ari C. dies alles zuviel wird, dann fliegt er nach München, wo er gelebt hat, ehe er von den braunen Schergen vertrieben wurde. Und wenn er nach ein paar Tagen gerne wieder nach Israel zurückkommt – was sagt er dann? „Es ist herrlich, einmal so ganz ohne Messias ausspannen zu können."*

## JERICHO – DIE ÄLTESTE STADT ERLEBT EINEN NEUEN FRÜHLING

Glaubte die „Palestinian National Security Authority" tatsächlich an die Widerstandsfähigkeit des simplen Maschendrahtzaunes? Oder setzte sie auf die Hoffnung, die Palästinenser würden sich disziplinierter verhalten? Wie auch immer: Die knapp 10.000 Menschen, die an diesem brütendheißen 6. Juli 1994 nach Jericho gekommen waren, wollten jenem Mann nahe sein, den sie stets als Symbol des Kampfes für die Freiheit hochgehalten hatten: Yasser Arafat, Vorsitzender der PLO. Er besuchte an diesem Tag erstmals die kleine Stadt im Jordantal.

Endlich, nach 27 Jahren im Exil, war der Führer da. Die Erfüllung eines so lange gehegten Traumes ließ die begeisterten Massen alle Grenzen überwinden – zunächst einmal die des Maschen-

*Palästinenser begrüßen den PLO-Vorsitzenden Arafat in Jericho: Eine Heimkehr, die keine Episode bleiben soll.*

drahtzauns. Erst vom Sturm auf die Tribüne konnte die noch unerfahrene, weil erst kurz zuvor installierte Polizei die Menschenmenge abhalten. Eine Frau, der es dennoch gelang, sich durchzusetzen, erlitt einen Schwächeanfall, nachdem sie den 65jährigen Abu Ammar, wie Arafat auch genannt wird, geküßt hatte. Und diesem wiederum verschlug es die Stimme, als er versuchte, die Jubelrufe zu übertönen.

Für die Bewohner Jerichos war dieser Tag ein Fest, für die Stadt war er das jüngste Kapitel einer über 10.000jährigen Geschichte, in dem zukünftige Generationen einmal mehr sehen sollen als bloß eine historische Fußnote.

Jericho, mit 250 m unter dem Meeresniveau die tiefstgelegene Stadt der Erde, besteht eigentlich aus drei Städten, die sich jeweils an anderen Enden der wasserreichen Oase gebildet haben: dem prähistorischen und israelitischen Tell es-Sultan, der herodianisch-neutestamentlichen Stadt am Ausgang des Wadi Qelt und schließlich dem modernen Jericho, das von den Arabern auch als Ri'cha bezeichnet wird.

Die erste Besiedelung ist für das 9. Jahrtausend nachweisbar. Es müssen Hirten gewesen sein, die sich, von der Fruchtbarkeit des Ortes beeindruckt, hier erstmals niedergelassen hatten. Sie vollzogen damit einen enormen Kultursprung: denn sie eigneten sich nach den Jahrtausenden des herumziehenden Suchens nach immer neuen Weideplätzen nun die Kultur der Seßhaftigkeit an. Das wesentlichste Merkmal dieser postnomadischen Sippen lag darin, daß sie sich erstmals darin versuchten, Böden abzuernten und sie danach erneut zu bestellen – eine ungeheure Entwicklung in der Menschheitsgeschichte, die durch die Funde von kultiviertem Getreide nachweisbar ist. Gewohnt haben diese ersten Siedler in Hütten aus Weidengeäst und Lehm. Das älteste heute noch deutlich auszunehmende Bauwerk ist ein Befestigungsturm aus dem 8. Jahrtausend. Woraus sich für Jericho der zweite Rekord ableitet: nämlich die bisher älteste bekannte Stadt der Erde zu sein. Dieser Rundturm mit einem Durchmesser von 9,8 m an der Basis und einer heutigen Höhe von rund 8 m war nicht bewohnbar. Es führte lediglich eine 22stufige Wendeltreppe im Inneren zum Dach empor. Auch dieses älteste Großbauwerk der Menschheit stellt erneut einen großen Schritt in der Entwicklungsgeschichte dar. Ist es doch das erste Mal, daß eine Grenze ganz manifest gezogen wird. Zwischen „drinnen und draußen", zwischen „uns und euch". Ein Denkmodell, das uns Menschen seitdem nie mehr verlassen hat.

Warum sich der Schatten der Geschichtslosigkeit für die nächsten Jahrtausende über die Stadt legte, ist völlig unbekannt. Tatsache ist, daß das nächste Großereignis erst im 13. und 12. Jh. v. Chr. stattfand: die Einnahme der Stadt durch die Israeliten. Aber auch diese liegt völlig im dunkeln. Als Charles Warren, der Pionier unter den Palästina-Archäologen, 1869 Jericho auszugraben begann, hatte er nur einen Wunsch: nämlich jene Mauer zu finden, die Josua durch das Umwandern der Stadt mit Pauken und Trompeten zum Einsturz gebracht hatte. Aber weder dem Briten noch dem Deutschen Watzinger sollte es gegönnt sein, diese zu finden. Und auch die englische Archäologin Kathleen Kenyon, die in den fünfziger Jahren immerhin den Rundturm freigelegt hatte, suchte vergeblich.

Fazit: Zur fraglichen Zeit war Jericho von gar keiner Mauer umgeben. Bei Josua 6,1–5 aber heißt es dennoch: „Jericho hielt wegen der Israeliten die Tore fest verschlossen. Niemand konnte heraus und niemand konnte hinein. Da sagte der Herr zu Josua: Sieh her, ich gebe Jericho und seinen König samt seinen Kriegern in deine Gewalt. Ihr sollt mit allen Kriegern um die Stadt herumziehen und sie einmal umkreisen. Das sollst du sechs Tage lang tun. Sieben Priester sollen sieben Widderhörner vor der Lade hertragen. Am siebten Tag sollt ihr siebenmal um die Stadt herumziehen, und die Priester sollen die Hörner blasen. Wenn das Widderhorn

geblasen wird und ihr den Hörnerschall hört, soll das ganze Volk in lautes Kriegsgeschrei ausbrechen. Darauf wird die Mauer der Stadt in sich zusammenstürzen; dann soll das Volk hinübersteigen, jeder an der nächstbesten Stelle." Danach sollte durch des „Schwertes Schärfe" umkommen, wer immer sich in der Stadt befand. Vom Gemetzel ausgenommen sollte nur die Hure Rahab sein, die zuvor die von Josua ausgeschickten israelitischen Kundschafter bei sich versteckt gehalten hatte.

Die nichtexistierende Befestigungsmauer Jerichos schien zunächst ein Problem der Archäologie zu sein; tatsächlich aber war sie eines der Theologie. Das schließlich folgendermaßen gelöst wurde: Kurz vor der Landnahme durch die Israeliten war Jericho zwar wieder bewohnt, aber noch nicht befestigt worden. Die Stämme Israels haben sich also auf Ruinenfeldern niedergelassen, die nicht nur einem anderen Stamm gehörten, sondern dessen weibliche

*Der Tell von Jericho: Das Fehlen der berühmten Mauer schien ein Problem der Archäologen zu sein; tatsächlich war es eines der Theologen.*

Mitglieder auch noch einem wenig ehrenwerten Gewerbe nachgingen.

Es war aus der Sicht der Neubesiedler nicht unbedingt eine ehrenwerte Großtat, eine unbefestigte Stadt von zweifelhaftem Image eingenommen zu haben. Also will die Bibelstelle auch anders als die Schilderung einer militärischen Aktion gelesen werden: Erst einmal entkräftet der Text die Bedenken gegenüber Rahab mit der Feststellung, daß sie als einzige den Israeliten und deren Gott wohlgesonnen war. Zum anderen legt die Schriftstelle klar, daß Gott selbst die Stadt seinem Volk als Geschenk in die Hand gegeben hat. Die biblische Erzählung dient somit weniger der Verherrlichung der Krieger, die die Stadt einnahmen, als vielmehr der Legitimation, daß sie überhaupt besetzt wurde.

Sehr wörtlich haben hingegen 20 Fromme in den siebziger Jahren den biblischen Bericht genommen. Sie umkreisten tagelang die Bank von Amsterdam, in der die Goldreserven der holländischen Regierung lagern, um dann erfahren zu müssen, daß die Stahlbetonwände doch nicht in sich zusammenfielen.

Von der Pracht des herodianischen Jericho, das südwestlich der heutigen Stadt am Ausgang des Wadi Qelt gelegen war, ist nicht mehr sehr viel zu sehen. Die Anlage des Herodes muß ähnlich wie in Masada und im Herodeion von ungeheurer Pracht und Schönheit gewesen sein, schrieben doch die neuzeitlichen Ausgräber verwundert: Es schien, „als ob im neutestamentlichen Jericho ein Stück vom augusteischen Rom wie auf einem fliegenden Teppich wunderbar von den Ufern des Tiber an die Ufer des Wadi Qelt getragen worden sei". Zur Ausgestaltung der Anlage hatte sich Herodes der Große neben geschulten römischen Künstlern gleich auch den Marmor aus Italien kommen lassen. Das Besondere an dem Palast war, daß er sich zu beiden Seiten des Wadi Qelt erstreckte und daß beide Teile durch eine Brücke verbunden waren.

Der verschwenderischen Lebensfreude wohl höchste Stufe müssen die Badehäuser mit fünf Freiluftbecken gewesen sein. Das größte, aus dem Wasser auch zur Bewässerung entnommen wurde, maß immerhin 175 × 145 m. In einem dieser Becken hat Herodes dann auch seinen Schwager Aristobul ertränkt, der trotz seines Alters von nur 17 Jahren beim Volk sehr beliebt war. Das Ganze sollte wie ein Unfall aussehen. Man spielte, wie es Kinder auch heute oft tun, Untertauchen – und mit Aristobul eben so lange, bis er nicht mehr auftauchte.

Aristobul war das Opfer einer Familienintrige geworden. Von denen es im Hause des Herodes wahrlich keinen Mangel gab, wie man sich leicht ausmalen kann. Der König war nicht weniger als zehnmal verheiratet, zu seinen „besten Zeiten" hatte er neun Frauen zugleich. Acht davon gebaren ihm Kinder, die er innerhalb der Großfamilie wieder verehelichte.

Von wem immer der offenbar äußerst mißtrauische Herodes annahm, daß er ihm den Thron streitig machen könnte, den ließ er kaltblütig exekutieren. So befahl er neben der Hinrichtung Aristobuls unter anderem auch die seiner Lieblingsfrau, dreier Söhne und eines weiteren Schwagers. Aber selbst vor der Tötung hochbetagter Personen, wie des über 80jährigen ehemaligen Hohenpriesters Hyrkanus, schreckte der Despot nicht zurück.

Und schließlich paßt auch der Kindermord von

Betlehem noch in die Kategorie politischer Morde zum eigenen Machterhalt, auch wenn er heute als nicht historisch gilt.

Wenn es, so sagen Ahnenforscher, ein Argument gegen die Polygamie gibt, dann kann es nur heißen: Herodes der Große.

Nahe bei diesem herodianischen Palast muß Jesus auch sein letztes von den Synoptikern berichtetes Wunder vollbracht haben: die Heilung eines blinden Bettlers namens Bartimäus. Was die Menschen aber mehr erregte als die Heilung, war die Tatsache, daß Jesus Zachäus, dem obersten Zollpächter der Stadt, in dessen Haus folgte. Beim Evangelisten Lukas (19,1–10) sagen die Leute: „Seht, er ist bei einem Sünder eingekehrt."

In den einzelnen römischen Provinzen wurden direkte und indirekte Steuern eingehoben. Die Eintreibung letzterer war für den Staat völlig risikolos, denn es wurde das Geschäft an den Meistbietenden verpachtet. Der Steuerpächter, der wiederum Zöllner beschäftigte, versuchte ein Vielfaches aus den Leuten herauszupressen. Es ist also nicht verwunderlich, daß man in dem Zollpächter einen Sünder sah, der noch dazu zu Jesus sagen konnte: „Herr, die Hälfte meines Vermögens will ich den Armen geben, und wenn ich von jemand zuviel gefordert habe, gebe ich ihm das Vierfache zurück."

Vor allem zwei neutestamentliche Traditionen haben sich in der Umgebung von Jericho erhalten: die Taufe Jesu und das vierzigtägige Fasten in der Wüste und die damit verbundene Versuchung durch den Teufel.

Die Taufe wird etwa 8 km südlich der Allenby-Brücke tradiert. Daß das Ereignis, zu dem es in der Bibel keine exakte Ortsangabe gibt, hierher verlegt wird, ist kein Zufall, sondern eine theologische Konzeption. Denn durch diese Furt kam schon das Volk Israel auf seinem Weg ins verheißene Land, und hier kam auch der Prophet Elija vorbei. Elija ist aber derjenige, der als Vorbote des Messias kommt. Und wenn die Tauftätigkeit Johannes des Täufers „mit dem Geist und mit der Kraft des Elija" (Lukas 1,17) geschieht, dann ist dies wohl deutlicher Hinweis genug.

Jericho wird sozusagen die Stadt der göttlichen Offenbarung, denn hier passiert es, daß Jesus zum ersten Mal öffentlich als „Sohn Davids" angesprochen wird (Markus 10,47).

Die zweite Tradition ist jene der Versuchung. Von der Spitze des westlich der Stadt gelegenen

*LINKE SEITE*
*Palästinensische Bauern: Sie werden von Touristen wegen ihres hohen Symbolgehalts gerne gesehen, erinnern sie doch an die biblischen Patriarchen.*

## GEMEINSAM IM GRAUSIGEN GEFÄNGNIS

Israelis und Palästinenser sitzen in derselben Falle. Die Besatzung erzwang das Zusammenleben, das unter anderen Umständen nicht in dieser Hoffnungslosigkeit hätte enden müssen. Von der politischen Lage einmal abgesehen – der Kontakt zwischen Israelis und Palästinensern ist beschränkt geblieben, er wird von beiden Seiten nach Nützlichkeitserwägungen gehandhabt. Unter den Gegebenheiten der Besatzung sind menschliche Beziehungen begrenzt auf die des Arbeiters zum Boß, des Patienten zum Arzt, des wehrlosen Zivilisten zum bewaffneten Soldaten. Jede Seite reagiert nur auf die Handlungsschemata der anderen. Angst und Mißtrauen prägen die israelisch-arabische Beziehung: Beide Seiten sind in einem grausigen Gefängnis, jeder ist abwechselnd Gefangener und Gefängniswärter.

Das Abscheuliche an dieser von der Besatzung geschaffenen und verstärkten Beziehung ist, daß sie die zwei Seiten in ein ungerechtes Verhältnis zueinander setzt. Der Palästinenser tritt dem Israeli nicht als Gleicher gegenüber, da die Einmischung der israelischen Verwaltung in die palästinensische Infrastruktur den palästinensischen Bauern in einen Hilfsarbeiter unter israelischem Kommando verwandelt hat. Dies hat zu einem falschen Bewußtsein unter den Israelis beigetragen: Sie halten sich für die Herren und die Palästinenser für ihre Sklaven. Der palästinensische Arbeiter erträgt die Demütigung, denn er kann nicht einfach seinen Verdienst aufgeben oder seinen Glauben, die israelische Wissenschaft in Gestalt des israelischen Krankenhauses könnte jede Krankheit heilen.

Ali H. Qleibo: Wenn die Berge verschwinden, Palmyra-Verlag, Heidelberg 1993.

Berges sieht man bis Jerusalem, das Tote Meer im Süden, die Jordansenke im Norden und die Gebirge Edom und Moab im Osten. Und unmittelbar zu Füßen des Berges erstreckt sich die Oase Jericho, die des öfteren als Paradies beschrieben wurde. Es ist also nur zu verständlich, wenn die Versuchung Jesu hier angesiedelt wird. Bei Matthäus (4,1–11) heißt es: „Wieder nahm ihn der Teufel mit sich und führte ihn auf einen sehr hohen Berg; er zeigte ihm alle Reiche der Welt mit ihrer Pracht und sagte zu ihm: Das alles will ich dir geben, wenn du dich vor mir niederwirfst und mich anbetest."

An diese Begebenheit, aber auch an das vierzigtägige Fasten in der Wüste will das griechisch-orthodoxe Kloster Qarantal erinnern, das wie ein Adlerhorst unter dem Gipfel kühn in den Felsen gebaut wurde.

Eine deutliche Veränderung für die Stadt brachte der israelische Unabhängigkeitskrieg von 1948. 70.000 Palästinenser flüchteten nach Jericho. Da aber aus dem glorreichen Sieg, von dem die arabischen Nachbarn phantasiert hatten, nichts wurde und diese dann auch wenig Interesse zeigten, das Flüchtlingsproblem zu lösen, blieben diese Menschen zunächst 19 Jahre in armseligen Lagern. Dann holte sie der Krieg erneut ein. Rund 80 Prozent derjenigen, die schon einmal geflohen waren, machten sich wieder auf den Weg. Die übrigen blieben. Und sie leben heute noch zum Teil in Lagern.

Diesen Menschen eine würdige Unterkunft und eine zweite Heimat zu bieten sowie deren soziale Absicherung voranzutreiben wird eine der vornehmlichsten Aufgaben der palästinensischen Autonomieverwaltung sein. Sonst bleibt sie tatsächlich nur eine historische Fußnote.

*Die palästinensische Flagge: Die Gefahr der Idealisierung der Vergangenheit und der zu optimistischen Beurteilung der Zukunft ist groß.*

## DIE PALÄSTINENSER – IMMER ZU KURZ GEKOMMEN

„Die Kreuzfahrer waren knapp 200 Jahre als fremde Macht hier, die Türken 400 Jahre, die Engländer weniger als 30. Und die Israelis sind seit 1948 in Palästina. Wie lange werden sie noch aushalten?" Daoud Malik, Händler in der Altstadt von Hebron, spricht voll Gelassenheit. Daß er auch jüdische Devotionalien verkaufe, dürfe „uns nicht wundern", meint er, „denn Geschäft sei eben Geschäft".

„Durchhalten, ausharren" – das ist die Botschaft aus den knappen geschichtlichen Betrachtungen des Palästinensers. Die aber neben dem in die Zukunft gewandten Aspekt auch jenen in die Vergangenheit beinhalten. An jene Zeit also, in der, zumindest in der Erinnerung des 65jährigen, alles sehr viel besser war.

Diese Idealisierung vergangener Tage mag verständlich sein, einen Grund hiefür gibt es allerdings nicht. Denn von 1922 bis 1948 waren die Engländer im Land, nach deren Abzug kam der Krieg mit Israel. Durch diesen wurden zwi-

schen 700.000 und einer Million Palästinenser heimatlos. Die Gründe für den Massenexodus waren unterschiedlich: Manche waren angeblich geflohen, weil die Armeen Ägyptens, Transjordaniens, Syriens, des Libanon und des Irak sie über Radio aufgefordert hatten, „die Kampfgebiete vorübergehend" zu verlassen. Beweise für derartige Ermutigungen via Äther im großen Stil, so sagen heute junge israelische Historiker, gebe es allerdings kaum.
Gewiß ist hingegen, daß sich zahlreiche Araber zur Flucht aus der Heimat entschlossen hatten, nachdem bekanntgeworden war, daß rechtsgerichtete Irgun-Kämpfer (unter der Leitung des späteren Ministerpräsidenten Menachem Begin) in Deir Yassin 250 Menschen brutalst hingeschlachtet hatten.
Nach dem Krieg von 1948 kam der größere Teil des Landes (77 Prozent des einstigen britischen Mandatsgebietes) unter israelische Kontrolle. Der Rest, das knapp 6000 km² große Westjordanland, auch Westbank genannt, wurde von den Jordaniern okkupiert.
Selbst unter König Husseins Herrschaft war die

*Intifada: Der „Krieg der Steine" war nicht nur ein Kampf gegen die Israelis, sondern auch einer gegen die starren Strukturen der arabischen Gesellschaft.*

Besatzung alles andere als glorreich und in keinem Fall so, daß es heute einen Grund gäbe, sie zu verherrlichen. Außer dem Umstand vielleicht, daß man sich lieber von „Verwandten" als von „jüdisch-zionistischen Eindringlingen" seiner Freiheit beraubt sah. Befragt man Daoud Malik allerdings zu den Jordaniern, so gibt er zu, daß die Palästinenser stets voll Verachtung auf „die Beduinen" herabgeblickt hatten.
Als Beispiel für den Stil von König Husseins Regentschaft mag die Schließung von fünf Universitäten gelten, die von den Israelis nach 1967 wieder geöffnet wurden. Und auch alle jene Güter, an denen die allgemeine Prosperität eines Volkes gemessen wird, wie die Anzahl der Fernseher, Kühlschränke und Autos, nahmen im Gaza-Streifen und im Westjordanland nach der Eroberung durch die Israelis im Jahre 1967 deutlich zu. Hatten 1972 erst 5,7 Prozent der arabischen Familien in Gaza und 13,8 Prozent in der Westbank einen Kühlschrank, so verfügten zwanzig Jahre später immerhin 91 bzw. 81 Prozent über einen solchen. Hatten 1972 in den besetzten Gebieten nur 2,3 Prozent der Haus-

halte ein Auto, so waren 1992 rund 17 (Gaza) bzw. 16 Prozent (Westbank) motorisiert.
Daraus nun allerdings zu postulieren, daß die Palästinenser eigentlich „dankbar für die Besetzung" sein müßten, wie dies häufig Israels politische Rechtsausleger tun, ist doch zu gewagt: Denn erstens stieg die Lebensqualität auch in den benachbarten arabischen Ländern, und zum zweiten verbergen die Statistiken, daß die Geräte in den arabischen Häusern nur zu einem sehr geringen Prozentsatz neu, zum überwiegenden Teil vielmehr aus zweiter, wenn nicht gar aus dritter Hand stammen.
Einen Grund zur Dankbarkeit gab es wahrlich nicht, denn der Preis für den kleinen Fortschritt war sehr hoch: Nach einer unabhängigen Untersuchung aus dem Jahre 1993 zeigten nur 20 Prozent der Palästinenser, die unter israelischer Herrschaft leben, keine Symptome von psychischem Streß. Bei 50 Prozent hingegen ließen sich ein bis drei Krankheitsbilder, bei 30 Prozent gar bis zu sieben Auffälligkeiten feststellen.

Diese stammen von einem „psychischen Krieg", dessen Strategien sehr unterschiedlich sind: Israelische Kampfmaschinen fliegen in niedriger Höhe über die besetzten Gebiete und reißen Kinder aus dem Schlaf. Besatzungssoldaten kommen mitten in der Nacht, um Hausdurchsuchungen durchzuführen. Verdächtige können ohne Anklage bis zu einem Jahr unter Administrationshaft gehalten werden. Häuser von Terroristen werden unter Berufung auf geltendes Recht, das von den Briten stammt und von den Jordaniern noch um eine Nuance verschärft wurde, zerstört (wobei die Familie des Inhaftierten meist kaum mehr als 10 Minuten Zeit hat, um ihre Habseligkeiten zu retten, ehe die Schubraupe ihr Werk beginnt). Die Besatzungsmacht hat zudem jederzeit die Möglichkeit, tagelange Ausgangssperren über ganze Städte zu verhängen. Dazu kommen noch Landkonfiskationen, gegen die der Eigentümer fast machtlos ist, sowie auch das Ausreißen und Umschneiden von Bäumen und die oft demütigenden Sicherheitskontrollen auf der Straße.

Von der sehr nach dem Westen orientierten israelischen Gesellschaft haben die Palästinenser eines übernommen: den hohen Stellenwert der Bildung. Ein Hochschulabschluß garantiert zwar keineswegs ein höheres Einkommen, wohl aber mehr Sozialprestige. Nicht selten legt deswegen eine gesamte Familie Geld zusammen, um ein Mitglied studieren lassen zu können. Ungewöhnlich ist der Anteil der studierenden Frauen: Er liegt bei 44 Prozent aller Inskribierten in den Westbank-Universitäten. Diesem Faktum, das auf eine westliche Gesellschaft hinzuweisen scheint, steht jedoch die Tatsache entgegen, daß nach jordanischem Zivilrecht die Kinderehe und auch die Bigamie noch immer erlaubt sind. Der Markt ist für arabische Akademiker gesättigt, weswegen viele ins Ausland gehen. Schätzungsweise arbeiten knapp 100.000 palästinensische Lehrer, Ärzte und Juristen in den arabischen Nachbarländern, wo sie oft die Administration und den ganzen Handel aufgebaut haben. So wie in Kuwait, von wo die Palästinenser während der Golf-Krise ausgewiesen wurden und das nach der unmittelbaren Befreiung durch die Amerikaner größte Probleme beim Wiederaufbau hatte.

---

### LEBEN UND TOD

Welch merkwürdiges Leben diese Leute (die Palästinenser in einem Flüchtlingslager) führen – doppelt und gespalten zugleich. Jeder, mit dem ich im Lager spreche, führt von Geburt an dieses Doppelleben. Sie sind hier – und sie sind zugleich dort, woher sie stammen. Sie sitzen hier im Lager, ernüchtert von den Entbehrungen; und gleichzeitig sind sie unter uns, unter den Israelis, in den Dörfern, in den Städten.

* * *

Ich frage einen fünfjährigen Jungen, woher er kommt. Er antwortet sofort: „Jaffa." Aus dem Jaffa, das heute ein Teil von Tel Aviv ist.
„Warst du jemals in Jaffa?"
„Nein, aber mein Großvater hat es gesehen."
Sein Vater ist offensichtlich hier geboren, aber sein Großvater kam aus Jaffa.
„Und, ist es schön, Jaffa?"
„Ja, da gibt es Obstgärten und Weinberge und das Meer."
„Das Leben im Lager ist schlecht", sagt eine schüchterne Frau um die Fünfzig. „Du hast immer den Kopf unten und wartest auf den nächsten Schlag. Nach ein paar Jahren bleiben dir nur noch Angst und Armut. Du fühlst dich wie tot – du willst nichts, und du hoffst nichts mehr. Du wartest auf den Tod. Sogar die Kinder dort sind alt. Sie kommen mit der Angst auf die Welt."

*Beide Texte stammen aus dem Buch „Der gelbe Wind", das von dem israelischen Journalisten David Grossman verfaßt und 1988 im Verlag Kindler verlegt wurde.*

*Palästinensischer Clanältester:
Er wurde in jenem Jaffa geboren, das sein Enkel, der in einem Flüchtlingslager bei Betlehem lebt, noch immer als sein Zuhause ansieht.*

Viele palästinensische Akademiker müssen sich in den besetzten Gebieten aber mit einem 300-US-Dollar-Job begnügen und dafür noch dankbar sein, denn rund 50 Prozent der jungen Ingenieure und Doktoren finden überhaupt keine Anstellung.

Die Palästinenser sind Opfer: jene der Israelis, aber häufig auch jene der arabischen „Brüder", die ihnen in ihren Ländern keine Daueraufenthaltsgenehmigungen ausstellen, sie als billige Gastarbeiter mißbrauchen und sie nicht integrieren, um sie als als „Politikum" in Reserve halten zu können – um der Welt stets zu zeigen, „wie die Juden Araber behandeln".

Diese Propagandisten haben ganz gut gearbeitet, denn es gibt heute nicht wenige Menschen in Europa – eigenartigerweise sind es meist Vertreter der 68er-Generation –, die Israels Besatzungspolitik mit den KZs und die Israelis mit den Nazis gleichsetzen. Ihnen gab der Libanonkrieg 1982 die Möglichkeit der Schuldverschiebung. Nicht mehr die Juden waren die Verfolgten, Erniedrigten, Vertriebenen, sondern die Palästinenser. Mit deren Schicksal aber hatte man nichts zu tun. Die ehemaligen Täter oder deren Kinder konnten nun die Guten sein, wenn sie sich für die Verfolgten einsetzten. Die Israelis waren hingegen die Bösen. „Aber sicherlich verlockte es gerade manchen Deutschen, Entlastung von eigener Schuld zu suchen, indem er diese ausgerechnet auf Juden abwälzen konnte", schreibt Margarete Mitscherlich in ihrem Buch „Erinnerungsarbeit. Zur Psychoanalyse der Unfähigkeit zu trauern".

Die Palästinenser sind aber nicht selten auch Opfer ihrer eigenen Politik: Durch die bereitwillige Annahme der Leidensrolle, verbunden mit der Erwartung auf Hilfe von außen, verharren sie nicht selten passiv. Es fällt ihnen schwer zu akzeptieren, daß durch die im Sommer 1994 begonnene Selbstverwaltung in den autonomen Gebieten eine Normalisierung eingetreten ist, die ihren Kampf um Freiheit zu einer Krise reduziert, wie es deren viele in der Welt gibt. Vorbei ist die Zeit der propagandistischen Rhetorik – nun gilt es aufzubauen. Vorbei ist auch die Zeit, in der die Palästinenser als ein Symbol für den Kampf Norden gegen Süden, Arm gegen Reich gesehen wurden. Was ihnen höchstens noch geblieben ist, ist die Forderung nach Jerusalem, die sie in der alten Manier des revolutionären Nationalismus hinausschreien – die aber international wenig Gehör finden wird.

*Palästinenser verschiedener Hautfarbe: Manche haben arabische, manche sudanesische, manche europäische Vorfahren.*

Auch wenn Palästinenser häufig betonen, daß sie eine Demokratie in den autonomen Gebieten verwirklichen wollen – die Wirklichkeit ist noch weit davon entfernt. Schon in den ersten Wochen, nachdem Yasser Arafat im Juli 1994 die Macht in Gaza und Jericho übernommen hatte, verbot er – wenn auch nur vorübergehend – eine Zeitung wegen ihrer zu projordanischen Berichterstattung. Nicht allein die Mißachtung der Pressefreiheit von Regierungsseite, sondern vor allem die Tatsache, daß sich in der gesamten Gesellschaft kein Widerstand dagegen regte, gibt zu denken.

Die Palästinenser erachten sich nicht selten noch

*Kalaschnikow und Felsendom: Radikale Araber träumen trotz der Friedensgespräche von einer gewaltsamen Befreiung Jerusalems.*

als eine revolutionäre Gesellschaft, in der eben alles, auch demokratische Grundrechte, einem angeblich höheren Ziel unterzuordnen sind. So ist es auch zu verstehen, daß man die Toten der Intifada angibt und dabei verschweigt, daß ein Drittel von ihnen durch eigene Leute getötet wurde. Hunderte wurden hingerichtet, weil sie angeblich oder auch tatsächlich mit den Israelis zusammengearbeitet hatten.

Der hohe Ausbildungsgrad – die am besten ausgebildeten Palästinenser sind, was die Zukunft anbelangt, zugleich auch die meisten pessimistischen – sowie die politische Ausweglosigkeit und die Armut haben am 9. Dezember 1987 zu einer neuen Bewegung geführt: der Intifada. Dieser Aufstand gegen die israelische Besatzungsmacht kann zweifach definiert werden: Einmal war er die erste genuin palästinensische Antwort auf den immer stärker werdenden israelischen Nationalismus, zum zweiten war er eine innerarabische Revolution.

Ausgelöst wurde dieser „Krieg der Steine" durch einen Autounfall im Gaza-Streifen, bei dem ein israelischer Militärwagen in eine Gruppe von Palästinensern raste, von denen vier ums Leben kamen. Getragen wurde der Aufstand von Jugendlichen, die ein neues Selbstwertgefühl verkörperten. Denn die zum Großteil nach 1967 Geborenen hatten noch keine militärischen Niederlagen im Feld hinnehmen müssen und litten deswegen auch nicht unter dem kollektiven Minderwertigkeitsgefühl vorangegangener Generationen. Diese Halbwüchsigen, oft waren sie erst sieben oder zehn Jahre alt, waren nicht gedemütigt und nicht gebrochen, sondern davon überzeugt, Israel niederringen zu können. Auch hatten sie keine Furcht, den bescheidenen Wohlstand zu verlieren, den sich ihre Väter mühsam erarbeitet hatten. Sie wollten nicht länger unter der israelischen Besatzung leben, die stets „Zuckerbrot und Peitsche" für sie bereit hatte, und sie wollten auch nicht wie ihre Väter, unterstützt von den Vereinten Nationen, am Rande des Existenzminimums und ohne jede Aussicht auf ein halbwegs normales Leben dahinvegetieren.

In diesem Kampf wurden in der ersten Intifada-Phase (1987–1992) palästinensischen Angaben zufolge 1119 Araber getötet. Daß in dieser Zahl die Unterscheidung fehlt, ob Israels Soldaten oder Palästinenser selbst die Täter waren, wurde bereits erwähnt. Ebenso fehlt der Hinweis, daß Hunderte israelische Staatsbürger niedergestochen und ermordet wurden und daß diese Gewaltakte auch nach dem „Friedensvertrag" mit der PLO und Jordanien nicht aufhörten.

Weiters wurden während der Intifada 127.000 Personen verletzt, 2272 Häuser demoliert, 11.828 Tage Ausgangssperre verhängt und 154.250 Bäume ausgerissen. Auch diese Zahlen stammen aus PLO-nahen Quellen.

Auflösung einer Demonstration in Nablus, einer Stadt im Westjordanland: Ein israelischer Soldat prügelt auf einen etwa 25jährigen Araber ein. Bis dahin hatte Ahmed immer mit erhobenen Fäusten gedroht, wenn er nur einen Soldaten ... Vom Umbringen war die Rede, aber nicht schnell. Seine Schilderungen des Massakrierens schmückte er mit Details. Nun steht er dem Israeli gegenüber – nicht einmal wegzulaufen versucht er.

Dann Faidas Auftritt. Mit dem Kleinkind auf dem Arm ermutigt sie den Soldaten: „Prügle ihn nur, recht hast du! Ich habe ihm immer gesagt, daß er zu Hause bleiben soll, wenn die Steine fliegen. Aber er hat ja nie auf mich gehört." Und an Ahmed gewandt: „Ich will nicht mehr mit dir leben – ich verlasse das Haus. Da hast du auch dein Kind!" Und drückt es ihm in die Arme. Ahmed war verdutzt, der Soldat nicht weniger. Männer zu züchtigen, war er gewohnt, auch mit Frauen ging man nicht immer zimperlich um, aber einen Mann mit Kind? Wohl in Gedanken an den eigenen Sohn ließ er ab. Faida hatte ihr Ziel erreicht.

Das Ende des Lehrstücks in neuerer palästinensischer Gesellschaftskunde: Faida nahm Ahmed das Baby wieder ab und ging nach Hause. Die beiden waren nämlich gar nicht verheiratet, auch nicht verwandt; vor dieser Begebenheit waren sie sich nicht einmal begegnet.

Die Intifada schuf in der bis dahin streng patriarchalisch strukturierten Gesellschaft ein Klima der Kreativität, es kam zu einem Umstülpen der Gesellschaftsordnung. Bis zum Ausbruch der Revolte war diese Pyramide so einfach gebaut wie in allen übrigen arabischen Ländern und in den Jahrhunderten zuvor. Ganz oben der kleine Kreis der Clan-Ältesten, dann die Familienväter, die Frauen, und danach der männliche und – weit abgeschlagen – der weibliche Nachwuchs. Durch die Intifada waren es die Jüngsten, die den Ton angaben, und die Alten schwankten, ob sie diese warnen oder bewundern sollten.

Leider ist bereits Mitte der neunziger Jahre von diesem kollektiven Aufbruch einer Gesellschaft nicht mehr allzuviel zu verspüren. Für den Rückschritt hauptverantwortlich: der in den besetzten Gebieten erstarkende islamische Fundamentalismus.

*FOLGENDE SEITEN*
*Masada: Der Frieden im Nahen Osten gefährdet das nationale Symbol Israels, auf dem 73. n. Chr. 960 Juden ihr Leben ließen.*

*Masada: Herodes baute sich aus innen- und außenpolitischen Ängsten den Felsen zur – wie er meinte – uneinnehmbaren Flucht- und Trutzburg aus.*

Die palästinensische Gesellschaft hat, wie sonst wohl keine arabische Nation, die Möglichkeit einer großen Zukunft vor sich. Die Voraussetzung dafür: Sie muß lernen, sich selbst zu bestimmen, Kritik gegenüber der eigenen Position zuzulassen und nicht für alles gleich ein simples Feindbild zu suchen: die Israelis.

# MASADA – EIN KOMPLEXES GEHEIMNIS

Herr Stein war leidgeprüft. Vielfach, aber besonders dadurch, daß er Naßrasierer war. Und zugleich auch noch Linkshänder. Was es ihm unmöglich machte, bei der täglichen Rasur nicht auf den Unterarm zu blicken, den er sonst nie betrachtete und den er selbst bei größter Hitze unter ausgewaschenen Rollkragenpullis zu verbergen suchte. Denn nicht alle sollten sehen, was ihm unter die Haut ging. Es reichte ihm selbst, allmorgendlich mit dem verwaschenen Blau der KZ-Nummer konfrontiert zu werden, da brauchten nicht auch noch Fremde gierig zu starren.

Die Besuche im Geschäft des Herrn Stein waren häufig. Irgendwann, lange nach der ersten Begegnung, sollte dann der Satz fallen, der mehr Aufschluß gab als selbst Hanna Arendts Essay „Antisemitismus und Totalitarismus" und der unmittelbarer berührte als Paul Celans Dichtung. Er lautete: „Wissen Sie, es ist diese Alltäglichkeit, die zermürbt. Dieses Nicht-vergessen-Können, sondern Morgen für Morgen zur Erinnerung gezwungen zu werden, was ..."

Herr Stein hatte mit den meisten Holocaust-Überlebenden eines gemeinsam: Ihre Gespräche über die industrielle Menschenvernichtung durch die Nazis endeten meist mit der Beurteilung der aktuellen politischen Situation. Auf die Erläuterung der Kriege, die Israel zu führen gezwungen war, folgte die Einschätzung der PLO und der arabischen Nachbarn, die den Judenstaat auslöschen wollten. Und dennoch: Als Mitte 1994 den Palästinensern Jericho und Gaza als „Autonome Gebiete" übergeben wurden, waren es viele Überlebende der Shoa (hebräischer Ausdruck für Holocaust), die die Regierungslinie guthießen. Zwar beteuerten sie stets, Arafat zutiefst zu mißtrauen, Frieden, so meinten sie bestimmt, könne man aber nur mit Feinden schließen.

Herr Stein gehörte zu jener Gründergeneration Israels, von der die Ministerpräsidentin Golda Meir 1973 in einer Pressekonferenz sagte: „Es stimmt, wir haben einen Masada-Komplex, einen Pogrom-Komplex und einen Hitler-Komplex."

Die Verbindung aller drei Ängste ergab: Was einst die braunen Horden waren, das waren nun die Araber: Zeichen der Bedrohung. Und zwar als Einzelwesen und erst recht als Gruppe. Nach Untersuchungen des Tel Aviver Erziehungswissenschaftlers Daniel Bar-Tal beginnen jüdische Kinder bereits im Alter von drei Jahren Stereotypen gegenüber Arabern zu entwickeln. Wobei 85 Prozent der Vorschulkinder Araber generell als Mörder betrachten oder in ihnen Menschen sehen, die kleine Kinder stehlen. Die frühen „kulturellen Vorurteile" werden dann im Alter zwischen neun und zwölf Jahren von der persönlichen, wenn auch nicht weniger stereotypen Unterscheidung zwischen „guten und bösen Arabern" abgelöst. Gleichviel: Vorurteile sind in jedem Fall ein Spiegelbild gesellschaftlichen Denkens.

Wenn durch die zitierte Untersuchung ein kritisches Bild der jüdischen Bevölkerung Israels ge-

zeichnet wird, dann sollte doch nicht vergessen werden: auf arabischer Seite gibt es nicht einmal derartige Studien.

Angesichts des Bedrohungsbildes – des reellen und des vermeintlichen – sowie in Erinnerung an den Selbstmord von 960 Juden im Jahre 73 n. Chr. auf einem Felsen am Toten Meer zitieren die Israelis gerne: „Masada shall not fall again!" – „Masada darf nie wieder fallen!" Unter diesem Slogan wurde auch häufig Jerusalems Politik gerechtfertigt: die massiven Verteidigungsausgaben ebenso wie die Siedlungspolitik, die übrigens nicht unter konservativen, sondern unter den sozialistischen Regierungen aufgenommen wurde; der international geführte Kampf gegen den Terrorismus ebenso wie die vielen kleinen Willkürakte gegen Araber im administrativen Bereich; die Kriege, bei denen es um die Existenz des Staates und seiner jüdischen Bevölkerung ging, ebenso wie die „Operation Frieden für Galiläa" im Jahre 1982. Diese endete, wie erinnerlich, mit schweren Bombardements von Beirut und der Vertreibung der PLO aus dem Libanon.

Auf jüdischer Seite kam – bis Mitte der neunziger Jahre – zur bitteren Erkenntnis, nur von Feinden umgeben zu sein, auch noch die Erfahrung aus der Geschichte, daß niemand Israel in seiner Bedrängnis beistehen würde. Eine Stimmung, die in dem Liedtitel kulminiert: „Kol Haolam Negdenu" – „Die ganze Welt steht gegen uns". Was nicht ganz unrichtig ist, wie die jüngste Geschichte beweist: Denn als Saddam Hussein unmittelbar nach dem Einmarsch in Kuwait am 2. August 1990 ankündigte, halb Israel „durch Feuer verwüsten" zu wollen, gab es international gesehen erst einmal gar keine Stellungnahmen. Erst Monate danach, als der Diktator alle sich im Irak befindlichen Ausländer als Geißeln nahm, reagierten Politiker in Europa und den USA ganz aufgebracht.

Was aber noch viel schwerer wiegen mag, ist die Tatsache, daß die Linke in Mitteleuropa schwieg. Sie war völlig orientierungslos geworden, nachdem ihr das liebgewonnene Schema vom jüdischen Aggressor und dem unterdrückten palästinensischen Volk plötzlich zerbrochen war. Aber auch von den zahlreichen christlichen Gruppen beider Kirchen, die sich jahrelang im „Dialog" mit dem Judentum befunden hatten, waren die solidarischen Kundgebungen nur sehr schwach gewesen.

Was aber ist nun dieses Masada, daß es über

*Masadakomplex: Wenn begründete Ängste zu überzogenen Militäreinsätzen führen – wie zu dem Einmarsch in den Libanon.*

knapp 2000 Jahre derartige Symbolkraft besitzt? Daß Soldaten hier ihre Angelobung zum Militär feiern, daß Menschen den Felsen in der Nacht erklimmen, um hier den Morgen eines neuen Tages zu erleben, und dabei sehnsüchtige Lieder singen, daß Zubin Mehta ausgerechnet hier Gustav Mahlers zweite Symphonie, die „Auferstehung", dirigiert?

Es ist ein 400 m steil zum Westufer des Toten Meeres abfallender Felsen, der keinen natürlichen Zugang hat und der deswegen schon schwer einnehmbar ist. Zusätzlichen Schutz erhielt das wuchtige Massiv durch Herodes den Großen, der zwischen 36 und 30 v. Chr. die aus der Makkabäerzeit stammenden Verteidigungsanlagen von Tausenden Sklaven ausbauen ließ. Und zwar tat er dies aus zwei Gründen: Innenpolitisch mußte er, der selbst kein Jude war, diese fürchten, und außenpolitisch hatte er größte Ängste, daß der römische Konsul Marcus Antonius Judäa und Galiläa der Ägypterin Kleopatra schenken könnte. Diese Befürchtung war nicht so abwegig, hatte der verliebte Antonius der wegen ihrer Schönheit gerühmten Königin doch schon Jericho überantwortet, nachdem er es zuvor Herodes weggenommen hatte. Kleopatra erlaubte es diesem aber großzügigerweise, die reiche Oase wieder zurückzupachten.

*Am Tag der Armee skandieren viele Israelis: Wir müssen stark sein, denn die ganze Welt steht gegen uns.*

Die Überlegung des Königs der Juden war folgende: Sollte sich die Situation tatsächlich zu seinen Ungunsten verändern, so könnte er sich auf den gut bewehrten Felsen zurückziehen und dort eine Entspannung der Lage abwarten. Um dabei aber nicht allzusehr darben zu müssen, hatte er sich sein Refugium bestens ausstatten lassen. Zum Beispiel mit zwei Palästen, wobei der baulich exklusivere der Nordpalast war. Er ist es auch, der Masada die prägnante Silhouette verleiht. Auf drei verschiedenen Ebenen, die miteinander durch eine von außen nicht sichtbare Wendeltreppe verbunden waren, entstanden drei Palastvillen. Die unterste mit einem quadratischen, die mittlere mit einem runden, die oberste mit einem halbrunden Grundriß. Vor allem die unterste Ebene läßt durch gut erhaltene Wandbemalungen und die fein gearbeiteten Halbsäulen das Gepränge von einst noch gut erahnen.

Diese Pracht sollte die Archäologen, die Masada unter der Führung von Yigael Yadin zwischen 1963 und 1965 ausgruben, erfreuen. Eine andere Entdeckung sollte sie erschrecken. Unter einer Aschenschicht, die vom Brand der Anlage aus dem Jahre 73 n. Chr. stammt, fanden sich die Skelette eines Mannes in voller Rüstung sowie einer Frau, deren Zöpfe noch ganz erhalten waren, und auch die Knochen eines Kindes. Die Familie hatte sich vor den Römern in den Tod geflüchtet.

Neben dem privaten Nordpalast, den Herodes übrigens nie bewohnte, errichtete er einen zweiten, den sogenannten Westpalast, der mit seinen 4000 m² für offizielle Anlässe gedacht war.

Zu den exklusivsten Einrichtungen gehörten auf dieser Trutzburg inmitten der Wüste die Thermen, für die Herodes ein Wasserreservoir von 40.000 m³ schaffen ließ, das vom Wadi Masada gespeist wurde. Das Badehaus, das über einen Umkleideraum, ein Kaltwasserbassin, einen lauwarmen Aufenthaltsraum und schließlich über eine Heißluftanlage verfügte, wird als eines der am besten erhaltenen Bäder im heutigen Israel eingestuft. Nicht nur, daß die Mosaike weitgehend unversehrt erhalten sind, auch kann man nirgends sonst so unversehrte Hypokausten sehen. Es sind dies kleine Tonsäulen, die den Zwischenraum zwischen zwei Böden bilden, in dem von außen zugeführte Heißluft zirkuliert (also eine antike Fußbodenheizung).

Was zunächst verwundert, ist, daß Herodes auf der Festung auch eine Synagoge errichten ließ. Historiker werten dies als eine Geste des Respekts gegenüber der eigenen Familie, aber auch als ein Zeichen gegenüber seinen jüdischen Freunden.

Zu den weiteren Ausstattungen Masadas gehörten mehrere Villen, die 1300 m lange und 8 m hohe doppelwandige Kasemattenmauer, die den ganzen Felsen umschloß, ein Columbarium, das zur Beisetzung der Aschenreste nichtjüdischer Bediensteter diente, sowie die Lagerräume. In diesen wurden bei den Ausgrabungen nicht nur Amphoren mit Wein aus Brindisi gefunden, sondern auch Äpfel aus Italien und Fischsauce aus Spanien.

Das flache Gipfelplateau „mit seinem festen Ackerboden, der an Ergiebigkeit die Ebene übertraf, ließ der König [Herodes] für den Ackerbau frei, damit bei einem etwaigen Mangel an Nahrungszufuhr für jene gesorgt war, die in der Burg ihr Leben zu fristen suchten" (Josephus Flavius).

Auf diese Befestigung zogen sich nun die Zeloten im Jahre 66 n. Chr. zu Beginn des Aufstands gegen die Römer zurück. Die 960 Personen – Frauen und Kinder mitgerechnet – harrten auch noch aus, nachdem im Jahre 70 n. Chr. Jerusalem zerstört worden war. Von hier aus haben sie nach Guerillataktik Überfälle gegen die Römer unternommen. Der römische Entschluß, dem Kleinkrieg ein Ende zu bereiten, dürfte nicht so sehr aus strategischer Notwendigkeit, sondern aus Prestigedenken gefällt worden sein, denn sonst war ganz Palästina von den Römern besetzt … Ganz Palästina? Nein! Eine von unbeugsamen Zeloten bewohnte Trutzburg hörte nicht auf, den Eindringlingen Widerstand zu leisten.

Die Römer unter Flavius Silva, dem Befehlshaber der zehnten Legion, gingen bei der Belagerung mit strategischer Akribie ans Werk: Erst legten sie einen 3,5 km langen und 2 m breiten Befestigungswall rund um den Felsen an, den sie noch mit 8 Lagern bewehrten. Nicht ein einziger Zelot sollte flüchten können. Allein mit diesem Bauwerk waren vermutlich 10.000 Soldaten und rund 5000 jüdische Sklaven beschäftigt. Danach gingen die Römer an der Westseite daran, eine bereits natürlich vorhandene Rampe so lange aufzuschütten, bis sie eine Kronenbreite von 4 m hatte und die massiven Belagerungstürme, die Steinschleudern sowie ein Rammbock nahe an die Kasemattenmauer gebracht werden konnten. Womit das Ende der Schutz- und Trutzburg und ihrer zelotischen Verteidiger besiegelt war.

Es muß für die Verteidiger Masadas furchtbar gewesen sein, zuzuschauen, wie sich die Rampe Tag für den Tag den Berg heraufschob, wie die Belagerungsmaschinen näher kamen und wie die Römer schließlich ihr Zerstörungswerk begannen. Beängstigend muß das Dröhnen der Rammböcke geklungen haben, erschreckend müssen die Erschütterungen zu verspüren gewesen sein. Ohnmacht dürfte wohl das beherrschende Gefühl der Eingeschlossenen gewesen sein, als die Römer eine Bresche in die Mauer schlugen. Entsetzen muß sie ergriffen haben, als jenes Holz Feuer fing, mit dem man ein letztes Mal versucht hatte, die Schäden an der Mauer zu reparieren. An Rettung war nicht und an die Sklaverei wollte man nicht denken. Der Freitod blieb für die 960 auf der Festung Ausharrenden die letzte Möglichkeit.

Dieses wehrlose Erduldenmüssen und dabei Gefahr zu laufen, hingemetzelt zu werden, will Israel nach Masada und nach Auschwitz nicht noch einmal erleben. Dies ist verständlich. Aus der tiefen Angst vor der Wiederholung der Geschichte überzog es manchmal aber seine Argumente und Handlungsweisen, was dann als Masada-Komplex bezeichnet wird. Wie dies etwa der frühere Premierminister Menachem Begin tat, der sagte, der Libanon-Krieg von

### DER TOD ALS SIEG

Eleasar zog weder für sich selbst ein Davonlaufen in Erwägung, noch wollte er irgendeinem anderen es gestatten, so zu handeln. Er sah, wie die Mauer vom Feuer aufgezehrt wurde, und wußte keinerlei Rettung oder Hilfe mehr. „Vor Zeiten haben wir uns dafür entschieden, wackere Männer, daß wir weder den Römern noch irgend jemand anderem dienen außer Gott; denn dieser allein ist der wahre und gerechte Herr über die Menschen. Jetzt aber ist die Stunde gekommen, die uns befiehlt, dieser Gesinnung Taten folgen zu lassen. Wir haben die für morgen bevorstehende Einnahme der Festung offen vor Augen; frei bleibt uns aber die Wahl eines edlen Todes gemeinsam mit unseren liebsten Menschen. Denn die Frauen sollen ungeschändet sterben und die Kinder, ohne die Knechtschaft kennengelernt zu haben. Und nach ihnen wollen wir selbst uns einander den edlen Dienst erweisen, wobei wir die Freiheit als schönstes Sterbekleid bewahren werden."

Als Eleasar noch weiterfahren wollte, die Männer anzuspornen, schnitten ihm alle das Wort ab. Erfüllt von einer stürmischen Begeisterung drängten sie nunmehr zur Tat. Eine so starke Freude hatte sie überkommen, Frauen, Kinder und sich selbst dahinzugeben. Und nicht einmal in dem Augenblick wurden sie entmutigt – was man doch durchaus hätte erwarten können –, als sie der Tat unmittelbar gegenüberstanden. Obgleich sie alle ein leidenschaftliches Mitgefühl mit ihren vertrauten und geliebten Menschen erfaßte, siegte dennoch das Urteil der Vernunft, daß sie nämlich für ihre Lieben das Beste beschlossen hatten. Und alsbald nahmen sie Abschied; sie umarmten ihre Frauen und zogen noch einmal ihre Kinder an sich, unter Tränen bedeckten sie sie mit den letzten Küssen. Im selben Augenblick aber, gleichsam als bedienten sie sich fremder Hände, führten sie ihren Beschluß aus.

Durchs Los wählten sie darauf zehn Männer aus ihrer Mitte; sie sollten die Mörder aller anderen sein. Dann legte sich ein jeder neben die schon dahingestreckten Seinen, die Frau und die Kinder, schlang die Arme um sie und bot schließlich den Männern, die den unseligen Dienst auszuführen hatten, bereitwillig die Kehle. Ohne Wanken mordeten jene alle insgesamt; daraufhin bestimmten sie dasselbe Gesetz des Loses auch für sich untereinander. Der ausgeloste Mann hatte die neun zu töten, und endlich, nach allen anderen, sollte er sich selbst den Todesstoß geben.

Der einsame Letzte überschaute ringsum die Menge, ob womöglich jemand bei dem unendlichen Morden am Leben geblieben war und deshalb noch seiner Hand bedürfe. Dann stieß er mit geballter Kraft das Schwert ganz durch seinen Körper und brach neben den Seinen zusammen.

*Josephus Flavius: Der Jüdische Krieg VII 8, 6-7 (gekürzte Fassung). Josephus Flavius beruft sich in seinem Werk auf zwei Frauen, die ihm als einzige Überlebende des Massakers den Wortlaut der Rede überliefert hatten.*

1982 sei notwendig gewesen, da die Alternative in einem zweiten Treblinka bestanden hätte. Treblinka aber war ein Todeslager, in dem Hunderttausende Juden den Tod fanden.

Wobei es schwierig ist, eine klare Abgrenzung zwischen legitimem Sicherheitsbedürfnis und übertriebenen Angstreaktionen zu ziehen. Als Israel Anfang der achtziger Jahre den im Bau befindlichen irakischen Atommeiler Osirak bombardierte und völlig zerstörte, verdammte die arabische Staatengemeinschaft im Verein mit dem Westen den „kleinen selbstgerechten Weltpolizisten". Als es Jahre später zur Golfkrise kam, als Saddam Hussein Tausende Ausländer als Geißeln nahm, Kuwait überfiel, den Krieg provozierte, Ölfelder anzündete und drohte, die Welt mit einem Netz von Terror zu überziehen, da war der einst so lautstark agierende Westen plötzlich ganz froh, daß der Diktator von Bagdad über keine Atombombe verfügte.

Auch wenn es vielleicht unbefriedigend sein mag, kein schnelles Urteil zu finden, so zeigt obiges Beispiel doch, daß die Geschichte raschen Tagesinteressen als Richterin manchmal überlegen ist.

Es gilt Fragen um Masada zu klären. Fragen, die freilich dem Mythos keinen Abbruch tun werden und die auch nicht den Touristenstrom schmälern werden, der mit 600.000 Besuchern pro Jahr ziemlich breit ist. Sind die bei den Ausgrabungen gefundenen Tonscherben mit den einzelnen Namen tatsächlich jene, mit denen die zehn Männer ausgewählt wurden, die die übrigen töten sollten? Bisher war das Gros der Historiker davon ausgegangen, nun gibt es ernstzunehmende Stimmen, die sagen: Erstens sind es elf Scherben, zum zweiten wurde auch am übrigen Plateau noch Keramik mit individuellen Namen gefunden. Zudem fragen die Experten: „Ist es nicht zu phantastisch, daß einem Archäologen, dessen Aufgabe es ist, oft aus kleinsten Funden die Vergangenheit zu rekonstruieren, solche Stücke von dramatisch historischer Bedeutung zufallen?"

Und eine weitere Ungereimtheit: Josephus Flavius, der zu Beginn des Jüdischen Krieges als Jude selbst noch Soldaten gegen die Römer befehligte, wandelte sich nach seiner Gefangennahme zu deren Verbündetem und wurde ihr Chronist. Dementsprechend verachtete er auch die Zeloten. Warum, so muß man fragen, sollte er sie aber gerade in Masada mit derart viel Sympathie beschreiben, wie er es eben im „Jüdischen Krieg" getan hat? Kann es nicht auch sein, daß der Text über den Selbstmord als eine Geste der absoluten Ergebenheit unter Roms Allmacht zu lesen ist?

Wenn der Mythos durch Fragen schon nicht anzukratzen sein wird, so wird er vielleicht bald aus anderen Gründen überholt sein: Weil nämlich ein fortschreitender Friedensprozeß im Nahen Osten den Druck auf Israel von außen erheblich verringert, so daß die Israelis weniger Bedarf an Stätten des Heroismus verspüren. Komplex und Geheimnis verbinden sich in Masada eben zu einem komplexen Geheimnis.

## QUMRAN – KEIN CHRISTENTUM VOR CHRISTUS

Statt des üblich-dumpfen „peng" tönte es auffällig hell „pong". Was den Beduinenbuben Mohammed edh-Dhib veranlaßte, in die Höhle hinabzusteigen und Nachschau zu halten. Er fand zwar nicht seine verlorene Ziege, die er zuvor gehofft hatte, mit dem Stein zu einem erschreckten Meckern bewegen zu können, dafür entdeckte er aber Tongefäße. Deren Inhalt: Lederrollen, die auch die wenigen Männer seines Stammes, die der arabischen Schrift kundig waren, nicht lesen konnten.

Für die Beduinen galt es nun, dem nicht weiter identifizierbaren Fund einen Preis zu geben. 20 palästinensische Pfund – im Jahr 1947 immerhin drei Monatsgehälter eines Lehrers – waren dem ersten in Betlehem kontaktierten Händler eindeutig zu viel. Er lehnte ab. Erst der zweite, ein syrischer Christ, war bereit, die Sache einmal „zu prüfen". Gekauft hat freilich auch er nicht. Aber immerhin kam durch seine Vermittlung das Geschäft mit dem syrisch-orthodoxen Bischof des Markus-Klosters in der Altstadt Jerusalems zustande.

Durch beigezogene Experten und verschiedene Untersuchungsmethoden sollte sich bald der tatsächliche Wert der Rollen herausstellen: Sie waren um die Zeitenwende verfaßt worden und somit die ältesten bisher bekannten hebräischen Bibelhandschriften. Mit diesem Wissen stieg auch der Preis: 250.000 Dollar hatte der General und Archäologe Yigael Yadin zu bezahlen, als er die Funde 1954 für den Staat Israel erwarb.

Nach Bekanntwerden der archäologischen Sensation machten sich zwei Gruppierungen mit sehr unterschiedlichen Zielsetzungen auf den

Weg nach Qumran: Einerseits Beduinen und andere „Schatzsucher", die auf einträgliche 20-Pfund-Noten hofften, und im Gegensatz dazu: die wissenschaftlichen Ausgräber.

Bei der systematischen Erforschung der Umgebung des ursprünglichen Fundortes (ab 1951) wurden in insgesamt elf Höhlen 823 Manuskripte entdeckt. Allein in Höhle 4 waren es nicht weniger als 20.000 zum Teil winzigste Fragmente, die 580 verschiedenen Handschriften zuzuordnen waren.

Dabei ist es durchaus denkbar, daß es schon vor den Beduinen der Neuzeit zu massiven Plünderungen gekommen ist, spricht doch Origenes (185–253) bereits davon, daß man nahe von Jericho einen Krug mit Psalmenübersetzungen gefunden habe. Das „nahe von" ist natürlich relativ, liegt Qumran doch 20 km von der Oasenstadt entfernt am Westufer des Toten Meeres.

Die Sensation der Entdeckung bestand im Alter der Handschriften. Bis 1947 stammten die ältesten vollständigen Codices der hebräischen Bibel aus dem Jahr 925 n. Chr. (Aleppocodex) bzw. aus 1009 n. Chr. (Codex Leningradensis). Plötzlich hatte man nun mit der 7,35 m langen Jesaja-Rolle ein Werk vor sich, das sich in das zweite vorchristliche Jahrhundert und somit in die biblische Zeit datieren ließ. Damit konnte man nun auch erstmals die wichtige Frage nach dem ursprünglichen alttestamentarischen Text und nach dessen Überlieferung stellen. Das Ergebnis: Die Funde bestätigten eine zuverlässige Tradierung der Schriften.

Neben zwei Jesaja-Rollen waren es vor allem ein Habakuk-Kommentar, eine legendarische Nacherzählung der Genesis, die Kriegsrolle, die Tempelrolle, eine Gemeinderegel der Qumran-Essener, eine Sammlung von Hymnen und die beiden Kupferrollen, die am meisten wissenschaftliches Interesse hervorriefen.

Generell gilt es bei den Funden drei Kategorien zu unterscheiden: die biblischen Texte, die literarischen Manuskripte religiösen Inhalts sowie die typisch qumranischen, gemeindebezogenen Schriften.

Wenn – skandalöserweise – auch noch immer nicht alle Schriften publiziert sind, was immer wieder zu Mutmaßungen Anlaß gibt, so ist doch eines sicher: Es wird weiterhin neue Erkenntnisse zur hebräischen Bibel, dem zeitgenössischen Judentum und den Ursprüngen des Christentums geben; es wird aber nichts mehr von jener Qualität sein, die es notwendig ma-

*RECHTE SEITE*
*Beduinen entdeckten in Qumran die ersten Fragmente: Ihr Preis stieg von 20 Pfund auf 250.000 Dollar.*

chen müßte, theologische Lehren grundsätzlich zu revidieren.

Wer waren nun diese Qumran-Essener? Dazu einige historische Informationen: Unter dem Einfluß der Seleukiden (ab dem dritten vorchristlichen Jahrhundert) erfährt das Judentum eine stark hellenistische Prägung. Dagegen formiert sich ein Widerstand, der nach inneren Differenzen in eine realpolitische und eine fundamentalistisch denkende Gruppe zerfällt. Erstere waren die Pharisäer, deren Kreis etwa 6000 Menschen umfaßt haben dürfte, letztere waren die Essener. Wobei sich diese aus strikter Opposition gegen den Jerusalemer Tempelkult um etwa 150 v. Chr. in die Wüste zurückzogen, um dort „den Weg des Herrn zu bereiten", wie es in der Gemeinderegel (8,14) heißt. Dort lebten sie abgeschieden in einer Art von monastischem Zentrum. Wenn sie auch zölibatäre Enthaltsamkeit übten und die Ehe für sich selbst ablehnten, so standen sie ihr aber doch nicht grundsätzlich negativ gegenüber, wie Josephus Flavius in seinem „Jüdischen Krieg" schreibt: „Es gibt auch eine andere Gruppe an Essenern, die in Lebensart, Sitte und Gesetzgebung mit den ersteren übereinstimmen und sich lediglich in der Anschauung von der Ehe unterscheiden; denn sie glauben, wer auf die Ehe verzichte, vernachlässige einen wesentlichen Lebenszweck, nämlich die Zeugung der Nachkommen, d. h. sie meinen, wenn alle so dächten, dann sei es mit dem Menschheitsgeschlecht bald zu Ende."

Wir haben es also mit zwei Gruppen zu tun, von denen das monastische Zentrum rund 150 bis 200 Leute umfaßt haben dürfte. Die Laienbewegung wird mit etwa 4000 Personen zu beziffern sein.

Ausdrücklich muß vor einer Polarisierung der Essener auf Qumran gewarnt werden. Denn neben der Siedlung am Toten Meer gab es noch zwei weitere Zentren: eines am heutigen Zionsberg in Jerusalem, eines im heutigen Südsyrien. Zudem war es für Josephus Flavius klar, daß Essener in den meisten Städten und Dörfern des Landes gelebt haben.

Um nun in Qumran selbst aufgenommen zu werden, galt es eine dreijährige Bewährungszeit, eine Art Noviziat, zu bestehen. Erst dann galt man als vollwertiges Mitglied. Als solches führte man ein Leben, das stark an benediktinische Idealvorstellungen erinnert: „Den Reichtum verachten sie, und ihr Gefühl für die Gemeinschaft ist bewundernswert. Man findet bei

ihnen auch niemand, der mehr besitzt als die anderen, denn nach ihrem Gesetz müssen jene, die sich ihrer Sekte anschließen wollen, ihr Hab und Gut an die Gemeinschaft übertragen ... Untereinander kaufen sie und verkaufen sie nichts; wer etwas braucht, bekommt auch wiederum das von jedem, was er benötigt ... Den Zorn halten sie unter Kontrolle, Gefühlswallungen zwingen sie nieder, Zuverlässigkeit gilt ihnen viel, für den Frieden tun sie alles."

### JOHANNES DER TÄUFER – GEFÄHRLICHER ZULAUF

Manche Juden waren übrigens der Ansicht, der Untergang der Streitmacht des Herodes sei nur dem Zorn Gottes zuzuschreiben, der für die Tötung Johannes des Täufers die gerechte Strafe gefordert habe. Den letzteren nämlich hatte Herodes [Herodes Antipas, der „Vierfürst", ein Sohn Herodes des Großen] hinrichten lassen, obwohl er ein edler Mann war, der die Juden anhielt, nach Vollkommenheit zu streben, indem er sie ermahnte, Gerechtigkeit gegeneinander und Frömmigkeit gegen Gott zu üben und so zur Taufe zu kommen. Dann werde, verkündigte er, die Taufe Gott angenehm sein, weil sie dieselbe nur zur Heilung des Leibes, nicht aber zur Sühne für ihre Sünden anwendeten; die Seele nämlich sei dann ja schon vorher durch ein gerechtes Leben entsündigt. Da nun infolge der wunderbaren Anziehungskraft solcher Reden eine gewaltige Menschenmenge zu Johannes strömte, fürchtete Herodes, das Ansehen des Mannes, dessen Rat allgemein befolgt zu werden schien, könnte das Volk zum Aufruhr treiben, und hielt es daher für besser, ihn rechtzeitig aus dem Wege zu räumen, als beim Eintritt einer Wendung der Dinge in Gefahr zu geraten und dann, wenn es zu spät sei, Reue empfinden zu müssen. Auf diesen Verdacht hin ließ also Herodes den Johannes in Ketten legen, nach der Festung Machaerus bringen ... und dort hinrichten. Sein Tod aber war, wie gesagt, nach der Überzeugung der Juden die Ursache, weshalb des Herodes Heer aufgerieben worden war, da Gott in seinem Zorn diese Strafe über den Tetrarchen [Vierfürsten] verhängt habe.

*Josephus Flavius: Jüdische Altertümer XVIII 5,2. Die hier berichtete Niederlage hatte Herodes, der „Vierfürst", von seinem Schwiegervater, dem Nabatäerkönig Aretas, hinnehmen müssen. Herodes hatte zuvor die ihm angetraute Tochter des Aretas verstoßen, nachdem er sich in seine Schwägerin Herodias (Markus 6,18) verliebt hatte. Die Schmach, die Herodes seiner Tochter angetan hatte, rächte Aretas mit dem erwähnten Feldzug.*

Die Theologie der Essener war von einer nahen Endzeiterwartung sowie von einem entschiedenen Dualismus geprägt. In der Gemeinderegel heißt es: „Gott schuf die Geister des Lichts und der Finsternis und gründete auf ihnen jegliches Werk." Das Medium, in dem sich die Mächte des Lichts und der Finsternis bekämpfen, ist der Mensch. In der Endzeit „wird Gott in den Geheimnissen seines Verstandes und in der Weisheit seiner Herrlichkeit dem Bösen ein Ende setzen, und zur festgesetzten Zeit seiner Heimsuchung wird er es auf ewig vernichten". Es war Sensationslust, mit Unkenntnis gepaart, die nach der Veröffentlichung der Gemeinderegel frohlockte: „Es gab schon vor Christus ein Christentum." Dies war freilich der pseudowissenschaftliche Versuch einer Antwort auf jene längst überholte Bibeltheologie, die versuchte, die besondere Innovationskraft Jesu hervorzuheben und somit eine exklusive Originalität des Christentums zu begründen. Nichts durfte vor Jesus schon gedacht worden sein, nichts durfte dieser aus seiner eigenen Umwelt empfangen haben. Es schien beinahe so, als dürfte Jesus keine biographische Geschichte haben; alles mußte Gottes geoffenbartes Wort sein. Um so schmerzhafter war für diese kirchlichen Kreise dann die Erfahrung eines doch deutlichen Deckungsgrades zwischen Jesus und Qumran. Bei aller Parallelität – die Unterschiede sind so massiv, daß man den plakativ klingenden Satz vom „Christentum vor Christus" nur verneinen kann. Die Beweise:

- In Qumran mußte sich der Novize verpflichten, „die Söhne des Lichtes" zu lieben, jene „der Finsternis" aber zu hassen. Jesus verkündet hingegen die Nächsten- und die Feindesliebe (Matthäus 5,43).
- In Qumran wird eine Observanz der Gebote und Verbote gehalten, wie sie in ihrer Strenge selbst den Pharisäern fremd ist. Am Sabbat, dem Ruhetag Gottes und seiner Schöpfung, „getrauen sie sich nicht einmal, einen Gegenstand von der Stelle zu bewegen, ja selbst ihre Notdurft zu verrichten" (Josephus Flavius). Jesus hingegen verkündet, daß der Sabbat für den Menschen da ist und nicht der Mensch für den Sabbat.
- Qumran ist als Oppositionsbewegung zum verunreinigten Tempel zu verstehen, weswegen ihn die Essener auch nie betraten. Jesus hingegen betet und lehrt dort.

*Biblische Texte: Das Wort ist heilig, weswegen viele religiöse Juden lieber jiddisch als hebräisch sprechen.*

- Die Qumran-Essener haben sich in die Wüste zurückgezogen und betreiben dort eine Absonderung von der Welt. Jesus hingegen verkehrt nicht nur mit allen aus dem Haus Israel, sondern er geht auch zu den Heiden, wie etwa zu der Syrophönizierin.
- Nach Anweisungen der Gemeinderegel haben Kranke in Qumran keinen Platz, Jesus nimmt sich ihrer hingegen an und heilt sie.

Es ist, so meinen Neutestamentler heute, durchaus wahrscheinlich, daß zu den ideellen und theologischen Gesprächspartnern dieses Jesus von Nazaret neben anderen jüdischen Gruppierungen auch die Qumran-Essener gehört haben. Wie dieses Gespräch stattgefunden hat – mit Sympathie oder Antipathie, direkt oder indirekt –, das gilt es noch zu klären. Dabei dürfte Johannes dem Täufer eine besondere Rolle zufallen. Von ihm wird allgemein angenommen, daß er den Essenern sehr nahestand.

Sowohl die Bewohner von Qumran wie auch Johannes der Täufer hielten an einer unmittelbaren Endzeiterwartung fest. Für beide ist die Umkehr des Einzelnen ein wesentliches Anliegen.

**Die Ausgrabungen:**

Strenggenommen hat man es mit zwei essenischen Siedlungen auf einem Areal zu tun: der ersten Anlage, die von ihrer Gründung bis ins Jahr 31 v. Chr. besiedelt war, und einer zweiten, die um die Zeitenwende entstanden sein muß und bis 68 n. Chr. bewohnt war. Die erste Blütezeit des „Klosters" endete abrupt mit einem Erdbeben im Jahre 31, bei dem in ganz Judäa eine „unzählige Menge Vieh und 30.000 Menschen" ums Leben gekommen sein sollen. Die Auswirkungen des massiven Bebens sind heute noch an den Rissen in einem Wasserbassin und an den Mauerverschiebungen im Befestigungsturm deutlich zu erkennen.

Nahe dem Eingang der ursprünglich zweigeschossigen Anlage stand ein Turm, der seine Umgebung um ein Stockwerk überragte. Von ihm aus hat man heute noch den besten Überblick über die Ausgrabungen. Dabei fällt auf, daß die einzelnen Räume stark ineinander verschachtelt sind und daß die gesamte Anlage von einer Mauer umgeben und von einem raffinierten Bewässerungssystem durchzogen ist. Wobei das aus dem nahen Wadi Qumran kommende Wasser erst durch ein Klärbecken

mußte, wo sich der Sand absetzen konnte, ehe es die Zisternen und Becken füllte.

Wasser war in der Theologie der Essener enorm wichtig, nutzten sie es doch zur körperlichen und auch zur rituellen Reinigung von Schuld – die Darbringung eines Opfers im Tempel war ihnen ja nicht mehr möglich.

Zu den größten Einzelräumen gehörten das Scriptorium, wo die Schriften vervielfältigt wurden und wo die Ausgräber unter herabgestürzten Trümmern Tintenfässer und Tonscherben mit Schreibübungen entdeckt haben. Leicht zu identifizieren war auch noch der Versammlungsraum, wo die kultischen Mahlzeiten eingenommen wurden. Neben ihm fand man ein Lager, in welchem rund 1700 Tongefäße gestapelt waren. Man legte auch noch Küchen mit Öfen, Werkstätten und Magazine frei. Was Qumran aber nicht hatte, das waren Schlafsäle. Wo also nächtigten die Essener? Wahrscheinlich

*Fundhöhle Nr. 4: Die Texte von Qumran bestätigen, daß das Christentum eine eigenständige Religion ist.*

in Zelten nahe dem „Kloster". Diese Entwicklung kommt im frühen Christentum wieder, wenn sich Mönche in Höhlen nahe eines Klosters zurückziehen, um ihre idiorhythmische Lebensform zu verwirklichen. Dabei bleibt das Kloster unbestrittener Mittelpunkt, denn dorthin kommt man zur Liturgie.

Qumran fand 68 n. Chr. ein brutales Ende durch die Römer, die alle Strömungen zu dieser Zeit fürchteten, die vom Kommen des Messias und dem Endgericht sprachen, weil diese Bewegungen (z. B. Bar Kochba) dazu angetan waren, die Menschen zu begeistern. Das Ende der Essener beschreibt Josephus Flavius: „... man folterte sie auf jede Weise, man brannte sie, zerschmetterte sie und zerrte sie durch alle Marterstätten ... In ihrer Pein fanden sie noch ein Lächeln, spotteten ihre Folterknechte und schieden voll Bereitschaft aus dem Leben, als würden sie es wieder empfangen."

## DAS TOTE MEER – GIBT AUFTRIEB

Man kann darin zwar nicht untergehen, aber man kann darin doch ertrinken. Des Rätsels Lösung: Das Wasser im Toten Meer hat durch eine Salzkonzentration, die um 30 Prozent liegt, einen Auftrieb, der selbst Nichtschwimmer an der Wasseroberfläche hält. Es sei aber niemandem geraten, unterzutauchen, denn die ölige Flüssigkeit brennt höllisch in den Augen und kann – gelangt sie auch nur in geringen Mengen in die Lungen – zum Tod führen.

Dieser 400 m unter dem Mittelmeer gelegene See, der mit dem Jordan zwar einen Zufluß, aber keinen Abfluß hat, bekam seinen Namen von den Römern. Als „mare mortuum" bezeichneten sie das Gewässer, weil in ihm weder Pflanzen noch Tiere leben. Ein Liter Wasser, dem „keine lebensfördernde Kraft innewohnt" (Josephus Flavius), enthält 212 g Chlor, 41 g Magnesium, 39 g Natrium, 17 g Kalzium, 7,3 g Kalium und 5,1 g Brom.

Entstanden ist das bis zu 400 m tiefe Nordbecken vor etwa 23.000 Jahren; die nur 2 bis 6 m tiefe Wanne des Südens ist hingegen kaum mehr als 4000 Jahre alt. Die Gesamtfläche liegt bei 940 km²; das größte Binnengewässer des Vorderen Orients ist also beinahe doppelt so groß wie der Bodensee.

Mehr als 320 Tage im Jahr scheint an diesem tiefsten Punkt der Erdoberfläche die Sonne, was zu einer täglichen Verdunstung zwischen 2 und 25 mm und einer diesigen Glocke über dem Wasser führt.

Da Israel für ambitionierte Bewässerungsprojekte aus dem zufließenden Jordan sehr viel Wasser entnimmt, fließen ins Tote Meer nur mehr geringe Mengen zu. Deswegen gibt es heute streng genommen zwei „Tote Meere", die durch die jordanische Halbinsel „el-Lisan" („die Zunge") getrennt sind. Aber schon längst vor der massiven industriellen Nutzung, nämlich vom 17. bis Anfang des 19. Jh.s, konnte man das Meer an dieser Stelle durchwaten.

Daß die Salzlacke dennoch nicht austrocknet, dafür sorgen unterirdische Quellen und die winterlichen Sturzfluten, die sich aus den Bergen der judäischen Wüste am Westufer des Meeres erstrecken. Diese Wasserfluten, die als meterhohe Wogen daherschießen, bringen im Jahresschnitt rund 800 Millionen Kubikmeter Regen. Diese Sturzbäche sind auch der Grund dafür, warum in der Wüste Juda mehr Menschen ertrinken als verdursten.

Am israelischen Ufer des Meeres – die Grenze zu Jordanien verläuft in der Mitte – hat sich im Norden ein florierender Fremdenverkehr entwickelt, für den die Bezeichnung Gesundheitstourismus gerechtfertigt ist: Finden doch Menschen mit Hauterkrankungen hier langfristige Linderung ihrer Leiden.

Die politische Versöhnung zwischen den beiden Anrainerstaaten im Jahre 1994 hat ein Projekt wieder spruchreif werden lassen, von dem schon die frühen Zionisten geträumt hatten: die Verbindung des Mittelländischen und des Toten Meeres durch einen Kanal. Durch das dadurch gewonnene Gefälle könnte Energie gewonnen werden. Außerdem wäre es dann wieder möglich, den Wasserspiegel so weit anzuheben, daß die Erholungsuchenden zwischen den Umkleidekabinen und dem weit zurück-

*Das Tote Meer: Dem Wasser wohnt keine lebensfördernde Kraft inne.*

gegangenen Meer keine Transportmittel mehr benötigen.

Im Südbecken werden vornehmlich Pottasche und Kaliumverbindungen abgebaut, von denen man annimmt, daß sich rund 44 Milliarden Tonnen im Wasser befinden.

Im Altertum wurde Asphalt gewonnen, den die Ägypter zum Einbalsamieren der Leichen und auch zum Abdichten der Schiffe benutzt haben. Seine Gewinnung, so schreibt Josephus Flavius, war äußerst schwierig. Denn einmal ins Boot geladen, ließen sich die Klumpen von den Holzplanken kaum mehr lösen. Das Gegenmittel: Urin oder Menstruationsblut.

Es gibt im Judentum eine Vorstellung, die davon ausgeht, daß der kommende Messias das Tote Meer in Süßwasser verwandeln wird. Was zur Folge haben würde, daß man darin zwar keinen Auftrieb mehr haben wird, daß man darin aber weiterhin wird ertrinken können.

## BEDUINEN – EINE BEWEGUNG ERSTARRT

*Von dem hölzernen Dreigestell baumelt ein schwitzender Sack. Er ist aus dem Fell einer Ziege; Mutter und Tochter schupfen ihn schwungvoll hin und her. Der Inhalt dieses für europäische Augen nicht gerade appetitlichen Balges: Ziegenmilch. Sie wird in dem Schlauch so lange gestoßen, bis sie sich zu Butter verfestigt hat. Diese ist dann blendend weiß, schmeckt ein wenig säuerlich und ist mit dem frisch gebackenen Fladenbrot und ein wenig Salz doch recht bekömmlich. „Sachteen" – „Guten Appetit", man kann sich der Gastfreundschaft nicht versagen; Augen und Phantasie läßt man diesmal einfach nicht mitessen.*

*Beduinen verwenden von einer geschlachteten Ziege bis auf das Blut, dessen Genuß Moslems versagt ist, beinahe alles. Das Fleisch wird gebraten oder gekocht, die Sehnen werden sorgfältig ausgelöst, weil sie sich zum Nähen des Zeltes eignen. Die Röhrenknochen werden zersplittert und als Nadeln oder auch als Zahnstocher verwendet. Und das Fell der schwarzen Ziege wird zu Zeltplanen verarbeitet. Die Beduinen leben mit und aus der Natur.*

*Es ist übrigens derselbe Ziegenschlauch, den auch Jesus angesprochen hat, wenn er sagt: „Niemand füllt neuen Wein in alte Schläuche." Denn der junge Wein arbeitet noch, die alten Schläuche*

*Beduinenbub: Auch wenn sich sein Leben verändern wird, die Ausdrücke der Zärtlichkeit bleiben die alten.*

*mögen aber schon spröd sein, weswegen die Gefahr besteht, daß sie platzen.*

*Als sich der blaue Jeep über die Hügel schiebt, ist der erste Gedanke der an einen Städter, der seinen vierradgetriebenen Wagen einmal im Gelände erproben möchte. Denn dafür hat er ihn ja schließlich sehr teuer gekauft. Der Mann, der mit rot-weißer Keffije um den Kopf dem Wagen entsteigt, ist aber niemand anderer als Abu Siam, das Familienoberhaupt des Zeltes, in das wir von den Frauen geladen wurden. Er kommt soeben aus der nahen Zementfabrik, wo er sich tageweise als Arbeiter verdingt. Das mache ihn unabhängiger, sagt er. Es kann kein Zweifel bestehen: Er glaubt auch an das, was er sagt.*

*Es ist persönlicher Ehrgeiz der Beduinen, auch so zu sein, wie ihnen die Israelis das vorleben: mit Auto und riesigem Kassettenrecorder und die Männer mit engen Jeans. Zu den persönlichen Ambitionen kommt aber auch noch, daß die Wüste sie nicht mehr ausreichend ernährt. Ein Großteil der Wüste Negev ist aufgeteilt zwischen den Kibbuzim, der Landschaftsschutzbehörde und dem Militär, das dort seine „Feuerzonen" hat. Der angestammte Lebensraum der Ureinwohner wird dadurch immer enger. Da sie nicht mehr umherziehen können, bleibt ihnen nur die Seßhaftigkeit, die vom Staat Israel auch sehr gefördert wird. Aber nur wenige lassen sich gleich eine Wohnung in einem der neuen Dörfer zuweisen, die klugerweise so errichtet*

*wurden, daß vor jedem Haus noch ausreichend Platz für ein Zelt ist. Denn wer weiß, ob sich nicht doch geheime Sehnsüchte rühren.*
*Zwischen dem freien Beduinen und der endgültigen Seßhaftigkeit liegen meist aber mehrere Generationen und die Stufe des halbnomadischen Daseins. Das ist jene Form, die Abu Siam mit seinen beiden Frauen und den Kindern pflegt. Man hat noch Tiere und auch noch ein Zelt, aber erst einmal den Verlockungen der Zivilisation verfallen, gibt es kein Zurück mehr. Denn immer stärker werden die Wünsche nach neuen Trends und damit auch das Prestigedenken. Offen bleiben nur zwei Wege: Entweder man verkauft seine Herde, um sich die Träume finanzieren zu können, oder man geht zur Bank und nimmt Geld auf. Was wiederum einer festen Anstellung bedarf. Beide Wege aber führen zur Aufgabe der bisherigen Lebensform.*
*Aber noch lebt Abu Siam in Zelten. Noch ist das Wissen um die Herstellung eines solchen lebendig. Er verwendet das Haar verschiedenster Tiere, das lose gewoben wird, damit Luft zirkulieren kann. Für das Dach findet nur die Schur der kleinen schwarzen Ziege Verwendung, denn deren Haar hat den Vorteil, daß es sich bei Regen zusammenzieht, wodurch es wasserundurchlässig wird. Im Sommer kippt man die Seitenwände hoch, um noch mehr Durchzug zu erreichen, im Winter aber schützen sie und halten warm. Die Zelte werden immer gegen Osten hin geöffnet, denn der Wind, der Sand mit sich bringt, kommt nur an 50 Tagen im Jahr aus dieser Himmelsrichtung.*
*Es ist alles noch so, wie es zu Zeiten der Patriarchen Abraham, Isaak und Jakob war. Seit Jahrtausenden hat sich diese einfache Kultur erhalten, die frei war von allem Überfluß. Jetzt unterwirft sie sich einem tiefgreifenden Wandel, bei dem bestenfalls noch ein paar soziale Bräuche überleben werden.*
*Wenn Abu Siams Ältester in wenigen Jahren sich eine Frau nehmen wird, dann wird er dieser vermutlich ganz besonders zärtlich zuflöten: „Dschamili min kul albi" – „Mein Herzenskamel!" Er wird diesen Ausdruck auch dann noch gebrauchen, wenn er selbst schon längst keine Kamele mehr hat.*

*Beduinen: Immer öfter sind nicht Kamele, sondern Autos ihr Stolz.*

# DER SINAI

EILAT – KATHARINENKLOSTER

# DIE HALBINSEL SINAI – GOTT BLIEB SICH UND ISRAEL TREU

„Da sagte Mose zu Gott: Gut, ich werde also zu den Israeliten kommen und ihnen sagen: Der Gott eurer Väter hat mich zu euch gesandt. Da werden sie mich fragen: Wie heißt er? Was soll ich ihnen darauf sagen? Da antwortete Gott dem Mose: Ich bin der Ich-bin-da" (Exodus 3,13f).

Diese auf die Gegenwart bezogene Selbstoffenbarung Gottes durch einen Namen läßt sich theologisch in zwei Richtungen erweitern: in die Vergangenheit und in die Zukunft. Was nichts anderes heißt als: „Ich war immer da – von Anbeginn an", und: „Ich werde immer dasein – bis ans Ende der Tage". Wie aber ist dieses „dasein" denn anders zu interpretieren als: Für euch dasein, mit euch sein!

Der Name ist somit ein Programm, und dieses besteht in der Zusicherung Gottes, seinem auserwählten Volk in der Geschichte beizustehen. Und wie das Buch Numeri (9,15–23) weiter berichtet, begleitet Jahwe dann sein Volk auch in Form einer lichtspendenden und somit wegweisenden Feuersäule bei Nacht und als schattengebende Wolke bei Tag.

Obwohl dieser Gott für das Wohlergehen seines wandernden Volkes in der Wüste sorgt – und diese war für Nomaden nicht der Ort romantischer Gefühle, sondern eine Zone des Todes –, murrt Israel. Es begehrt auf, hadert und verfällt beim Tanz um das Goldene Kalb den raschen und vordergründigen Verlockungen.

Israel wird damit zum Sinnbild für die meisten Gläubigen, die von Zweifeln befallen werden und die sich einmal näher, dann wieder entfernter wissen von ihrem Schöpfer. Unverrückbar treu bleibt hingegen aber Gott. Einer der großen Bibelexegeten dieses Jahrhunderts, Claus Westermann, drückt dies folgendermaßen aus: „Der Geschichte der Natur und der Geschichte der Menschheit liegt ein unbedingtes Ja Gottes zu seiner Schöpfung, ein Ja Gottes zu allem Leben zugrunde, das weder durch irgendwelche Katastrophen im Lauf der Geschichte noch durch Verfehlungen, Verderbnis, Empörung der Menschheit erschüttert werden kann. Die Zusage Gottes bleibt ehern fest, solange die Erde steht."

Aus diesem Verständnis Gottes, den wir als den unendlich Langmütigen und unendlich Treuen erachten, muß sich eine heute immer noch wirk-

*VORHERGEHENDE SEITEN
Der Mosesberg:
Der Berg, an dem ein Bund geschlossen wurde, der seine Gültigkeit nie verloren hat.*

*Kapelle des Elija:
Viele biblische Ereignisse wurden im Umkreis des Klosters der hl. Katharina lokalisiert. Die Pilger weit herumzuführen wäre zu gefährlich gewesen.*

same christliche Theologie hinterfragen lassen, die auf dem Satz beruht: „Die Juden waren verstockt. Deshalb hat Gott den Bund mit ihnen gebrochen und seinen geliebten Sohn in die Welt gesandt, um einen neuen Bund zu stiften." Die Frage ist, welches Gottesbild vertreten wir, wenn wir Christen einen Bundes-Gott verkünden, der sich wie ein gekränkter Ehepartner schmollend von seinem Gegenüber zurückzieht? Zum zweiten muß die Frage erlaubt sein, woher die Vertreter der Theologie „Gott ist sich und Israel untreu geworden" denn die biblische Begründung nehmen. Der neutestamentliche Befund bezeugt nämlich Gegenteiliges: Im Brief an die Römer schreibt der Apostel Paulus (11,1f): „Ich frage also: Hat Gott sein Volk verstoßen? Keineswegs! Denn auch ich bin ein Israelit, ein Nachkomme Abrahams, aus dem

Stamm Benjamin. Gott hat sein Volk nicht verstoßen, das er einst erwählt hat."

Wenn es dennoch einen weiteren Bund – jenen mit und durch Christus – gibt, dann ist dies so zu verstehen, daß Gott sich dem Menschen in seiner unendlichen Barmherzigkeit immer wieder als Partner anbietet. So wie er dies einst schon im Bund mit Noach getan hat, so tut er es erneut mit Abraham und dann am Sinai und schließlich beim Letzten Abendmahl, wenn Jesus von dem „neuen Bund in meinem Blut" spricht.

Allen diesen Bundesschlüssen ist gemeinsam, daß sie freiwillige Angebote Gottes an den Menschen sind und daß Jahwe nie einen Bund aufgelöst hat, um danach einen neuen zu stiften. Womit klar ist: Gott blieb sich und seinem Volk Israel treu.

# EILAT – RASTPLATZ DER GESCHICHTE

„Sind die Israelis so richtige Juden? Solche, wie sie früher einmal in Europa zu finden waren? Und haben vor den Kreuzfahrern eigentlich auch schon Christen in diesem Land gelebt?" Diese von verwirrten Touristen tatsächlich gestellten Fragen sind von solcher Einfalt, daß israelische „Guides" sich oft zu Recht weigern, sie zu beantworten. Dennoch, es gibt eine Antwort. Sie lautet: „Eilat oder ein gutes Buch".

Was sich ein wenig nach dem doppeldeutigen Spruch einer altgriechischen Orakelpriesterin anhört, ist hingegen eine ganz konkrete Hilfestellung. Ein gutes Buch über Israel beantwortet die grundsätzlichen Fragen (jene, die man sich eigentlich schon vor Antritt der Reise hätte stellen sollen). Und Eilat räumt die Möglichkeit ein, das im übrigen Land Erlebte noch einmal zu reflektieren. Dabei wird dem überforderten Touristen vielleicht der Unterschied zwischen den ultrareligiösen Antizionisten und den areligiösen Ultrazionisten doch noch klar, und er findet auch noch eine Antwort auf die eine, alle Reisenden zutiefst bewegende Frage: ob nämlich Fellafel und Houmus arabischen oder doch jüdischen Ursprungs sind.

Eilat ist anders als das restliche Israel. Hier gibt es keinen Nahostkonflikt und auch kaum religiöse Juden, sondern bloß Israelis, die sich durch ein nicht näher zu definierendes säkulares Bewußtsein auszeichnen. Die Hafenstadt am Roten Meer kennt auch keine Erschwernisse, wie sie eine jahrtausendealte Geschichte und sich oft ereifernde Religionen mit sich bringen können.

Eilatis sind meist braungebrannt, und nicht wenige von ihnen haben jenen Reiz an sich, der auch Tennis- und Schilehrer auszeichnet: viel Körperbewußtsein, eine flapsige Sprache und eine geringe Neigung zur intellektuellen Verspieltheit.

Mancher Besucher glaubt sogar entdeckt zu haben, daß sich die männlichen Bewohner aus der jüngsten Geschichte eines beibehalten haben: den erotischen Sturm und Drang der späten fünfziger Jahre, als in dem sonnigen Urlaubsparadies auf 100 Junggesellen bloß vier unverheiratete Frauen kamen.

Man kommt in die südlichste Stadt Israels, um sich zu entspannen – um mit Delphinen zu schwimmen oder zu den Klängen der Beatles tatsächlich in einem „Yellow Submarine" die Unterwasserwelt zu erleben. Oder um – selbst ohne Kurs – bis zu 6 m tief abzutauchen und die herrlichen Korallenbänke zu bestaunen. Dies kann man auch von dem berühmten Unterwasser-Observatorium aus tun, das neben einer ins Meer versenkten Taucherglocke auch über Großaquarien verfügt, in denen sich Rochen, Haie oder Muränen tummeln. Wen es hingegen als Abwechslung in die Wüste Sinai zieht, der kann dies auf eines schwankenden Kameles Rücken tun oder auch in einem Safari-Jeep. Ein Abendessen bei Beduinen wird ebenso organisiert wie eine Tagesfahrt in die jordanische Nabatäerstadt Petra.

Eilat versucht im Bereich Fremdenverkehr eben alles zu haben. Weswegen es auch nicht weiter verwunderlich ist, daß es eines der wenigen Orte ist, in denen man auch fliegen kann. In einem solchen „Airodium" wird der Möchtegern-Ikarus in einen weiten Overall gesteckt und von enormem Luftdruck in die Höhe geblasen. Der Absturz ist beim ersten Mal – man wird dem Ikarus immer ähnlicher – garantiert. Er ist aber – ein Unterschied zu einem Halbgott darf doch sein – gefahrlos.

Wir haben Eilat oder ein gutes Buch zu aller Rätsel Lösung empfohlen. Es geht natürlich auch beides.

*Sport- und Freizeitort Eilat: Abtauchen oder fliegen – alles ist möglich.*

## ST. KATHARINA – EIN EINZIGER VERBORGENER SCHATZ

Schlauheit gepaart mit einem Quentchen Mogelei haben das Kloster der hl. Katharina am Sinai jahrhundertelang vor Zerstörung und Raub bewahrt. Neben ein wenig Papier und Tinte waren dies nämlich die wichtigsten Ingredienzien für einen von den Mönchen selbst verfaßten Brief gewesen. In diesem ließen sie sich vom Propheten Mohammed für die Gastfreundschaft loben, die sie ihm im Jahre 622 angeblich gewährt hatten. Um nun das als „Achtiname" bezeichnete Dokument besonders authentisch erscheinen zu lassen, besiegelten die monastischen Fälscher dieses sogar mit zwei Fingerabdrücken des Propheten.

Oft kommt der Glaube vor dem Wissen. Das wußten die Mönche von St. Katharina, und sie vertrauten darauf, daß dies auch bei jenen moslemischen Angreifern der Fall sein würde, die es auf die reichen Kunstschätze abgesehen hatten. Die Klosterbrüder sollten recht behalten. Jene, die angerückt kamen, um sich zu bereichern, ließen von ihrem Vorhaben ab, nachdem sie den Brief gesehen hatten.

Weil dieser Schwindel gar so gut funktionierte, setzte sich die Tradition fort. Man fertigte Schutzbriefe an oder ließ sie auch anfertigen – niemand weiß dies mehr so genau. Tatsache ist, daß sich in der Bibliothek von St. Katharina jedenfalls eine beinahe lückenlose Reihe solcher Dokumente findet. Sie sind in Arabisch, Türkisch oder Französisch verfaßt und bestätigen meist nicht nur den besonderen Schutz der Anlage durch den jeweiligen Unterzeichner, sondern sie befreien zugleich auch noch von schweren steuerlichen Belastungen. Der letzte dieser Schutzbriefe stammt von Napoleon und trägt dessen – nicht gefälschte – Unterschrift sowie die Jahreszahl 1798.

Die Schutzbriefe waren eine erfolgreiche Maßnahme, der Bau eines Minaretts innerhalb des Klosterareals eine weitere, um moslemischen Angreifern die Bedeutung des Ortes auch in ihrer Glaubenstradition vor Augen zu führen. Dies alles freilich war hohe Politik, die das

*Die Koralleninsel südlich von Eilat: Ein ganz klein wenig Geschichte aus der Zeit der Kreuzfahrer bietet eine imposante Kulisse für jene, die Erholung vom historisch-politischen Israel suchen.*

Kloster vor Zerstörung rettete. Durchziehende Beduinenstämme kümmerten sich um solche Abmachungen aber wenig. Sie überfielen, plünderten und töteten ungeachtet der Schutzdekrete Mönche, und auch Pilger verschonten sie nicht. Noch heute gedenkt die griechisch-orthodoxe Kirche am 14. Januar der „40 Märtyrer" vom Sinai. Tatsächlich haben bei Überfällen im 4. Jh. sehr viele Mönche mehr den Tod gefunden; die Zahl 40 ist wohl in Zusammenhang mit dem vier Jahrzehnte durch die Wüste wandernden Gottesvolk zu sehen.

Die erlittenen Qualen veranlaßten die Mönche schließlich, sich an den oströmischen Kaiser Justinian zu wenden, der ihrer Bitte um Schutz auch nachkam. Die Stärke der Klostermauer läßt aber erkennen, daß Justinian nicht allein am Wohlergehen der Mönche gelegen war, sondern daß er noch ein weiteres Ziel verfolgt hatte: einen befestigten Kontrollposten zwischen Ägypten und Palästina zu errichten, in den man notfalls Soldaten verlegen konnte. Zum Schutz des Klosters beorderte der Kaiser zusätzlich noch 200 christliche Familien in den Sinai, davon die Hälfte aus dem heutigen Rumänien.

Obwohl diese bereits nach drei Generationen zum Islam konvertierten, blieben sie bis heute dem Kloster als beduinische Angestellte treu.

Errichtet wurde St. Katharina irgendwann zwischen 548, dem Todesjahr der Kaiserin Theodora, und 565, dem Sterbejahr Justinians. Die zeitliche Fixierung ist einfach, findet sich im Kirchengebälk doch eine Inschrift, die den Tod der Kaiserin bereits voraussetzt.

Nicht erfüllen sollte sich der Wunsch einer anderen Inschrift, die ebenfalls in den Dachstuhl graviert worden war. Sie lautet: „Großer Gott, habe Erbarmen und rette deinen Knecht Stephanos von Aila [heute: Eilat], den Erbauer dieser Kirche …" Möglich, daß besagter Stephanos vor seinem Schöpfer Gnade gefunden hat, vor seinem Bauherrn Justinian fand er sie jedenfalls nicht. Dieser ließ ihn nämlich nach Fertigstellung der Anlage köpfen. Der Grund: Stephanos war der Tradition der Mönche gefolgt und hatte das Kloster dort errichtet, wo diese den brennenden Dornbusch lokalisiert hatten. Dies war zugleich aber die engste Stelle zwischen dem Djebel Sufsafah, einem Vorgipfel des Mosesberges, und dem gegenüberliegenden Djebel Deir. Angreifer brauchten also nur einen der nahen Felsrücken zu erklimmen, und schon waren die 12–15 m hohen Mauern – übrigens ein seltenes Beispiel spätrömischer Festungsarchitektur – wertlos. Denn das Kloster lag ungeschützt zum Beschuß da.

Die ersten Mönche hatten diesen Platz gewählt, um die Nichtigkeit menschlicher Existenz im Gegensatz zur Größe der Schöpfung zu erfahren. Denn kaum ein Ort auf der ganzen Halbinsel – das bestätigen auch die heutigen Besucher – eignet sich dazu besser als das zerklüftete Zentralmassiv im Süden. Das blendende Licht des Tages läßt die Felsen kühn und unnahbar aussehen, der späte Nachmittag verleiht ihnen Milde und Schönheit. Ein überaus reicher Sternenhimmel, der den nächtlichen Besteiger des Mosesberges auch ohne Lampe den Weg finden läßt, vermittelt ein Gefühl kosmischer Größe. Unter diesen Eindrücken kommt selbst bei völlig areligiösen Menschen häufig der Gedanke an „eine ordnende Kraft" auf.

Eine der unabdingbaren Forderungen des frühen Mönchtums war der „Auszug aus der zivilisierten Welt". Diesen wollten die Eremiten des Sinai aber nicht im Sinne des Origenes verstanden wissen, der gesagt hatte, die Trennung müsse „non locis sed actibus", nicht räumlich, sondern im Handeln bestehen. Die Männer nahmen sich vielmehr den Wüstenvater Sisoes zum Vorbild, der die rhetorische Frage gestellt hatte: „Genügt mir nicht allein die Freiheit meines Gedankens in der Wüste?"

Einer der Gründe, warum sich die frühen Eremiten gerade hierher – in den Bereich des heutigen Klosters – geflüchtet haben, mag ein ganz banaler gewesen sein: nämlich das Wasser, das in dieser Gegend ganzjährig vorhanden ist. Es waren dann auch die Mönche, die den nahen Gipfel mit dem Berg Horeb oder dem Sinai identifizierten, die in der Ebene Er-Raha jenen Ort sahen, an dem die Israeliten gelagert hatten, und die in einem wahrscheinlich besonders üppig wuchernden Strauch den „brennenden Dornbusch" zu erkennen glaubten. Außerdem fand sich in der Nähe des Klosters eine kleine Erhebung, die man sich gut als jenen Platz vorstellen konnte, an dem das Goldene Kalb gestanden hatte.

Wie die frühen Mönche, die zumeist aus Ägypten stammten, zu diesen Lokalisationen gekommen sind, ist völlig unklar. Es gibt zwei nicht näher überprüfbare Theorien: Entweder haben die Eremiten frühere Traditionen von jüdischen Landsleuten übernommen, oder es kamen Pilger, die die Orte des göttlichen Heilsgeschehens besuchen wollten. Sich mit diesen sehr weit vom Kloster wegzubegeben war wegen der Beduinen riskant und wegen der großen Hitze in jedem Fall mühsam. Also verlegte man das, von dem man ohnehin nicht wußte, wo es war, klugerweise in die Nähe des Klosters.

Die Frage, ob der heute gezeigte Mosesberg tatsächlich jener der Übergabe der Gesetzestafeln war oder ob der Ort göttlicher Offenbarung nicht überhaupt im heutigen Saudi-Arabien zu suchen sei, wie viele Archäologen meinen, mag für Wissenschaftler ein Dilemma sein. Für Gläubige sollte sie keines sein. Denn wichtig ist die Theologie, die dahintersteht: das Handeln Gottes an seinem Volk. Aus diesem Blickwinkel gilt es auch die Bibel zu lesen.

Für die Israeliten, die die „Fleischtöpfe Ägyptens" verlassen, ist die Wüste eine neue Erfahrung. Verweichlicht durch eine lange Periode der Seßhaftigkeit, sind sie des harten nomadischen Lebens entwöhnt. Nicht selten murren sie und rebellieren gegen ihren Anführer Mose.

Gott aber sorgt für sein Volk: Er läßt, wenn es dürstet, Mose mit einem Stab an den Felsen schlagen: „Es wird Wasser herauskommen, und das Volk kann trinken" (Exodus 17,6). In den Augen des Wüstenunerfahrenen ist dies ein unbegreifliches Wunder. Wie soll, so fragen wir, aus einem Felsen Wasser kommen? Die Lösung ist simpel: Der geologische Unterbau des Sinai ist zumindest zum Teil aus wasserundurchlässigem Granit. Der Aufbau hingegen aus Sandstein, der von feinen Kapillargefäßen durchzogen ist. Wenn es nun regnet, dann sickert das Wasser langsam in den Berg ein, so lange, bis es auf den Granit trifft. Ist dieser nun wie eine Wanne geformt, so nimmt er das Wasser in einem großen Becken auf. Wir sprechen von fossilem Wasser. Ist der Granitfelsen im Inneren des Berges aber umgekehrt gestaltet, nämlich so, daß die Ränder nach unten weisen und der höchste Punkt in der Mitte ist, dann wird das Wasser zum Austritt aus dem Berg gezwungen. Dort, wo es aber mit der Außenluft in Berührung kommt, bildet es eine Kalkverkrustung. Eine dünne Schicht, die man mit einem Stück Holz, einem Stab, durchstechen kann. Und schon tritt Wasser hervor.

Das Wunder besteht also nicht darin, daß das Wasser rinnt, sondern vielmehr darin, daß Gott dem Mose, dem die Gegend zumindest zum Teil fremd ist, jene Stelle zeigt, wo lebensrettendes Naß zu finden ist.

Auch heute kann man noch ähnliches erleben – freilich nicht, wenn man klopfenderweise durch die Wüste zieht, sondern nur, wenn man sich einem Beduinen anvertraut. Ebenso natürlich läßt sich das Wachtelwunder erklären (Exodus 16,12f). Zweimal jährlich überfliegen Zugvögel den Sinai. Viele sind so ermattet, daß sie sich von Hand fangen lassen. Und auch das Manna, das Brot der Wüste, existiert: Es sind Tröpfchen, die von Blattläusen abgesondert werden.

Auch hier gilt: Nicht die Tatsache, daß die Wachteln vom Himmel fielen, ist als Wunder zu betrachten, sondern der Umstand, daß es gerade zu der Zeit war, zu der die wandernden Israeliten vom Hungertod bedroht waren.

Man sieht: Das Studium des biblischen Landes nimmt auch heute noch nichts vom Glauben, es schichtet diesen nur um.

Eingangs haben wir festgestellt: Die Mischung aus Schlauheit, Mogelei, Tinte und Papier vermochte St. Katharina durch die Zeit zu retten. Dadurch wurde das Kloster zum ältesten in der orthodoxen Welt, und es ist heute noch eine frühe byzantinische Sakralarchitektur zu bestaunen, die ihresgleichen sucht.

*RECHTE SEITE*
*Das Kloster der hl. Katharina: Ein wenig Mogelei und ein wenig Tinte schreckte alle Eroberer ab.*

*Das Allerheiligste des Klosters: Die Moseskapelle – hier soll der brennende Dornbusch gestanden haben.*

Der justinianischen Kirche vorgelagert ist der Narthex, in dem die ältesten Ikonen der Christenheit ausgestellt sind. Von diesem dunklen Vorraum aus betritt man die Basilika durch eine knapp 4 m hohe hölzerne Flügeltür aus dem 6. Jh. Die 28 Holzfüllungen zeigen Tier- oder Pflanzenmotive.

Nicht weniger interessant, wenn auch um rund 600 Jahre jünger, ist hingegen die zweite Holztür, die den Narthex vom Norden her zugänglich macht. Sie stammt aus der Zeit der Fatimiden und wird von Heraldikern gerne besucht, weil schon die Kreuzfahrer die schlechte Angewohnheit hatten, sich mittels Gravuren zu verewigen. In diesem Fall sind es eben zahlreiche europäische Herrscherwappen.

Die zwölf weiß getünchten Granitsäulen in zwei Reihen gliedern die Basilika in ein breites Haupt- und zwei schmale Seitenschiffe.

Den Blick auf die Ikonostase verstellen zahlreiche von der Decke hängende heilige Lichter, die den Besucher auch ein wenig die Geradlinigkeit byzantinischer Baukunst vergessen lassen. Die Bilderwand und das ihr aufgesetzte hohe Kreuz sind es ihrerseits, die das kunsthistorisch wertvollste Stück der Kirche verdecken: das Apsismosaik. Die Arbeit, die im späten 6. oder frühen 7. Jh. gelegt und bis heute nie restauriert wurde, zählt zu den ältesten und besten Kompositionen byzantinischer Mosaikkunst. Die wenige Helligkeit, die auf die Steine fällt, taucht diese gerade in jenes mystische Licht, das die dargestellte „Verklärung Christi am Berg Tabor" auch inhaltlich verlangt.

Neben dem äußeren Schutz war es eine kluge Religionspolitik, die St. Katharina zu unendlichen Schätzen verhalf. So nahm das Kloster, das seine theologische Heimat in Konstantinopel hatte, an der großen Spaltung zwischen West- und Ostkirche im Jahre 1054 nicht teil. Was nichts anderes bedeutete, als daß sich die Mönche auch der Zuwendungen Roms erfreuen durften. Schenkungen in Form von liturgischen Geräten und Büchern trafen aus der ganzen christlichen Welt ein. Womit St. Katharina nicht nur die älteste Bibliothek der Christenheit, sondern auch die zweitgrößte nach dem Vatikan aufzuweisen hat. Sie beherbergt 3329 Folianten und 1742 Schriftrollen in zwölf Sprachen, darunter auch den „Codex Syriacus", eine Bibelabschrift aus dem 4./5. Jh. Die noch wertvollere Handschrift, den „Codex Sinaiticus", haben sich die ungebildeten Mönche allerdings 1859 von dem sächsischen Wissenschaftler Lobegott Friedrich Constantin von Tischendorf abluchsen lassen. Sie befindet sich heute im Britischen Museum in London. Was dem Kloster davon geblieben ist, sind acht erst später gefundene Seiten und die „Leihurkunde" des Deutschen.

Im mittelalterlichen Europa verbreitete sich eine starke Verehrung der hl. Katharina. Die Vorliebe für die Märtyrerin aus Alexandria kostete das Kloster zwar beinahe alle Reliquien, dafür erhielt es aber zahlreiche Ikonen, Prozessionskreuze, Kelche, Bucheinbände aus Email und viele andere Pretiosen. Zudem bot sich Venedig

als Schutzmacht an, und Länder wie Portugal, Frankreich und Deutschland, aber auch die Moldawier und Russen revanchierten sich mit finanzieller Hilfe.

Der „Ausverkauf" der hl. Katharina ging so weit, daß dem Kloster selbst nur eine Hand und der Kopf verblieben.

Dieses in mehrfacher Hinsicht herausragende Kloster zeichnet sich durch einen weiteren Superlativ aus: Es beherbergt die reichste Ikonensammlung der Welt. Und dies nicht nur, was die Zahl der erstklassigen enkaustischen Ikonen (Wachstechnik) anbelangt, sondern auch in bezug auf die einzigartige Kontinuität. St. Katharina ist der einzige Platz dieser Erde, an dem Wissenschaftler die Entwicklung der byzantinischen Ikonographie von ihren Anfängen im 6. Jh. bis zur Gegenwart studieren können.

Daß diese ältesten Kultbilder der Christenheit am Sinai überleben konnten, ist dem Islam zu verdanken. Als der christliche Bilderstreit, auch Ikonoklasmus genannt, im Jahre 726 losbrach und die Ikonen im ganzen byzantinischen Reich verbrannt und ihre Verehrer schwer bestraft wurden, war St. Katharina unter islamischer Oberhoheit. Und so weit reichten die Gesetze Konstantinopels nicht.

In der Neuzeit haben sich die eingangs erwähnten Schutzbriefe erübrigt, denn die ägyptische Regierung weiß um die enorme Anziehungskraft des Ortes. An manchen Tagen kommen bis zu tausend Besucher – eine Anzahl, die den Beduinen des Südsinai eine gewisse Prosperität gewährt, den 20 heute im Kloster lebenden griechisch-orthodoxen Mönchen das spirituelle Leben aber sehr erschwert. Daß sie die Besu-

*LINKS*
*Selbstversorgender griechisch-orthodoxer Mönch in St. Katharina: Eine Form des benediktinischen „Ora et labora".*

*RECHTS*
*Kirchenportal aus dem 11. Jahrhundert: Schon die Kreuzfahrer hatten die Angewohnheit, sich mittels Gravuren zu verewigen.*

cher nur bis in die Mitte der Kirche führen, ihnen Bibliothek, Archiv und selbst die Kapelle des brennenden Dornbusches nicht zugänglich machen, mag viele Touristen und Pilger erstaunen, wenn nicht gar verärgern. Die Mönche sagen aber nicht zu Unrecht: „St. Katharina ist kein Museum, und wir sind keine Wächter, sondern St. Katharina ist ein Ort des Gebets." Aber auch an diesem läßt sich bekanntlich vieles entdecken.

## DIE IKONE: NICHT BILD, SONDERN ABBILD

*Liebhaber von Ikonen wissen: Gorbatschow hat durch die Öffnung der Grenzen das Sammeln finanziell erst erschwinglich gemacht. Zugleich hat er aber auch den Preis verdorben. Denn russische Ikonen aus dem späten 18. und 19. Jh. sind am internationalen Markt zur Massenware verkommen. Wer auf sich hält, sammelt Griechen. Die Ikone als Spekulationsobjekt – wie Teppiche oder Jugendstilmöbel. Und die Ikone als Kunstbild. Beides entspricht nicht ihrem Wesen.*

*Der Exkurs zu Plato ist unumgänglich, will man den „göttlichen Bildern" gerecht werden, die in nicht wenigen westeuropäischen Haushalten ein breites kulturelles Verständnis sowie eine gewisse Prosperität des Besitzers signalisieren sollen. Denn auch für „Russen" bezahlt man allemal noch zwischen 1000 und 2000 US-Dollar. Der griechische Philosoph Plato lehrt, daß jeder irdische Gegenstand nur das „Abbild" (eikon) einer ewigen und göttlichen „Idee" sei. Dies verdeutlicht er mit dem berühmten Höhlengleichnis: Wir Menschen sitzen gleichsam in einer*

Höhle gefangen, mit dem Gesicht zur Wand. Draußen zieht die Sonne vorbei, doch drinnen sehen wir nur „Schatten" von Gegenständen. Die leuchtende Sonne – das sei die Welt der Ideen. Wir Menschen erkennen also die göttlichen Ideen nur schattenhaft und in Abbildern. Diese mythisch-idealistische Daseinsdeutung ist für lange Zeit kulturprägend geworden. Sie lebt in der Ikonenverehrung bis heute weiter.

Die Ikone ist also nicht so sehr Bild, sondern Abbild der göttlichen Wirklichkeit, was wiederum in stilistischer Hinsicht klare Konsequenzen nach sich zieht. Nach dem „metaphysischen Prinzip der östlichen Malerei" kann es keinen oder nur einen geringfügigen stilistischen Wandel geben, da sich ja die übersinnlich-überirdische Wirklichkeit hinter dem Bild nicht ändert. Die ewigen Ideen bleiben ständig gleich. Wie aber kommt man nun über das Bild der Ikone zum Urbild? Durch das Studium der Bibel. Das Wissen um eine in der Ikone dargestellte Person und ihre Verehrung gehören stets zusammen. Ikone und Bibel sind also sich ergänzende und nie einander ersetzende Elemente. Wäre letzteres der Fall, so reduzierte sich die Ikonenverehrung auf eine zu tadelnde vordergründige Bildanbetung.

So wie der Verkünder der Heiligen Schrift nicht über dem Text steht und diesen nicht willkürlich benutzen kann, sondern ihm zu dienen hat, so versetzt sich auch der Ikonenmaler in die Verkündigung der Ikone. Er tritt ganz hinter das Werk zurück und signiert es auch nicht. In manchen Traditionen geht die Anonymität des Schaffenden so weit, daß mehrere Maler an einer Ikone „schreiben". Mit der Bezeichnung „schreiben" soll zum Ausdruck kommen, daß

*Ikone der heiligen Katharina: Das Bild als gemalte Theologie.*

> **FREUDE AN DER WEISUNG DES HERRN**
>
> Rav Jehuda sagt, Schmuel habe gesagt: Was bedeutet es, daß geschrieben steht: Du machtest die Menschen Fischen des Meeres gleich, dem Gewürm gleich, das keinen Herrn hat (Habakuk 1,14)? Warum werden die Menschen mit Fischen des Meeres verglichen? Um dir zu sagen: Wie Fische, die im Meer sind, sofort sterben, wenn sie aufs Trockene gelangen, so sterben auch die Menschen sofort, wenn sie sich von den Worten der Tora und von den Geboten entfernen.
>
> bAvoda Zara 3b

Ikonen eine sichtbar gemachte Lehre aus dem Alten und Neuen Testament sind. Sie sind aber nicht „Illustrationen" biblischen Geschehens, wie das bei den gotischen Flügelaltären der Fall ist, die dem des Lesens unkundigen Gläubigen die Schrift verdeutlichen sollten.

Ikonen herzustellen ist also nicht Kunst, sondern Liturgie – ein Gottesdienst mit anderen Ausdrucksmitteln. Ikonographen „schreiben" deswegen häufig in Klausur oder nach einer innerlichen Vorbereitung durch intensives Gebet. Manche Mönche und Nonnen malen nur vom frühen Morgen bis zur ersten Mahlzeit zu Mittag, um in dieser Zeit auch mit ihrem eigenen Körper den Hunger auszudrücken, der im Gegensatz zur Sättigung steht. Man muß ganz „leer sein", um sich auf die geistige Mitte konzentrieren zu können.

Die Ostkirche sieht in jedem einzelnen Menschen einen Ikonenmaler. Als „Helfer" fungiert dabei der Heilige Geist, der als der wahre Ikonograph erachtet wird. Er aber zeichnet nur jenes Bild, das der Mensch durch seine freiwillige Zustimmung auch zeichnen läßt. Damit kommt zum Ausdruck, daß die Verehrung Gottes stets zwei Aspekte in sich birgt: das Bemühen des einzelnen und Gottes Gnade.

Das dabei vorgegebene Ziel lautet: „Ich bin als Ebenbild Gottes geschaffen worden, vor mir aber liegt die Aufgabe, Gott ähnlich zu werden."

# GLOSSAR
## WAS SIE SCHON IMMER FRAGEN WOLLTEN

**Aschkenasen** – Juden, die aus Europa oder den USA stammen und die heute nur noch 39 Prozent der israelischen Gesamtbevölkerung stellen. Durch ihre oft hohe Qualifikation, die im Gegensatz zu den meist ungebildeten Sepharden stand, leisteten sie in dem jungen Staat ungeheure Aufbauarbeit. Beinahe alle wirtschaftlichen und politischen Großleistungen des frühen Israel gehen auf sie zurück. Eine besonders prägende Gruppe innerhalb der Aschkenasen waren die „Jeckes", jene deutschen Juden, die angeblich nie ohne Jacke das Haus verließen.

**Bar Mitzwa** - Bezeichnung für einen Knaben, der nach der jüdischen Tradition mit 13 Jahren religiös volljährig wird. Wörtlich: Er wird ein „Sohn des Gesetzes". Die Zeremonie ist jener der Firmung oder Konfirmation vergleichbar. Bei reformierten Juden setzt sich die Zeremonie immer stärker auch für Mädchen durch; ein solches wird dann Bat Mitzwa genannt.

**Chanukka** – Achttägiges Lichtfest im Dezember zur Erinnerung an die Wiedereinweihung des Tempels nach dem erfolgreichen Makkabäeraufstand im Jahre 164 v. Chr.

**Chassid** – Wörtlich: der Fromme. Bezeichnung für eine mystische Bewegung im Judentum, die es zur Zeit der Makkabäerkämpfe und im mittelalterlichen Deutschland gab und die im 18. Jh. von Osteuropa erneut ausging.

**Columbarium** – Wörtlich: „Taubenhaus". Ursprünglich meinte man, die kleinen Nischen, die in mehreren Reihen übereinander angeordnet sind, seien Nistplätze für Tauben. Tatsächlich handelt es sich allerdings um römische Beisetzungsstätten für Urnen. Columbarien können sowohl ober- wie auch unterirdisch angelegt sein. Die Funktion der Columbarien in Palästina ist aber immer noch nicht ganz geklärt, da sie zu klein zu sein scheinen, um Urnen aufnehmen zu können.

**Davidstern** – Das Hexagramm, auch Davidschild genannt, besteht aus zwei ineinander geschobenen Dreiecken. Es ist das Sinnbild der Durchdringung der sichtbaren und unsichtbaren Welt. Im Altertum findet sich das Hexagramm bei verschiedenen Völkern, im Judentum erstmals auf einem Stein in der Synagoge von Kafarnaum.

**Josephus Flavius** – Der große Historiker des ersten nachchristlichen Jahrhunderts, der uns in seinen beiden Hauptwerken, den „Antiquitates Iudaicae" („Jüdische Altertümer") und „De Bello Iudaico" („Der Jüdische Krieg"), ausführliche Beschreibungen von Land und Volk, Geschichte und Kultur des jüdischen Volkes in Palästina hinterließ. Dennoch war der Jude Josephus Flavius, der sogar aus priesterlichem Geschlecht stammte, lange Zeit bei den Juden nicht sehr angesehen. Der Grund: Der Jerusalemer, der im Jüdischen Krieg (66–70 n. Chr.) noch gegen die Römer gekämpft hatte, flüchtete nach seiner Gefangennahme in deren Lager und wurde ein enger Freund des Flavischen Kaiserhauses – daher auch sein Name. Bis zur Bestätigung seiner Schriften durch die Archäologie war er stets scheel beurteilt worden, glaubten die Juden doch, er betreibe Geschichtsdarstellung aus einem ausschließlich römischen Blickwinkel.

**Haggada** – Man bezeichnet damit die nichtgesetzlichen Teile des Talmud. Dazu gehören Erzählungen, die letztlich den gleichen Zweck haben wie die Halacha: Sie wollen den Menschen zum rechten Handeln führen, sie sind aber religionsgesetzlich nicht verpflichtend.

**Halacha** – Die Summe der Gesetze, die das jüdische Leben seit biblischen Zeiten bestimmen. Die Halacha legt die religiösen Pflichten des Juden sowohl im zwischenmenschlichen als auch im gottesdienstlichen Bereich fest und deckt praktisch alle Aspekte des Lebens ab: Geburt und Heirat, Freude und Trauer, Landwirtschaft und Handel, Ethik und Theologie. Die Autorität der Halacha wurzelt in der Bibel und stützt sich auf den Talmud.

**Ikonostase** – Meist eine hölzerne Wand, die in den byzantinischen Kirchen den Altarraum vom Raum der Gemeinde trennt. Sie ist stets dreitürig, wobei die Königspforte in der Mitte dem Priester vorbehalten bleibt. Die Wand ist mit Ikonen behangen, die in ihrer Anordnung exakten Gesetzmäßigkeiten folgen.

**Israel** – Nach dem UN-Teilungsplan (Resolution 181) im Jahre 1947 wurde am 14. Mai 1948 der Staat Israel ausgerufen. Israel ist eine parlamentarische Demokratie, die sich auf das Prinzip der Gewaltenteilung stützt. Dem Staat steht der Staatspräsident vor, dessen Pflichten vornehmlich repräsentativer Art sind. Der Judenstaat kennt keine De-jure-, sehr wohl aber eine De-facto-Verfassung (siehe dazu den Beitrag auf S. 26ff.: „Bloß ein Israeli oder doch auch ein Jude?").
Das Land bedeckt ein Fläche von 27.800 km², erstreckt sich in Nord-Süd-Richtung über 450 km und ist bis zu 135 km breit. Die Hauptstadt ist

Jerusalem mit etwa 560.000 Einwohnern, gefolgt von Tel Aviv (350.000) und Haifa (250.000). Über 90 Prozent der Israelis sind Stadtbewohner.

Von den rund 5 Millionen Einwohnern des Landes sind etwa 915.000 Personen Nichtjuden. Unter diesen stellen die „israelischen Araber", die dem Gesetz nach den Juden gleichgestellt sind, die größte Gruppe. Sie unterteilt sich religiös wieder in eine über 90prozentige moslemische Mehrheit und eine schrumpfende christliche Minderheit. Zu den „israelischen Arabern" zählen die Beduinen, die beinahe 10 Prozent der moslemisch-arabischen Bevölkerung ausmachen. Sie gehören zu 30 Stämmen und leben hauptsächlich im Süden.

Zu den nichtjüdischen Minderheiten zählen auch die 80.000 Drusen, die in 22 Dörfern in Nordisrael wohnen. Sie sind Angehörige einer Religion, deren Glaubenslehre nur wenigen Eingeweihten zugänglich ist. Wichtig ist bei ihnen die Loyalität zum jeweiligen Staat – weswegen sie auch neben den Beduinen die einzige nichtjüdische Gruppe sind, die in Israel den Militärdienst leistet.

**Jeschiwa** – Talmudschule, in der traditionell jüdisches Wissen vermittelt wird.

**Kabbala** – Hebräisch: „Überlieferung". Engere Bezeichnung der jüdischen Mystik. Der seit dem 13. Jh. gebräuchliche Name Kabbala soll besagen, daß sie ebenso wie das Gesetz Teil der Tradition und wie dieses auch göttlichen Ursprungs ist. Wo die Bibel ausgesprochen mystisch ist, wie beispielsweise in Ezechiels Vision vom göttlichen Thronwagen, setzt die Kabbala an, um mit Hilfe der Buchstabendeutung und der Zahlenmystik in jedem Satz und Zeichen der Bibel einen verborgenen Sinn aufzuspüren.

**Mazze** – Ungesäuerte Brote, die während der Pessah-Woche verzehrt werden.

**Menora** – Der siebenarmige Leuchter im Tempel. Der Mittelschaft und je drei Arme zu seinen Seiten trugen die Öllämpchen. Die Stiftshütte hatte eine goldene Menora (Ex 25,31–35), der salomonische Tempel hatte zehn solche Leuchter (1 Kön 7,49). Seit dem Zweiten Tempel ist der siebenarmige Leuchter das wesentliche Symbol des jüdischen Volkes. Im Mittelalter entstand der achtarmige Leuchter, der Chanukka-Leuchter mit je vier Seitenarmen und einem neunten Arm zum Anzünden.

**Mesusa** – Ein aus Holz, Keramik oder auch Stein gefertigtes Kästchen, das am rechten Türpfosten eines jeden Hauses angebracht ist und einen Pergamentstreifen mit den Texten Dtn 6,4–9 („Sch<sup>e</sup>ma Israel" – „Höre, Israel") und 11,13–21 enthält. Durch einen Spalt des Kästchens, das häufig auch künstlerisch gestaltet ist, sieht man den auf der Rückseite des Pergaments geschriebenen Gottesnamen „Schaddai" (Gen 17,1). Beim Durchschreiten der Tür berührt der gläubige Jude die Mesusa und küßt dann seine Fingerspitzen.

**Mihrab** – Eine besonders hervorgehobene Nische in der nach Mekka ausgerichteten Wand einer Moschee, durch die die Gebetsrichtung angezeigt wird.

**Minbar** – Hochliegende Kanzel aus Stein oder Holz an der nach Mekka ausgerichteten Wand einer Moschee. Der Prediger erreicht die Kanzel über ein lange, schmale Treppe.

**Mikwe** – Rituelles Bad, das religiöse Jüdinnen aufzusuchen haben, wenn sie unrein sind; z. B. nach der Menstruation oder auch nach der Geburt eines Kindes.

**Minjan** – Notwendige Zahl von zumindest zehn kultfähigen Männern zur Feier eines synagogalen Gottesdienstes.

**Mischna** – siehe Talmud.

**Palästinenser** – Am 13. September 1993 wurde zwischen Israel und der PLO das sogenannte Osloer Abkommen unterzeichnet, das den Palästinensern in Jericho und in Gaza einen „autonomen Status" gewährt. Damit ist ein erster Schritt für eine endgültige Regelung getan, dem eine Anerkennung Israels durch die PLO und zugleich eine Abkehr von terroristischen Doktrinen vorausgegangen war.

Als Palästinenser verstehen sich alle Araber, die in dem Gebiet zwischen dem Mittelmeer und dem Jordan geboren wurden. Rechtlich gilt es zwischen zwei Gruppen zu unterscheiden: den Palästinensern, die 1948 die israelische Staatsangehörigkeit erhielten, und jenen, die in den im Sechs-Tage-Krieg von 1967 eroberten Gebieten leben, dem Westjordanland (auch: Westbank) und dem Gazastreifen. Die am Golan ansässigen Araber sind Syrer. Die in Ost-Jerusalem lebenden Araber kamen ebenfalls 1967 zu Israel, sie haben aber insofern einen Sonderstatus, als die israelische Regierung, wenn auch ohne internationale Anerkennung, diesen Teil der Stadt völkerrechtlich annektiert hat. Dazu kommen noch die Flüchtlinge.

Weltweit – alle folgenden Angaben entstammen palästinensischen Quellen – gibt es rund 6 Millionen Palästinenser, von denen etwas mehr als ein Drittel in den besetzten Gebieten lebt. Knapp 30 Prozent sind in Jordanien, 17 Prozent leben in anderen arabischen Staaten, 13 Prozent in Israel, und 8 Prozent sind in der ganzen Welt verstreut. In Zahlen: In der Westbank leben etwa 1,5 Millionen und in Gaza etwa 800.000 Palästinenser. Von diesen sind 40 Prozent als Flüchtlinge registriert. Der Gazastreifen ist eines der am dichtesten besiedelten Gebiete der Erde. Dort leben 3600 Personen auf einem Quadratkilometer. Rechnet man noch 38 Prozent des Landes weg, das von den Israelis kontrolliert wird, kommt man gar auf eine Einwohnerzahl von 14.000 Menschen pro Quadratkilometer. Von welcher Sprengkraft das pastinensische Problem ist, zeigt die Tatsache, daß die Hälfte der Bevölkerung unter 15 Jahre alt ist.

**Pentateuch** – Die fünf Bücher des Mose.

**Pessah** – Auch Pascha, Passa, Pesach. Bezeichnung für das jüdische Osterfest, bei dem man des Auszugs aus Ägypten gedenkt.

**Rabbiner** – Das religiöse Oberhaupt einer Gemeinde. Seine gründliche Kenntnis von Tora und Talmud sowie seine persönliche Frömmigkeit und sein Glaube bilden die Grundlage seiner Autorität. Da die Tora ihm die Kraft verleiht, in religiösen Fragen zu entscheiden, muß er auch das Gesetz (Zivil-, Ehe- und Erbrecht) kennen. Er selbst muß loyal und treu zu diesem Gesetz stehen. Der Schwerpunkt rabbinischer Tätigkeit liegt heute auf der Predigt, der Vornahme von Trauungen, Beerdigungen, Scheidungen, der Erteilung und Überwachung des Religionsunterrichts, der Mitarbeit im Wohlfahrtswesen ... Die Anstellung erfolgt durch die Gemeinde – oft auf Lebenszeit. Seine Ausbildung erhält er in einem Rabbinerseminar.

**Sanhedrin** – Auch Synedrion oder Hoher Rat. Höchstes jüdisches Regierungskollegium, das sich aus dem nachexilischen Ältestenrat entwickelte und bis in die römische Zeit – dann aber mit Einschränkungen – die jüdischen Belange wie Verstöße gegen die Tora und die Religionsgesetze ahndete. Es bestand aus Pharisäern, Sadduzäern und anderen gelehrten Leuten.

**Sepharden** – Ursprünglich waren damit jene Juden gemeint, die 1492 aus Spanien vertrieben oder zur Taufe gezwungen wurden. Heute versteht man unter Sepharden alle jene Juden, die keine Aschkenasen sind, also auch Juden aus dem Jemen oder Ägypten, aus Georgien oder aus Griechenland. Die Sepharden gehören zu den späten Ankömmlingen im Land; meist waren sie mittellos und schlecht ausgebildet. Der Übergang von einer primitiven Kultur in die moderne Zivilisationsgesellschaft, wie etwa bei den Juden aus Äthiopien, war in vielen Fällen nicht leicht. Mittlerweile hat sich unter den Sepharden aber ein neues Selbstbewußtsein gebildet, und sie haben die einstige Rückständigkeit hinter sich gelassen.

**Schofar** – Krummes, aus einem Widderhorn angefertigtes Blasinstrument, das zur Signalgebung (vergleichbar den Kirchenglocken) im weltlichen und religiösen Bereich verwendet wurde.

**Synagoge** – Hebräisch: Bet ha-Knesseth, auch „Schul"-, Lehrhaus oder Tempel. Schon der Name beweist, daß die Synagoge weiteren Zwecken dient als nur dem öffentlichen Gottesdienst. Ihre wichtigste zusätzliche Rolle besteht darin, als Zentrum für religiöses Studium, als Bet Midrasch, zu dienen. Der Talmud berichtet, daß „es in Jerusalem 480 Synagogen gab, und jede einzelne von ihnen hatte eine Grundschule (bet sefer) und eine höhere Schule (bet talmud)". In Erweiterung der erzieherischen Aufgaben sorgte die lokale Synagoge auch für eine Gemeindebibliothek. Weil sie oft das einzige öffentliche Gebäude der Gemeinde war, wurden dort auch Treffen und Gemeindeversammlungen abgehalten.

**Synoptiker** – Die Evangelien von Matthäus, Markus und Lukas sind in Wortwahl und Aufbau des Stoffes eng miteinander verwandt, so daß man sie spaltenweise nebeneinander stellen kann, um sie zu vergleichen. Eine solche parallele Zusammenstellung nennt man „Synopse" – „Zusammenschau".

**Tallit** – Gebetsmantel in Form eines viereckigen Tuches aus Wolle oder Seide mit Quasten an den vier Enden. Ursprünglich ein tägliches Bekleidungsstück, wurde es später nur mehr für religiöse Zwecke verwendet. Der Tallit wird heute von religiösen Juden beim täglichen Morgengebet getragen. Daneben gibt es noch die Sitte, den Tallit Katan, den kleinen Tallit, unter der Kleidung zu tragen.

**Talmud** – Die große Rechts- und Überlieferungssammlung des Judentums. Der Talmud wurde ca. 400 n. Chr. abgeschlossen und besteht aus der Mischna, der in 400 Jahren entstandenen und um 210 n. Chr. abgeschlossenen ersten schriftlichen Niederlegung des mündlich überlieferten Gesetzes, sowie der Gemara. Dies ist die Kommentierung der Mischna, die in den folgenden drei Jahrhunderten erfolgte.

**Teffilin** – Gebetsriemen (Phylakterien) aus schwarzem Leder. Sie bestehen aus zwei Teilen, den Riemen und den Kapseln. Jeder religiös volljährige Jude legt sie – außer am Sabbat und an Festtagen – zum Morgengebet an. Die Kapseln werden an der Stirn und an der Innenseite des linken Oberarms (nahe dem Herzen!) getragen. In ihnen befinden sich winzige Rollen aus Pergament, auf welchen die Bibelstellen Ex 13,1–10 und 13,11–16 stehen.

**Tell** – Für Palästina charakteristischer Ruinenhügel von über- und ineinander gelagerten Siedlungsschichten. Auf einer durch Feuer, Verwaschung oder auch kriegerische Einwirkungen zerstörten Stadt wird eine neue aufgebaut. So entstand Schicht um Schicht, der künstliche Ruinenhügel wuchs langsam bis zu 50 m hoch an.

**Tora** – Im engeren Sinn werden damit nur die fünf Bücher des Mose (Pentateuch) bezeichnet, häufiger steht der Begriff aber für die gesamte hebräische Bibel (Altes Testament).

**Wadi** – Trockental, das nach massiven Regenfällen Wasser führt. Dieses kommt mit ungeheurer Wucht „wie eine Wasserwand" daher und führt viel Geröll und Steine mit sich. Immer wieder passiert es, daß vom Wasser überraschte Wanderer über solche Gesteinsbrocken stolpern, sich die Beine brechen, zu Boden sinken und so buchstäblich in der Wüste ertrinken.

**Zionismus** – Ist vom Wort Zion, dem traditionellen Synonym für Jerusalem und das Land Israel, abgeleitet. Das Anliegen des Zionismus – die Rückführung des jüdischen Volkes in sein Heimatland – wurzelt in der uralten Sehnsucht der Juden nach dem Land Israel, die auch Jahrhunderte der Zerstreuung nicht auszulöschen vermochten.

Der politische Zionismus entstand als Reaktion auf die anhaltende Unterdrückung und Verfolgung der Juden in Osteuropa und auf die wachsende Ernüchterung über die Judenemanzipation in Westeuropa, die keine wirkliche Gleichberechtigung erbracht hatte.

# REGISTER

Abu Gosh s. Emmaus
Akko **11-18**, 24, 35, 76
Alexandria 19ff, 184
Amwas s. Emmaus
Askalon 35, 133

Bar Kochba-Höhlen 144, **145-147**, 172
Beirut 12f, 35, 164
Berg der Seligpreisungen 32, 44, 55
Betanien 59
Betlehem 35, 42, 48, 69, **124-128**, 139, 141, 155, 167

Caesarea **18-23**, 42, 76, 81

Damaskus 11, 58, 73
Damiette 17f

Eilat 11, **179-180**
Ein Gedi 147
Emmaus 106, **131-133**
    Abu Gosh 73, 131ff
    Amwas 131f
    Qubeiba 131f

Gamla 51f
Gaza 157ff, 162
Gerasa 50
Golan 11, 50, 64

Haifa **23-24**, 61, 68
Hattin 12, 18, **33-35**, 36, 58, 65
Hebron 59, 73, **134-137**, 138f, 156
Hermon 11, 50, 57f
Herodeion 76, **140-141**, 153
Horeb 92, 182

Jaffa **28-29**, 131

Jericho 139, **151-156**, 159, 162, 164, 168
Jerusalem 11f, 16, 18ff, 21f, 23, 32, 35f, 38, 42, 52, 54, 58f, **68-119**, 125, 128f, 131ff, 137f, 140, 145, 147, 150f, 155, 165, 167, 169
    Altstadt 68, 69f, 72, 84, 139
    Altstadtmauer **69-72**
    Berg Ophel 73
    Berg Skopus 83
    El-Aqsa-Moschee 112, 116, 117f
    Felsendom 68, 70, 112f, **114-119**
    Festung Antonia 83, 89, 100
    Gat Schemanim (Getsemani) 96
    Golgota 104, 107f
    Grabeskirche 68, 70, **106-110**, 113, 117, 125
    Grab Jesu 107f
    Kettendom 119
    Kidrontal 59, 71, 73, 113
    Kirche der Nationen 96
    Ölberg 57, 59, 72, 82, 113
    St. Peter in Gallicantu 99
    Stadt Davids **72-74**
    Tempelberg 72, 74, 112
    Tyropoiontal 73, 77
    Via Dolorosa 44, 91f, 100, 119
    Westmauer (Klagemauer) 68, 70, 83, **84-85**, 112
    Zinne des Tempels 71, 77
    Zionsberg 38, 94, 99, 110, 169
Jesrael-Ebene 11, 58
Jordan 11f, 52, 54, 58, 138, 155, 173

Kafarnaum 32, **37-42**, 50f, 56
Kana **42-44**
Karmel 24
Katharinenkloster **180-185**
Kiryat Arba 137f

Mar Elija 129
Mar Saba 129ff
Masada 52, 76, 81, 133, 140, 144f, 147, 153, **161-167**
Mosesberg 181f

Nablus 23, 35, 127, 139, 160
Nazaret 32, 38, 42, 44, **46-49**, 56, 58

Qubeiba s. Emmaus
Qumran 104, 144, **167-172**

Rom (Römer) 19f, 76, 81ff, 140, 144ff, 153, 165f, 172
Rotes Meer 11f, 73, 179

Samaria 58, 138
See Gennesaret 33, 37, 41, **49-52**, 54, 58f, 63, 106
Sepphoris 33, 42, 56
Sidon 13
Sinai 11, 57, 92, 133, **177-186**

Tabhga 32, **55-56**
Tabor 44, **57-58**
Tel Aviv 18, 24, **28-29**, 54, 68, 133, 137, 139
Tiberias 33, 35, 42, 49f, 55, **58-60**, 134
Totes Meer 155, 164, 168f, **173-174**
Tyrus 13

Via maris 11, 58

Wüste Juda **122-124**, 130, 137, 173

Zefat 58f, **63-64**, 134

Die Deutsche Bibliothek – CIP-Einheitsaufnahme
Das **Land der Bibel** : verheissen und umkämpft / Wolfgang
Sotill ; Shimon Lev. – Graz ; Wien ; Köln : Verl. Styria, 1995
ISBN 3-222-12318-7
NE: Sotill, Wolfgang; Lev, Shimon

BILDNACHWEIS
Seite 17: Museum Migdal David; Jerusalem
Seite 84: David Rubinger
Seite 107, 110, 124, 151, 180: Wolfgang Sotill
Seite 141, 161, 173: Israelisches Tourismusministerium
Alle weiteren Fotos von Shimon Lev

© 1995 Verlag Styria Graz Wien Köln
Alle Rechte vorbehalten
Graphische Gestaltung: Franz Hanns, Wien
Gesamtherstellung: Medienhaus Styria, Graz
ISBN 3-222-12318-7